CONSTANZE KURZ
FRANK RIEGER

Arbeitsfrei

W0095696

GOLDMANN
Lesen erleben

Die Frage danach, wie wir morgen unseren Lebensunterhalt verdienen werden, bewegt immer mehr Menschen. Dennoch wissen wir viel zu wenig darüber, wie die Arbeitswelt heute funktioniert – und wie sie in Zukunft tatsächlich aussehen wird. Die Produktion von Brot, dem archaischsten und ursprünglichsten unserer Lebensmittel, ist ein Paradebeispiel für die unaufhaltsam voranschreitende Automatisierung. Von der industriellen Landwirtschaft über die Produktion der Landmaschinen, von den Backfabriken bis zur durchdigitalisierten Lieferlogistik – Menschen spielen in diesem Herstellungsprozess eine immer untergeordnetere Rolle.

Sind wir zwangsläufig die Verlierer in der Maschinenwelt? Oder bietet sich uns vielleicht sogar die Chance, neue und positive Lebensbedingungen zu gestalten?

Autoren

Constanze Kurz, Jahrgang 1974, ist Informatikerin und arbeitet als wissenschaftliche Projektleiterin am Forschungszentrum für Kultur und Informatik an der Hochschule für Technik und Wirtschaft in Berlin. In der Öffentlichkeit ist sie als Sprecherin des Chaos Computer Clubs sowie als technische Sachverständige in der Enquête-Kommission »Internet und digitale Gesellschaft« des Deutschen Bundestages hervorgetreten. In der *Frankfurter Allgemeinen Zeitung* schreibt sie regelmäßig die Kolumne »Aus dem Maschinenraum«. Sie ist Autorin mehrerer Bücher zum Thema Datenschutz.

Frank Rieger, Jahrgang 1971, ist technischer Geschäftsführer eines Unternehmens für Kommunikationssicherheit. Er ist einer der Sprecher des Chaos Computer Clubs und Mitgründer erfolgreicher deutscher Start-up-Unternehmen in den Bereichen Datensicherheit, Navigationsdienste und E-Reading. Zusammen mit Constanze Kurz veröffentlichte er 2011 das Buch »Die Datenfresser«.

Constanze Kurz
Frank Rieger

ARBEITSFREI

Eine Entdeckungsreise
zu den Maschinen,
die uns ersetzen

GOLDMANN

Bildnachweis:
AKG Images, Berlin: 266 · iStockphoto: 240 (wildpixel)
Justin Hamel: 140 · Christian Jungeblodt: 158
Frank Rieger: 20, 30, 42, 58, 88, 98, 108, 118, 182, 200
123RF Limited: 214 (alperium)

Dieses Buch ist auch als E-Book erhältlich.

MIX
Papier aus verantwor-
tungsvollen Quellen
FSC
www.fsc.org
FSC® C083411

Verlagsgruppe Random House FSC® N001967
Das FSC®-zertifizierte Papier *Lux Cream* für dieses Buch
liefert Stora Enso, Finnland.

1. Auflage
Taschenbuchausgabe März 2015
Wilhelm Goldmann Verlag, München,
in der Verlagsgruppe Random House GmbH
Copyright © 2013 der deutschsprachigen Erstveröffentlichung
by Riemann Verlag, München,
in der Verlagsgruppe Random House GmbH
Umschlaggestaltung: UNO Werbeagentur, München, in Anlehnung
an die Gestaltung der HC-Ausgabe (Stephan Heering, Berlin)
und unter Verwendung von Motiven von DrAfter123/Getty Images
Lektorat: Ralf Lay, Mönchengladbach
DF · Herstellung: Str.
Druck und Bindung: CPI – Clausen & Bosse, Leck
Printed in Germany
ISBN: 978-3-442-15835-5
www.goldmann-verlag.de

Besuchen Sie den Goldmann Verlag im Netz

Inhalt

Einleitung

Maschinen bestimmen unseren Alltag schon seit langer Zeit. Die Macht und das Wissen, die Energie der Bewegung von Wind und Wasser so zu nutzen, daß sein Leben leichter, seine Arbeit produktiver wurde, hat der Mensch bereits seit Jahrtausenden. Bessere, schnellere, leistungsfähigere Maschinen und Automaten vervielfachen unsere Kraft. Seit dem Heraufdämmern des Computerzeitalters verstärken sie auch unsere geistigen Kräfte, lassen uns Informationen schneller und auf immer neue Arten verarbeiten und Systeme bauen, deren Komplexität das Fassungsvermögen des menschlichen Gehirns bei weitem übersteigt.

Der jeweilige Stand der Technologie hat die Struktur der Gesellschaft, das Zusammenleben, die Kommunikation, die Arbeit und die ökonomischen Zustände beeinflußt und manchmal ganz direkt bestimmt. Immer wenn sich eine neue Technologiewelle durchsetzte, kam es zu teils dramatischen Umwälzungen, die oft für großes Leid, Ungerechtigkeiten und Machtverschiebungen, aber auch für neuen Wohlstand, Beschleunigung von täglichen Abläufen oder neue Bequemlichkeiten sorgten.

Etablierte Lebens-, Arbeits- und Denkweisen wurden zum Teil binnen weniger Jahre obsolet, über lange Zeit erworbene Fertigkeiten und Kenntnisse wertlos. Schaut man zurück auf historische technologische Revolutionen, so sind es stets einige wiederkehrende Faktoren, die bestimmten, wie heftig sich technische Neuerungen auf die Gesellschaft auswirkten und in welcher Form. Insbesondere die Geschwindigkeit ihrer Umsetzung und die Zahl der direkt und indirekt betroffenen Menschen waren ausschlaggebend dafür, wie drastisch die Veränderungen waren.

Länder, in denen sich eine Technologie zuerst in großem Umfang durchsetzte, wie etwa die Dampfmaschine oder der automatische Webstuhl in England, hatten einen teils über Jahrzehnte anhaltenden wirtschaftlichen Vorsprung, auf dem ganze Weltreiche errichtet wurden. Der Preis dafür waren nicht selten gesellschaftliche Zustände, die von großer Ungerechtigkeit, wirtschaftlicher und sozialer Spaltung, später oft Protesten geprägt waren. Der neue Wohlstand und die Dividenden der Automatisierung waren oft höchst ungleich verteilt.

Die Frage, wie die heutigen technologischen Umbrüche bewältigt werden können, die durch die Digitalisierung und Vernetzung, durch die Beschleunigung der Kommunikation und Datenverarbeitung und durch die weitreichende Automatisierung und immer »intelligenter« werdende Algorithmen gerade geschehen, ist eines der Kernprobleme unserer Zeit. Schaut man in die Geschichte zurück, ist es nicht ausgemacht, daß die Umwälzungen friedlich und gerecht geschehen, daß unsere derzeitigen Mechanismen für sozialen und ökonomischen Ausgleich und die Ausbalancierung von Macht in der Gesellschaft mit der Geschwindigkeit und dem Umfang der Veränderungen mithalten können.

In der Morgendämmerung der industriellen Revolution in der ersten Hälfte des neunzehnten Jahrhunderts kam eine Vielzahl von neuen Maschinen auf den Markt. Sie erleichterten und beschleunigten die Arbeit besonders in der Textilindustrie und der Landwirtschaft in England. Mechanisierte Webstühle und Spinnmaschinen machten die bisher in Gilden organisierten, spezialisierten und erfahrenen Weber und Spinner innerhalb weniger Jahre praktisch überflüssig. Ihre Arbeit konnte nun auch von Ungelernten erledigt werden, die nur kurz in die Bedienung der neuen Maschinen eingewiesen wurden.

Die Ludditen-Unruhen, Namensgeber der Maschinenstürmer in den folgenden Jahrzehnten, und die sogenannten Swing Riots richteten sich vordergründig direkt gegen die neuen Maschinen, die vielerorts zerstört wurden. Im Kern ging es jedoch um die wirtschaftlichen Verhältnisse, nicht um die Technologisierung an sich. Diese Verhältnisse wurden zementiert durch Gesetze, die die ökonomische Macht bei den ohnehin Reichen beließ, wie etwa durch die Privatisierung von Allmendeland, das zuvor von den Landlosen genutzt werden konnte, um sich zu ernähren. Eine Motivation dieser Gesetze war es auch, größere Flächen in weniger Händen zu konzentrieren, um die neugewonnene Kraft der Maschinen noch effizienter nutzen zu können – und damit noch größere Profite zu machen. Schon hier zeigt sich die enge Verwobenheit von technischem Fortschritt, Wohlstand und gesellschaftlichen Zuständen, die sich nicht isoliert betrachten lassen.

Wie paradox und unvorhersehbar die sozialen und gesellschaftlichen Effekte einer neuen Technik sein können, läßt sich am Beispiel der »Cotton Gin« illustrieren, einer Maschine, die 1793 erfunden wurde und in den Jahren danach weite Verbreitung fand. Diese aus heutiger Perspektive eher einfache Maschine zum Auskämmen der Samen aus geernteter Baumwolle prägte ganz wesentlich das riesige Ausmaß der Sklavenhalterei in den US-amerikanischen Südstaaten. Vor ihrer Einführung und Verbreitung war die Aufbereitung der Baumwolle eine aufwendige, mühsame Handarbeit. Ein Sklave brachte einen langen Zehnstundentag damit zu, ein mageres Pfund Baumwolle auszukämmen.

Die Maschine mit ihren feinen Drahthäkchen erhöhte die Produktivität um das bis zu Fünfundzwanzigfache. Vor der »Cotton Gin« war die Zahl der Sklaven eigentlich sinkend gewesen, aus rein wirtschaftlichen Gründen. Die Produktivität eines Sklaven war unter Einbeziehung seiner Unterhaltskosten in normaler Landwirtschaft – etwa im Tabakanbau – und im Vergleich zu einem bezahlten und motivierten Landarbeiter einfach zu gering. Doch durch die Einführung der Kämmaschinen und den Einsatz der Sklaven dafür wurde der zuvor wenig rentable und anstrengende Anbau von Baumwolle plötzlich enorm lukrativ.

Textilien konnten nun billig und in großen Stückzahlen produziert werden, insbesondere in der britischen Textilindustrie, die mit ihren mechanischen Webstühlen profitierte. Kleidung wurde billig und für viel mehr Menschen erschwinglich. Die Sitte, Dienstpersonal mit Uniformen auszustatten, kommt aus dieser Zeit. Die Armen mußten nicht länger jedes Kleidungsstück bis zum Auseinanderfallen flicken und aufbessern, sie waren nicht mehr ohne weiteres am Zustand ihrer Röcke zu erkennen.

Voraussetzung war die Zerlegung der Arbeit des Herstellens von Textilien in mechanisierbare Teilschritte und die Möglichkeit des effizienten Transports der Baumwolle. Die »Cotton Gin« konnte den Teilschritt des Auskämmens mechanisieren, andere Arbeitsgänge konnten durch die Webstühle und Spinnmaschinen wie die »Water Frame« mit Wassermühlenantrieb oder die 1770 patentierte »Spinning Jenny«, die mehrere Spindeln zur gleichen Zeit antreiben konnte, schneller und effizienter erledigt werden.

Gleich ist den maschinellen Prozessen, daß sie zuvor ohne mechanische Hilfen ausgeführte menschliche Arbeit weit schneller und oft mit höherer Qualität abwickeln. Entgegen dem, was man sonst aus der Geschichte der Rationalisierung und Mechanisierung erwarten würde, sorgte die explodierende Nachfrage nach Baumwollstoffen aber dafür, daß die Farmer in den amerikanischen Südstaaten nicht etwa weniger Sklaven hielten. Im Gegenteil: Die Zahl der Sklaven vervielfachte sich binnen kurzer Zeit. Riesige neue Anbauflächen wurden erschlossen, die Baumwollproduktion expandierte in ungeahnte Dimensionen.

Die Tätigkeiten im Baumwollanbau waren arbeitsintensiv, monoton und erforderten kaum geistige Anteilnahme, waren also nach damaliger Ansicht wie geschaffen für den Einsatz von Sklaven. US-Bundesstaaten, in denen es zuvor keine nennenswerte Sklaverei gab, führten sie neu ein, die Verschleppung neuer Sklaven aus Afrika stieg Jahr um Jahr. Einige Geschichtsschreiber gehen deshalb so weit, die Erfindung und Durchsetzung der »Cotton Gin« als eine wesentliche Ursache des amerikanischen Bürgerkriegs und seiner Folgen zu beschreiben. Vergleichbare Effekte – wenn auch meist weniger dramatisch – gab es immer wieder: Eine neue Technologie schuf Märkte und Nachfrage, die es so vorher nicht gab, mit entsprechendem Bedarf an Arbeitskräften. Das Beispiel der »Cotton Gin«, aber auch die Weber- und Landarbeiteraufstände illustrieren jedoch einen kritischen Punkt: Die herrschenden Machtverhältnisse und Konventionen in einer Gesellschaft bestimmen, was aus solchen technologiegetriebenen Marktexplosionen folgt.

Neben dem extensiven Einsatz von Maschinen aller Art nimmt seit dreißig Jahren auch die Roboterisierung in zunehmendem Maße in der industriellen Produktion ihren Lauf und beschleunigt seither Produktionsprozesse. Doch die bisherigen Roboter konnten sich in der Regel nicht autonom bewegen, können nicht sehen, nichts ertasten, können nicht riechen, nicht hören, sich nicht selbständig orientieren. Manche können zwar sprechen, aber bisher kaum im Sinne einer sinnvollen Kommunikation mit einem Menschen interagieren. Doch die dramatisch gestiegenen Rechenleistungen, neue Sensorik, ausgefeilte Algorithmen und Programmiertechniken, schnelle Bildverarbeitung, reibungslose Vernetzung und die Nutzung der riesigen Datenberge, die die Digitalisierung produziert, ändern nun die Lage. Denn das Arbeitsumfeld der intelligenten, sensorgekoppelten Maschinen muß in Zukunft nicht mehr robotergerecht aussehen. Die Maschinen werden vielmehr zu direkten Kollegen – und gleichzeitig Konkurrenten der Menschen.

Wir stehen erst am Beginn einer weiteren Beschleunigung der rechnergestützten Automatisierung und Roboterisierung, die sich bis in den Kernbereich menschlicher Fähigkeiten ausdehnt: das Denken. Verschiedene Entwicklungen, die in den Labors etliche Jahre eher ein Schattendasein führten, kommen nun im Alltag an. Maschinelle Intelligenz, nicht im Sinne der Science-fiction, sondern viel kleinteiliger, im einzelnen »dümmer«, aber ungleich effizienter und schneller als das menschliche Gehirn, wird alltagstauglich. Gefüttert durch die alle Bereiche des Lebens und

Arbeitens durchdringende Digitalisierung und Vernetzung und die dabei anfallenden unglaublichen Datenmengen, werden die Algorithmen und Technologien praxistauglich, die bisher in den Labors kaum große Beachtung fanden.

Die Vision von Maschinen, die uns die Arbeit abnehmen, ist schon alt, stets begleitet von der Erwartung negativer Tendenzen, aber auch optimistischen Szenarien der Zukunft. Welche Auswirkungen werden die nächsten Technologiewellen haben? Wie werden wir damit umgehen? Wird es plötzliche, technisch bedingte Massenarbeitslosigkeitsschübe geben? Wenn der Anteil der menschlichen Arbeit immer weiter zurückgeht, welche Jobs sind dann noch sicher? Müssen wir Arbeit in Zukunft ganz grundsätzlich neu bewerten? Und wann werden uns die Maschinen ersetzen?

Um diese Fragen beantworten und künftige Entwicklungen abschätzen zu können, hilft es, einen Blick in die unmittelbare Vergangenheit zu werfen. Ein Bereich, der in den letzten Jahrzehnten Rationalisierungs- und Automatisierungswellen durchlebt hat, die in ihrer Dimension den kommenden Veränderungen in vielen anderen Branchen ebenbürtig sind, ist unsere Ernährung. Das Brot als grundlegendes Lebensmittel wird als Leitfaden für den ersten Teil der Reise zu den Maschinen dienen, die uns ersetzen.

Ein Bauer mit Stahlpflug und Pferd konnte Anfang des neunzehnten Jahrhunderts gerade einmal eine Handvoll Menschen ernähren, heute sind es dank Mechanisierung und immer intelligenterer Landmaschinen Hunderte. Vor hundertfünfzig Jahren waren in Deutschland und vielen anderen Ländern über die Hälfte aller erwachsenen Menschen und nicht wenige Kinder auf den Bauernhöfen, in den Mühlen und Bäckereien in Lohn und Brot. Doch schon Anfang des zwanzigsten Jahrhunderts waren die in der Landwirtschaft Arbeitenden in der Minderheit gegenüber den Menschen, die in Handwerk und Industrie beschäftigt waren.

Heute, also noch mal hundert Jahre später, arbeiten nicht einmal mehr fünf Prozent der Menschen in der Landwirtschaft, obwohl Deutschland nach seinen Anbau- und Exportzahlen noch immer ein weltweit bedeutender Agrarproduzent ist. Derartige Dimensionen von Veränderung sind es, die uns in sehr vielen Berufszweigen unmittelbar bevorstehen – nur ungleich schneller und radikaler ausfallen werden. Unsere Reise zu den Maschinen dient daher einem klaren Ziel: herauszufinden, wo und wie die Umwälzungen stattfinden und was die Zukunft bringen wird.

Die gesamte Komplexität der modernen vernetzten und globalisierten Welt mit ihren verschlungenen technischen und wirtschaftlichen Abhängigkeiten, ihren ethisch-moralischen Abgründen und ökonomischen Absurditäten zu betrachten würde über den Rahmen eines Buches weit hinausgehen. Es hilft jedoch, schlaglichtartig Einblicke zu nehmen und sich selbst ein Bild zu machen, um die Mechanismen und Muster zu verstehen und zu erahnen, was auf uns zukommt.

Um dabei den Überblick zu behalten, muß man naturgemäß bestimmte Aspekte ausblenden oder nur flüchtig streifen. Über die problematischen ethischen Fragen industrieller Landwirtschaft, über Lebensmittelskandale oder die sozialen Perversionen der Globalisierung etwa ließen sich trefflich viele Bände füllen. Darüber wird hier jedoch nur am Rande zu lesen sein, die Mechanismen, um die es auf der Reise zu den Maschinen geht, sollen im Fokus stehen.

Der Antrieb dieses Buches ist die Neugier darauf, wie die Welt wirklich funktioniert, und die Lust, verstehen zu wollen, wie die Zahnräder unserer Realität ineinandergreifen. Aus der Kenntnis der heutigen Welt entsteht erst die Fähigkeit, der Zukunft informiert ins Auge zu blicken. Ein Arzt untersucht zuerst seinen Patienten, ein Ingenieur will die Maschine, die er umbauen soll, möglichst gut verstanden haben, und ein Hacker analysiert zuerst das technische System, das er sich zu Diensten machen will:

Genauso soll uns die Reise zu den Maschinen in die Lage versetzen, zukünftige Veränderungen klarer zu erkennen, dafür planen und positive Visionen für die Zukunft entwickeln zu können.

Die Realität von Getreideanbau und -ernte, von Mühlen und Bäckereien hat wenig mit dem Klischee zu tun, das wir noch in unseren Köpfen tragen. Vor Ort – auf den Bauernhöfen und in den Mühlen, in den Fabriken und Forschungseinrichtungen – ist die Technologieentwicklung oft viel weiter, als man gemeinhin annimmt. Die Zahl der Menschen, die direkt oder indirekt noch daran beteiligt sind, daß wir satt werden, ist viel geringer als erwartet.

Daher ist die Landwirtschaft der passende Einstieg in die Reise zu den Maschinen: Sie führt zuerst zu Bauernhöfen und Agrarfabriken, wo das Korn angebaut und geerntet wird, dann hin zu den Fabriken, in denen die Landmaschinen gebaut werden, die den Bedarf an menschlicher Arbeit auf dem Feld auf Bruchteile des einstmals Nötigen schrumpfen ließen. Wir schauen uns Mühlen an, einst Sinnbild früher Mechanisierung durch Wasser- und Windkraft, und die Fabriken, in denen die dort heute eingesetzten Maschinen gebaut werden.

Von den Feldern, Mühlen und Fabriken führt uns der Weg zum Transport der produzierten Güter. Die Transport- und Lagerlogistik und die Märkte, die den Fluß der Güter und Waren möglich machen, werden immer menschenleerer – genau wie die Druckereien, in denen Verpackungen und Werbung für den Verkauf gedruckt werden. Die Bäckereien und automatischen Backstraßen, in denen unser Brot gebacken wird, und die Verarbeitung des Erdöls als unentbehrliche Energiequelle und Grundlage praktisch aller Elemente der modernen Wirtschaft bilden den Schluß des ersten Teils unserer Reise zu den Maschinen, die uns ersetzen werden.

Im zweiten Teil des Buches geht es in die Zukunft: zu den Industrierobotern, zu automatisch fahrenden Autos, immer intelligenteren und flexibleren Robotern, zu Telepräsenzsystemen und Drohnen und weiter zu den freundlichen Maschinen, die uns immer mehr Tätigkeiten abnehmen. Schließlich widmen wir uns einer großen Herausforderung, die gar unser Menschsein in Frage stellen könnte: die Automatisierung geistiger Tätigkeit.

An all diesen Stationen gibt es Geschichten zu erzählen und Entdeckungen zu machen, die einen Ausblick darauf ermöglichen, wie und unter welchen Umständen wir in Zukunft arbeiten und leben werden. Die Dimension, in der der Mensch und seine physische Arbeitskraft im Laufe weniger Jahrzehnte bei der Produktion von Gütern immer weniger wichtig wurde und in der sich seine Arbeit an den Takt der Maschinen und Computer angepaßt hat, erscheint überraschend groß.

Ebenso erstaunlich ist die Geschwindigkeit, mit der die Änderungen geschahen, die ganze Branchen umwälzten. Die Auswirkungen sind oft nicht fair und gerecht, wenn einstmals qualifizierte und erfüllende Arbeit durch neue Niedriglohnjobs ersetzt wird. Maschinen zu füttern, in ihrem Takt zu arbeiten und nur noch das zu tun, was sie noch nicht kostengünstig selbst bewältigen können, fühlt sich kaum anders an als zu Zeiten der Ludditen vor knapp zweihundert Jahren: oft entmündigend und anspruchslos. Faktisch werden einstige Facharbeiter deklassifiziert zu bloßen Maschinenbedienern. Nach und nach gehen damit auch ihr erlerntes Wissen und ihre Fähigkeiten und Fertigkeiten verloren, weil sie für die neuen Arbeits- und Produktionsmethoden überflüssig geworden sind.

An den konkreten Beispielen, die wir auf unserer Reise beschreiben, wird verständlich, was sonst oft abstrakt und theoretisch erscheint: An vielen Orten befinden sich die Menschen schon im direkten Konkurrenzkampf mit den Maschinen und Computern. Der Preis menschlicher Arbeit sollte ein Lohn sein, der mindestens zum Existieren ausreicht. Ist es billiger, den Menschen durch eine Maschine zu ersetzen oder – wie so häufig – die gesamte Produktionsweise so umzustellen, daß sie kompatibel mit den Automatisierungstechnologien wird, gewinnen die Maschinen das Wettrennen.

Die Aussicht auf die Zukunft der Arbeit muß jedoch keineswegs dystopisch sein. Stanisław Lem wird der Ausspruch zugeschrieben, daß jede Arbeit, die von einer Maschine verrichtet werden könne, auch von einer Maschine verrichtet werden soll, damit die Menschen frei für interessantere und schöpferische Arbeit würden. Und vielerorts geschieht genau das, wenn die gesellschaftlichen und sozialen Rahmenbedingungen richtig sind.

Die neue Symbiose, die der Mensch mit seinen Maschinen eingeht, ist vielfach fruchtbar, vereinfacht und erleichtert die Arbeit und befreit den menschlichen Geist für neue Aufgaben. Monotone, gefährliche, geistig anspruchslose Tätigkeiten könnten durch anspruchsvollere, interessante und verantwortungsvolle Arbeit ersetzt werden.

Gedanken darüber, wie wir dafür sorgen können, daß die Voraussetzungen für diese positive, im besten Sinne faire Ersetzung des Menschen durch die Maschinen geschaffen werden, bilden den Schluß der Reise. Die große Frage, die wir alle beantworten müssen, ist, ob wir es schaffen werden, die kommenden Veränderungen und insbesondere ihre ökonomischen und sozialen Auswirkungen so zu beeinflussen, daß das Rennen nicht gegen, sondern in Kooperation mit den Maschinen läuft.

I. VOM BAUERN

ZUM BROT

1. Auf dem Bauernhof

Viele der Bauernhöfe in Deutschland haben eine lange Geschichte. Die Gebäude sind einige Jahrzehnte, manchmal sogar Jahrhunderte alt. Liebevoll restaurierte, oft noch unterhaltene Fachwerkställe zeugen dann davon, daß Eigentümerfamilien auf den Höfen nicht nur über Hunderte von Jahren zu Hause sind, sondern ebensolange Arbeit hineingesteckt wurde. Umgeben sind typische Bauernhöfe vom eigenen bewirtschafteten Land, die Felder haben jedoch in der Regel nicht das Ausmaß der mecklenburgischen Agrarsteppen. Baumreihen und Alleen strukturieren die Landschaft, Felder, Wiesen, Wälder wechseln sich ab. Entwässerungsgräben zeugen davon, daß der Mensch sich das Land schon lange untertan gemacht hat.

Ein mittelgroßer Hof bewirtschaftet nach heutigen Maßstäben etwa hundert Hektar. Angebaut werden in der Regel drei oder mehr verschiedene Feldfrüchte. Typisch für den mittelgroßen Bauernhof, den wir besuchen, sind Weizen, Mais und Senfsaat. Früher war der Hof zwar etwas kleiner, neben den Feldern gab es allerdings noch Rinderställe. Zu seinen Hoch-Zeiten in den dreißiger Jahren des letzten Jahrhunderts lebten und arbeiteten fast fünfzig Leute auf dem Hof. Nicht alle waren jedoch unmittelbar mit der Landwirtschaft befaßt: Für fünfzig Menschen mußte auch gekocht, gewaschen und genäht werden. Dennoch beschäftigte ein Hundert-Hektar-Hof alle diese Menschen von Sonnenauf- bis -untergang.

Zwei Knechte waren in früheren Zeiten allein damit beschäftigt, das Vieh zu tränken. Das Wasser mußte aus dem Brunnen hochgezogen beziehungsweise später per Handpumpe gefördert und in die Ställe geschleppt werden. Diese beiden Arbeitsplätze fielen einer relativ simplen Maschine zum Opfer. Eine von einem Motor betriebene Pumpe erledigte die Wasserförderung auf Knopfdruck. Auch auf dem Feld schrumpfte die Zahl der nötigen Landarbeiter mit jeder sukzessiven Technologiewelle.

Über viele Jahrhunderte war das bestimmende Werkzeug zur

Feldarbeit das Gespann aus Ochse oder Pferd und Bauer mit Pflug. Ein tüchtiger Bauer mit kräftigem Pferd schaffte es, vom Morgen bis zum Mittag einen viertel Hektar Land zu pflügen. Diese Menge Land nannte man daher »einen Morgen«. Es wird klar, daß für das Beackern von hundert Hektar Feld, also etwa vierhundert Morgen, eine große Zahl von Pferden und Landarbeitern nötig war.

Ackerbau ist weit mehr als praktisch alle anderen menschlichen Tätigkeiten eine Frage des richtigen Zeitpunkts. Zur rechten Zeit zu pflügen, zu düngen, zu säen und zu ernten entscheidet ganz wesentlich darüber, ob der Anbau Erfolg hat. Das bedeutet aber auch, daß man zum richtigen Zeitpunkt etwa für die Aussaat und vor allem bei der Ernte möglichst schnell arbeiten muß. Vor der Mechanisierung war daher zwangsläufig die Anbaufläche pro Bauer eng begrenzt. Zur Ernte wurden zusätzlich noch Helfer angeheuert, um das Korn oder die Kartoffeln möglichst schnell vom Feld zu bekommen.

Der große Mechanisierungsschub in der Landwirtschaft setzte in Deutschland nach dem Zweiten Weltkrieg ein. Schon seit Beginn des zwanzigsten Jahrhunderts gab es verschiedene Maschinen, die zum Beispiel das Strohbinden nach der Ernte zum Teil automatisierten oder die Ausbringung der Saat vereinfachten. Erst nach dem Krieg aber sorgten zwei Faktoren für einen erstaunlich raschen Modernisierungsschub. Zum einen waren viele Landarbeiter im Krieg gefallen, in Gefangenschaft oder nicht wieder in ihre alte Heimat zurückgekehrt. Zum anderen waren im Krieg enorme Fertigungskapazitäten für einfache, aber robuste geländegängige Fahrzeuge für die Armee aufgebaut worden.

Diese Fabriken waren nach Ende der Kampfhandlungen erstaunlich schnell wieder produktionsbereit und stellten ihre Fertigung auch aufgrund des Nahrungsmangels direkt auf Traktoren und andere Landmaschinen um. Das Zusammenspiel von akutem Personalmangel und stark fallenden Preisen für die neue

Landtechnik führten zu einer drastischen Reduzierung der Anzahl in der Landwirtschaft Tätiger. Mittelgroße Höfe kamen
schon Mitte der fünfziger Jahre mit weniger als zehn Arbeitern
aus. Damit einher ging eine weitere grundlegende Änderung der
Sozialstruktur der Bauernhöfe. Für so wenige Leute lohnte es
sich nicht mehr, extra Köchinnen oder Näherinnen zu beschäftigen. Während zuvor Kost und Logis fester Bestandteil des Ar-
beitslohns waren, wurde diese Leistung nun in Geld ausgezahlt.
Die Arbeiter beziehungsweise ihre Familien mußten sich dann
selbst um Behausungen und Essen kümmern.

Nicht nur die Technologieentwicklung und die damit einhergehende Reduktion der nötigen Arbeitskraft, auch die Struktur
des Agrarproduktemarktes änderte sich. Heute ist der Hof ein
faszinierendes integriertes Landwirtschaftssystem geworden.
Auf dem mittelgroßen Bauernhof, den wir besuchten, wird auf
einem Drittel der Fläche Futterweizen angebaut, der an 45 000
Hühner in neun großen Bodenhaltungsställen verfüttert wird.
Auf einem weiteren Drittel der Fläche wird Mais angebaut. Dieser wandert zusammen mit dem Hühnerkot und Rindermist aus
den Ställen des Nachbarn in eine Biogasanlage, die Wärme für
die Beheizung der Ställe und Strom für den Verkauf ins Netz produziert. Und wenn das Gemisch aus Mais und Mist fermentiert
ist und seine nutzbare Energie in der Biogasanlage abgegeben
hat, ist es ein idealer Dünger, der wieder auf die Felder ausgebracht wird. Auf dem restlichen Drittel der Fläche wird angebaut,
was an den Agrarmärkten gerade lukrativ ist oder notwendig für
die Regenerierung der Böden: Senfsaat, Hülsenfrüchte, Lupine
oder auch Brotweizen. Der Hof braucht auf diese Weise praktisch
keinen Kunstdünger zu kaufen, lediglich Saatgut und Pestizide
müssen noch erworben werden.

Wenn man sich danach erkundigt, wie viele Menschen heute
auf dem Hof arbeiten, wird man überrascht. Das fein aufeinander abgestimmte System von Ackerbau, Hühneraufzucht und

Biogasanlage ist so durchautomatisiert, daß im Normalbetrieb ein Vollzeit-Landarbeiter zusammen mit einem in einer halben Stelle beschäftigten Landwirt aus der Nachbarschaft die Routineaufgaben erledigt. Mit dem modernen leistungsstarken Traktor läßt sich etwa die vierzigfache Fläche Land in der gleichen Zeit bearbeiten wie in früheren Zeiten mit dem Pferd. Zudem kann der Traktor Kombinationsmaschinen ziehen, die mehrere Arbeitsgänge wie Säen und Eggen in einem Zug erledigen.

Für einen typischen Anbau auf einem Drittel der Felder des Hofes benötigt der Landarbeiter nicht einmal drei Tage. Die Biogasanlage wird morgens einmal mit gehäckseltem Mais und Mist bestückt und arbeitet ansonsten automatisiert und autonom, wenn man einmal von der Wartung alle paar Wochen absieht.

Auch die Hühnerställe arbeiten während der Mastperiode praktisch vollautomatisch. Das Futter wird aus Silos über automatische Förderstrecken in die Ställe transportiert und dort verteilt. Die richtige Zusammensetzung der Getreidearten und notwendiger Beimischungen wie Mineralien und Proteinen erledigt das Steuersystem selbständig.

Jeder Stall verfügt über einen Steuerungscomputer, der Temperatur und Luftfeuchtigkeit permanent mißt und überwacht sowie Futterzusammensetzung, Beimischung von Impfungen und Vitaminen ins Trinkwasser und alle anderen Parameter für die Mast steuert. Auf einem Display neben dem Stall ist in fetter Schrift die Kernkennzahl zu sehen: das Durchschnittsgewicht der Hühner für diesen Stall.

Über die Fläche im Stall verteilt gibt es einige Dutzend kleiner Plattformen, auf die die neugierigen Hühner immer wieder springen. Sie sind einerseits als Spielzeug gedacht, andererseits Meßinstrument. Die integrierte Waage ermittelt das Gewicht des Huhns, der Steuercomputer errechnet aus den Hunderten so entstehenden Messungen pro Tag ein Durchschnittsgewicht für die etwa fünftausend Hühner in dem Stall.

Es ist ein eigentümliches Gefühl, in die riesige Halle zu blikken, die mit Tausenden jungen Hühnern bevölkert ist, welche gedämpft piepsen. Im Stall ist es angenehm warm, ein durchdringender Geruch, der sich noch stundenlang in der Nase festsetzt, liegt über allem. Ein komplexes Beleuchtungssystem wird entsprechend einem optimierten Tageslichtprofil gesteuert. Es ist mit einer speziellen flimmerfreien Ansteuerung ausgestattet, da Hühner das Flimmern normaler Leuchtstoffröhren nur schlecht vertragen.

Die Lebenserwartung der Bodenhaltungshühner ist klar definiert: Nach etwa dreißig Tagen sind sie schwer genug, so daß ein Drittel als normgerechte Brathähnchen in den Schlachthof wandert. Das verbleibende Geflügel bleibt noch etwa zwei Wochen im Stall, dann wird es zu Hähnchenbrustfilets, Keulen und Suppeneinlage verarbeitet. Ein wichtiger Grund für die kurze Mastzeit ist, daß Hühner nach etwa fünfundvierzig Tagen geschlechtsreif werden und das dann einsetzende Balz- und Revierverhalten zu heftigen Problemen im Stall führen würde.

Das Wasser für die Hühner im Stall wird ohne Zutun von Menschen von Pumpen aus zwei Brunnen auf dem Hof gefördert. Zusätzlich gibt es eine normale Wasserleitung. An diesem Detail wird die Fragilität des computerisierten Gesamtsystems deutlich, wenn es für Lebewesen eingesetzt wird. Fiele die Wasserversorgung aus, blieben nur wenige Stunden, bevor die 45 000 Hühner verdursten würden. Gleiches gilt für die Heizung der Ställe beziehungsweise ihre Kühlung im Sommer. Auch hier bleiben nur wenige Stunden, bis Probleme behoben oder umgangen werden müssen.

Diese Fragilität und Empfindlichkeit erklärt auch die intensive Aufmerksamkeit und Sorge, die alle Arbeiten in Zusammenhang mit den Ställen prägen. Regelmäßig nach den Hühnern zu sehen und schnell auf die Meßdaten und Störungsmeldungen des Steuercomputers zu reagieren, die aufs Mobiltelefon geschickt werden, ist daher eine Hauptaufgabe des Landarbeiters. Wenn eines der Kernsysteme, also etwa die Biogasanlage, oder einer der Tierställe eine Störungsmeldung funkt, muß auch nachts oder am Wochenende sofort reagiert werden.

Die Technik, die auf dem Feld eingesetzt wird, ist ebenfalls weitgehend automatisiert. Der Traktor verfügt über eine satellitengestützte Positionsbestimmung. Von jedem Acker gibt es eine sogenannte Schlagkartei, aus der sich die Besonderheiten dieses Stücks Land ersehen lassen. Entsprechende Bodeneigenschaften, wie sie bei der Ernte durch das GPS des Mähdreschers oder anderer Erntemaschinen erfaßt worden sind, werden genutzt, um die Menge an Saatgut, Dünger und Pestiziden entsprechend den Anforderungen zu bestimmen.

Man kann sich das so vorstellen, als wäre das Feld in Pixel von wenigen Quadratmetern Größe unterteilt. Für jedes dieser Pixel werden bei jedem Düngen, Säen, Spritzen und Ernten die Daten erfaßt. So entsteht ein sich kontinuierlich verbesserndes digitales Abbild des Feldes. Aus den historischen Daten und Sensoren, die an den Landmaschinen installiert sind, kann so errechnet werden, wieviel Düngemittel, Pestizide und Saatgut an der jeweiligen Stelle ausgebracht werden müssen, um ein möglichst optimales Ergebnis zu erzielen. Ein Nebeneffekt ist, daß der Traktor auf dem Feld quasi automatisch fährt. Die Aufgabe des Traktoristen ist es primär, das korrekte Funktionieren der komplexen Technik zu überwachen und einzugreifen, falls die Automatik versagt, oder auf unvorhergesehene Ereignisse wie Personen oder Tiere auf dem Feld zu reagieren.

Der Technikpark auf einem mittelgroßen Bauernhof ist beeindruckend. An die modernen Traktoren können nicht nur Pflüge angekoppelt werden, die den Acker auf breiter Bahn umbrechen, sondern auch kombinierte Systeme zum Aussäen, Ausbringen des Düngers, Eggen und Spritzen von Pflanzenschutzmitteln. Früher getrennte Arbeitsgänge, die ein mehrfaches Befahren des

Feldes erforderten, können nun in einem Rutsch erledigt werden. Die notwendige Handarbeit wird auf ein Minimum reduziert.

Die Effizienzsteigerung durch die jeweils neueste Technologiegeneration macht es notwendig, daß der Bauer möglichst nah am neuesten Stand der angebotenen Maschinen ist. Die nachbarschaftliche Arbeitsteilung auf dem Land besteht daher heute häufig darin, daß Maschinen an den Nachbarn verborgt oder gleich ganze Arbeitsgänge auf dessen Feld in Lohnarbeit erledigt werden. Auf diese Art und Weise amortisieren sich Investitionen in Landmaschinen schneller, und nicht jeder Bauer muß alle Maschinen selbst vorhalten.

Die Wandlung des Berufsbildes »Landwirt« in den letzten fünfzig Jahren ist eklatant. Der schon früher fragwürdige Spruch, daß der dümmste Bauer die dicksten Kartoffeln ernten würde, gilt heute nachweislich nicht mehr. Genaue Kenntnis der Technik, stetig der neueste Stand über moderne Anbauverfahren und aktuelle Maschinen und die Beherrschung präziser Ackerbauplanungssoftware gehören heute ebenso zum Beruf wie die Kenntnis subtiler Unterschiede in den Anbaueigenschaften verschiedener Saatgutsorten. Die clevere Erhöhung des Automatisierungsgrades, das präzise Zeitmanagement und eine Kalkulation mit dem spitzen Stift, um die richtigen Investitionsentscheidungen zu fällen, sind ebenso entscheidend für den Erfolg wie der berühmte grüne Daumen. Der heute übliche Detailgrad der Wettervorhersagen, nach denen sich die Planung für Aussaat und Ernte richtet, hilft dabei selbstverständlich ebenso wie die Hinweise über Schädlingsbefall in der Nachbarschaft oder sortenspezifische Krankheiten, die übers Internet recherchiert werden.

Die Präzision der Wettervorhersage hat entgegen ihrem eher mittelmäßigen Ruf in den letzten Jahren deutlich zugenommen. Grund dafür ist zum einen die gestiegene Rechenleistung der Vorhersagecomputer und Software, die mehr Parameter in Echtzeit verarbeiten kann. Zum anderen ist aber der durch das Internet möglich gewordene Zugriff auf eine Vielzahl von lokalen Wetterstationen dafür verantwortlich, daß auch lokale Wetteranomalien immer besser erkannt und vorhersehbar geworden sind. Je dichter das Meßnetz ist, desto mehr Daten stehen zur Verfügung, und desto präziser werden die Vorhersagen für einen bestimmten regionalen Ort. Diese Präzisionswettervorhersage ist zwar kostenpflichtig, rentiert sich aber für den Bauern unmittelbar. Gerade zur Erntezeit ist es von entscheidender Bedeutung, Temperatur, Luftfeuchtigkeit, Wind und Regen vorab genau einschätzen zu können.

Immer mehr Getreide, aber auch Milch und Fleisch werden nicht mehr auf solch vergleichsweise kleinen Höfen erzeugt, sondern in Agrarfabriken, die zehn- oder zwanzigmal größer sind als der durchschnittliche Familienhof. Der Einfluß von Technologie auf den Arbeitsalltag und die Arbeitsorganisation ist dort noch mal größer, die Risiken sind es allerdings auch.

2. In der Agrarfabrik

n einem industriellen Landbetrieb, der zehn- oder zwanzigmal mehr Fläche bewirtschaftet als der mittelgroße Bauernhof, spielen die moderne Landtechnik und die wissenschaftlichen Grundlagen der Agrarökonomie in der täglichen Arbeit eine noch entscheidendere Rolle. Mit den größeren Flächen steigen die Geldsummen, sowohl was den Gewinn als auch was den möglichen Verlust bei Fehlern oder Problemen angeht.

Neben Getreide wird auf den Flächen der Agrarfabrik auch Futter für Nutztiere erzeugt. Der Anbau der verschiedenen Futterpflanzensorten richtet sich nach jeweils eigenen Regeln, Zeitpunkten und wiederum dem Bedarf der Ställe in der Agrarfabrik.

Doch Brot allein macht noch nicht froh: Butter, Käse und Quark gehören zu einem guten Frühstück dazu. Die Milch dafür kommt von Kühen, deren Haltung wie so vieles in der Landwirtschaft nicht mehr viel mit dem Klischee vom romantischen Bauernhof zu tun hat. Wie alles im Agrarbereich ist auch die Viehhaltung sehr viel größer und vor allem sehr viel technisierter, als man gemeinhin vermuten würde. Das ist in einer Agrarfabrik gut zu beobachten, die neben Schafen, Ziegen und Schweinen und der Bewirtschaftung der über eintausend Hektar Land auch achthundert Kühe hält – für die Fleisch- und Milcherzeugung.

Nicht wenigen Menschen schwebt ein Bild der konventionellen Landwirtschaft vor, das sie vor einem Besuch zurückschrekken läßt. Andererseits sind beispielsweise die Tage der offenen Tür in großen landwirtschaftlichen Betrieben ein Publikumsmagnet. Wie stellt sich also die industrielle Viehzucht heute dar? Und wie wirkt sich die technologische Optimierung aus, wenn es nicht um Weizen oder Menschen, sondern um Nutztiere geht? Welche Routinearbeiten sind oder werden in naher Zukunft durch Maschinen ausgeführt? Und welche komplizierten Aufgaben können Roboter übernehmen?

Ungefähr einhundert Kühe bevölkern einen mittelgroßen Kuhstall, wie er in vielen landwirtschaftlichen Betrieben steht.

Häufig sind Ställe heute nach Süden ausgerichtet und an einer Längsseite und den beiden Schmalseiten offen. Dort, wo die Wände eines geschlossenen Gebäudes wären, sind stattdessen feinmaschige Gitter und Rollos, um im Sommer Schatten zu spenden und den Wind zu regulieren. Kühe sind ausgesprochen unempfindlich gegenüber kalten Temperaturen, selbst bei minus zwanzig Grad, aber sommerliche Hitze ab etwa fünfundzwanzig Grad und darüber setzt ihnen zu. Die optimale Temperatur für eine Milchkuh liegt zwischen zehn und vierzehn Grad. Die luftige Atmosphäre eines offenen Stalls kommt ihr daher entgegen. Große Ventilatoren sorgen im Sommer zusätzlich für Luftzufuhr und Abkühlung.

Zwischen langen Reihen mit den Steh- und Liegeflächen für die Kühe bewegt sich nahezu lautlos ein sogenannter Spaltenreinigungsroboter, der ohne Unterlaß den Boden vom Kot der Tiere reinigt und die schmalen Spalten zwischen den Brettern freihält, die den Boden in den Gängen des Stalls bilden. Er kann sich zwölf oder mehr Stunden auf dem Spaltenboden bewegen, bevor er aufgeladen werden muß. An Hindernissen stoppt der Roboter selbständig. Und falls er sich mal vor dem Eingang zum Melkroboter für eine Stunde festsetzt und den Zugang für die Kühe blockiert, dann geht ein Alarm auf das Mobiltelefon des Bauern raus. Alarm-Handypläne sorgen dafür, daß tatsächlich immer ein Mensch das Notfalltelefon im Blick hat und die Art der Störung zur Kenntnis bekommt. Denn die Kühe steigen nicht über die Maschine in Signalfarben hinweg, der Roboter muß daher in einem solchen Fall durch einen Menschen vom Melkrobotereingang entfernt werden.

An der langen Vorderseite des Stalls liegt das Futter für die Kühe bereit. Es wurde außen an den Stall herangefahren, eine Mischung aus Silage, Heu und Kraftfutter, das aus eiweißreichen Pflanzen hergestellt wird. Die großen Mengen Wasser, die nötig sind, werden bereits seit langem maschinell in die Ställe befördert, mindestens achtzig Liter pro Tag für jede Milchkuh. Es werden auch Tränkautomaten in den Ställen eingesetzt, um die individuelle Wassermenge pro Kuh zu messen und anzupassen.

Kühe fressen langsam, systematisch und gründlich, viele Stunden am Tag. Landwirte sprechen von einem »Energiesog«, wenn sie ausdrücken wollen, daß Milchkühe ganz erpicht auf energiereiche Nahrung sind. Dazwischen liegen sie lange im Stall auf Gummimatten und käuen wieder oder bewegen sich frei zwischen den Gängen und Boxen, denn nur noch sehr wenige Bauern binden ihre Tiere im Stall an. Manche Milchkuhbauern bevorzugen statt der Matten in den Ställen Kork, Schaumstoff, Stroh, Wasserbetten oder Kombinationen davon. Selbst eine Institution vergleichbar mit der »Stiftung Warentest« existiert im Agrarbereich, die dabei hilft, bei der Fülle an Produkten und technischen Innovationen eine gewisse Vergleichbarkeit zu schaffen und den Überblick zu verbessern. Die von Bauern »Kuhkomfort« genannte Ausrichtung der Ställe auf die Bedürfnisse und Ansprüche der Tiere dient einerseits im Wortsinn dem Komfort der Kuh, andererseits trägt er zu weniger Krankheiten, also weniger Ausfällen bei und damit unmittelbar zu höheren Erträgen und einer wirtschaftlichen Haltung.

Die Silageanlage für das Futter ist in Sichtweite des Stalls, eine relativ simpel aussehende Anordnung aus einem betonierten Platz, zwei Wänden und einem riesigen Haufen mit großen Planen abgedeckten Pflanzenmaterials. In einer solchen Anlage wird nicht selten Futter im Wert von über hunderttausend Euro gelagert, das unter der Abdeckung heranreift und mehrmals täglich mit einem kleinen Radlader zu den Ställen gefahren wird. Roboter, die selbständig das Futter an der richtigen Stelle aufhäufen, sind aber bereits für rund zehntausend Euro verfügbar.

Das Silieren ist eine milchsaure Gärung, die das zuvor geschredderte Futter lange haltbar macht, Pflanzenstoffe aufschließt und so für das Vieh besser verdaubar werden läßt. Von dem Futterhaufen geht ein säuerlich-fader Geruch aus, der über dem ganzen Hof liegt. Wenn das Futter stark nach Essig oder gar buttersäurig riechen sollte, hat der Bauer ein großes Problem – die falschen Mikroorganismen haben sich zu stark vermehrt und können zu nicht verdaubarem oder gar krankmachendem Futter führen. Viel hängt davon ab, in welchem Zustand Heu, Futtermais, Luzerne oder Getreide in die Silageanlage kommen. Sind die Pflanzen schon angewelkt oder zu feucht, kann es schnell zu Problemen kommen. Wie schon beim Brotgetreide ist der richtige Erntezeitpunkt entscheidend für den Erfolg oder Mißerfolg. Viel Erfahrung und zur Not ein wenig Nachhilfe mit den richtigen Mikrobenkulturen sind nötig, um den komplexen Silageprozeß zu steuern.

Jede der über vier Millionen deutschen Milchkühe wird so umfangreich überwacht und verdatet, daß es Post-Privacy-Anhängern nur den grünen Neid ins Gesicht treiben kann: Ein Bewegungssensor am Fuß erfaßt jeden Schritt, ein oder sogar mehrere Funkchips und Marken im Ohr erlauben die Identifizierung. Befindet sie sich auf der Weide, gibt es bereits satellitengestützte Systeme, die den Standort und das Bewegungsmuster des Tieres auf dem Mobiltelefon des Landarbeiters anzeigen können. So sind auch die etwa 600 000 deutschen Fleischrinder überall erfaßt, die in der Regel im Frühjahr und Sommer auf der Weide gehalten und erst im Herbst eingestallt werden. Sind die Kühe tragend, werden die speziell dafür vorgesehenen, etwas großzügiger gebauten Ställe nicht selten videoüberwacht, um einen permanenten Blick auf die Tiere zu haben, bevor sie ihre ungefähr vierzig Kilogramm schweren Kälber bekommen.

Auch am Melkroboter, die Bauern bereits seit über zehn Jahren nutzen können, wird die Kuh anhand ihres individuellen Funkchips erkannt. Sie kann den Zeitpunkt, wann sie in den Roboter hineintritt, selbst wählen, die Maschine verzeichnet den Zutritt nur. Um die Motivation zu erhöhen, liegt im Roboter ein Schmankerl zur Belohnung bereit: individuelles Kraftfutter für jede Milchkuh. Je höher die Energiekonzentration dieses Futters ist, desto attraktiver ist es für das Tier. Verläßt die Kuh nach dem Melken und dem Genuß des Leckerlis den Roboter nicht, geht nach einiger Zeit ein Alarm auf das Mobiltelefon des Wachhabenden.

Da der Roboter gänzlich ohne Menschen betrieben wird, mußten sich die Ingenieure einen Mechanismus zur Stimulierung der Milchkuh ausdenken. Denn ohne diese Stimulierung gibt die Kuh keine Milch. So drehen sich am Euter des Tieres mehrere Bürsten, bevor das Melkzeug mit Hilfe von Lasermessungen oder bei anderen Modellen von angebrachten Kameras automatisch angesetzt wird. Ihre abgegebene Milchmenge und -qualität wird zusammen mit der Tiernummer sofort erfaßt und gespeichert, ebenso wie das Ergebnis von Schnelltests der Milch hinsichtlich der elektrischen Leitfähigkeit und Temperatur, die Hinweise und Frühindikatoren auf Krankheiten geben sollen. Wenn die Kuh gerade krank ist und Medikamente bekommt, ist ihre Milch gesperrt. Durch den Chip am Bein kann der Melkroboter das Tier erkennen und pumpt solche Milch, die zur Vernichtung bestimmt ist, in einen separaten Tank, da sie Rückstände der Medikamente oder Krankheitserreger enthalten kann.

Welche Medizin die Kuh wann bekommen hat, wird genauso in Datenbanken erfaßt, wie von welchem Stier sie wann befruchtet wurde, wann sie gekalbt hat und von welchen Eltern sie abstammt. Alle Parameter, die über ihre Ernährung, ihr Gewicht, ihre Milch und deren genaue Zusammensetzung, ihre körperlichen Merkmale oder Auffälligkeiten bekannt sind, werden in einem Datenbankeintrag zusammengefaßt, zusätzlich alle Daten aus den Melkrobotern, von den Milchkontrollen und von jeder ärztlichen Behandlung. Falls die Kuh bereits genotypisiert wurde, kommen auch ihre DNA-Daten zum Eintrag hinzu. Ihr Futter in seiner exakten Herkunft und Zusammensetzung ist ebenfalls vollständig aufgezeichnet, nach den Futtermittelskandalen der letzten Jahre sind Vorgaben heute noch genauer und Kontrollen üblich.

In einer zentralen bundesweiten Datenbank wird zudem jedes Rind in Deutschland verzeichnet. Innerhalb von sieben Tagen sind die Bauern gehalten, aktuelle Änderungen bekanntzugeben, etwa wenn Kühe verkauft oder geschlachtet werden.

Neben Melkrobotern, die ohne Zutun von Menschen arbeiten und heute bundesweit gut die Hälfte aller Neuinvestitionen bei Melkmaschinen ausmachen, gehört auch eine teilautomatisierte Melkanlage zum Standard in den meisten Kuhställen. Nicht nur, daß in früheren Zeiten etwa fünfmal mehr Menschen in einem mittleren Agrarbetrieb gearbeitet haben als heute, auch die körperlichen Anstrengungen konnten reduziert werden. Eine für den Melker ergonomisch verstellbare Höhe des Fußbodens in der teilautomatisierten Melkanlage macht das früher schultern- und rückenbelastende Melken der Kühe weniger anstrengend.

Anders als der Stall, der trotz permanenter automatisierter Reinigung und regelmäßiger Pflege durch Menschen einfach so riecht und aussieht, wie man sich einen Kuhstall vorstellen würde, ist die Melkanlage ausgesprochen sauber und gefliest. Reinigung und Desinfektion werden hier mehrfach am Tag durchgeführt.

Viele Kühe ziehen jedoch den Melkroboter dem menschlichen Melker vor. Die Melker sind ja nicht dauernd vor Ort, die Kühe müssen daher anstehen, um gemolken zu werden, was für sie zu sozial stressigen Situationen führen kann, etwa wenn sich eine höherrangige Kuh in der Schlange befindet. Beim Melkroboter können sie sich den Zeitpunkt aussuchen und solche Streßsituationen vermeiden.

Für eine große Agrarfabrik mit ihren riesigen bewirtschafteten Flächen ist die Wahl des richtigen Zeitpunktes für Aussaat, Düngen, Pflanzenschutzmittelausbringung und eigentlich auch alle anderen Vorgänge ähnlich entscheidend wie für die Kuh die Wahl ihrer Melkzeit.

Besonders deutlich wird das an den Schwierigkeiten, die sich um den optimalen Erntezeitpunkt für das Getreide drehen. In einer bestimmten regionalen Gegend etwa werden die gleichen Feldfrüchte zur selben Zeit reif. Insbesondere in Nord- und Ostdeutschland besitzen die meisten Bauern keine eigenen Mähdrescher, denn große Landmaschinen kosten vergleichbare Summen wie ein Einfamilienhaus. Sie schließen daher schon Anfang jedes Jahres Verträge mit Lohnbetrieben, denen die Hektarzahlen bekanntgemacht werden und die die Ernte übernehmen. Die Frage, welcher Betrieb den bevorzugten Zugriff auf die Erntemaschinen bekommt, ist eine Quelle beträchtlicher Unruhe und Diskussionen zwischen den Bauern und ihren regionalen Erntedienstleistern. Der Trend zu immer größeren Agrarfabriken kommt auch daher, daß der Betrieb mit den größten Flächen die größte Verhandlungsmacht hat, da er für den Dienstleister einen größeren Umsatz bedeutet. Kleine Bauern mit vergleichsweise unbedeutenden Flächen stehen, wenn es an die Erstellung der Rangfolgelisten für die Ernte geht, weiter hinten – und haben im Zweifel das Pech, daß das Wetter schon umgeschlagen hat und die Getreidequalität beeinträchtigt, wenn sie an der Reihe sind, die Maschinen nutzen zu können.

Das Landtechnikgeschäft ist so kompliziert wie der Rest des Gewerbes auch. Oft sind die Erntedienstleister gleichzeitig Maschinenhändler, die ihre Mähdrescher nach ein oder zwei Jahren weiterverkaufen – nicht selten nach Osteuropa. Dieses den Jahreswagenverkäufen bei Pkws ähnliche Prinzip hat den Vorteil, daß sie für ihre Kundenaufträge immer neue und unverschlissene Maschinen betreiben, die zuverlässig funktionieren und wenig Stillstandszeiten für Reparaturen haben. Je nachdem, wie die Ernte ausfällt, sind die Einnahmen aus der Lohnarbeit weitaus höher als der Wertverlust des Mähdreschers in dieser Zeit. Dieser hohe Durchsatz an Maschinen führt dazu, daß sich gerade in Deutschland technische Innovationen wie GPS-Steuerung und neue Sensoren zur Erhöhung der Ernteeffizienz schnell etablieren. Andererseits ist dadurch auch der Konkurrenzdruck ausgesprochen hoch, jeweils die neuesten Maschinen im Fuhrpark zu haben.

Andere, universellere Maschinen, insbesondere Traktoren, besitzen die Agrarbetriebe selbst. Es wäre viel zu unpraktisch, immer erst extern eine Zugmaschine zu leihen, die man ohnehin ständig braucht – zum Pflügen, Eggen, Säen, Düngerausbringen, Heufahren und zu vielen anderen Tätigkeiten. Die Landtechnikverleiher haben aber typischerweise sowohl Traktoren als auch die verschiedenen Funktionsanhänger im Bestand, um schnell aushelfen zu können, falls einem Bauern sein Gerät zur falschen Zeit kaputtgeht oder er seine großen Flächen nicht allein mit seinem eigenen Fuhrpark bewältigen kann. Oft sind die Dienstleister und Maschinenhändler auch gleichzeitig Servicewerkstätten, so daß sie bei einer Reparatur zu einem kritischen Zeitpunkt auch direkt ein Ersatzgerät stellen können.

Der Trend zum Outsourcen der maschinenintensiven Arbeiten geht immer weiter, das Ausbringen von Pestiziden und anderen Agrarchemikalien wird mittlerweile auch oft in Lohnarbeit erbracht, um Zeit und die Anschaffung der relativ selten gebrauchten Spritzanhänger zu sparen. Der clevere Bauer kauft jedoch die dabei versprühten Substanzen selbst im Landgroßhandel. Zum einen glaubt er nicht, daß sein Dienstleister ihm den besten Preis machen wird. Zum anderen will er sicher sein, daß genau das gewünschte Produkt und nicht etwa eine billigere Nachahmersubstanz oder gar kostensparend verdünnte Brühe auf seinen Acker kommt. Die sprichwörtliche Schlitzohrigkeit des Landgewerbes blitzt an solchen Stellen immer wieder durch. Man hilft sich zwar gegenseitig und kooperiert zum wechselseitigen Vorteil. Man unterstellt allen anderen jedoch nicht selten, daß sie jede Gelegenheit, einen schnellen Euro zu machen, auch nutzen werden, und beugt entsprechend vor.

Der richtige Zeitpunkt – diesen Begriff hört man andauernd, wenn man mit Bauern redet. Es geht eigentlich immer darum, in Abhängigkeit von Wetter, Jahreszeit, Fruchtfolge und dem Reifegrad des Getreides den richtigen Zeitpunkt zu erwischen. Das fängt beim Pflügen und der Aussaat an und endet mit der Ernte. Alle Bauern sind deshalb Wetterbericht-Junkies und haben spezielle Services abonniert, die ihnen helfen, Fehler zu vermeiden, und Warnungen vor drohenden Unwettern oder erntebeeinträchtigenden Wetterlagen zuschicken. Mit den Besonderheiten und Eigenarten des Mikroklimas über ihrem Land vertraut zu sein und die Wetterentwicklung richtig einzuschätzen ist seit alters eine bäuerliche Kernkompetenz.

Die gestiegene Qualität und Genauigkeit der meteorologischen Wettervorhersagen ist jedoch von nicht zu unterschätzender Bedeutung für hohe Erträge. Während noch vor zwanzig Jahren die Wetterprognosen für mehr als zwei Tage eher grobe Schätzwerte waren, sind durch die dramatisch gestiegene Anzahl der Meßstationen, mehr Rechenleistung, verbesserte Algorithmen und den unmittelbaren Zugriff auf die Daten über das Internet die Prognosegüte und -zeiträume und damit Planbarkeit unter Wetternormalbedingungen deutlich gestiegen. Die Maschinen ersetzen hier den Menschen aber nicht vollständig – es braucht immer noch einige qualifizierte Meteorologen zur Interpretation und Einordnung der Computervorhersagen.

Rechenleistung, Vernetzung und Algorithmen geben den Bauern heute einen Informationsvorteil, der sich direkt in besseren Ernteergebnissen auswirkt – oder zumindest gleichbleibend guten. Denn ein anderer Aspekt der Wettervorhersagen sind die Warnungen vor den häufiger und stärker gewordenen Extremwetterereignissen. Sturm, Hagel, Stark- und Dauerregen, Frost und Dürre sind neben Pflanzenschädlingen die größten Feinde des Bauern. Rechtzeitig davor gewarnt zu werden gibt ihm Handlungsoptionen, um Totalverluste zu vermeiden.

Die Optionen und Abwägungen sind nicht trivial. Kündigt sich nur eine kurze Regenfront mit nachfolgendem Sonnenschein an, lohnt es wahrscheinlich, sie einfach abzuwarten. Schlimmstenfalls muß das Getreide nach der Ernte etwas getrocknet werden, was zwar den Gewinn schmälert, aber keine echte Katastrophe ist. Droht jedoch eine langanhaltende Regenwetterlage kurz vor dem eigentlich anvisierten Erntezeitpunkt, lohnt es eventuell, das nicht ganz ausgereifte Getreide zu ernten, damit es noch verkäuflich ist – möglicherweise in einer geringeren Weizenqualität als eigentlich geplant oder schlimmstenfalls noch als Futtergetreide, jedoch unter Vermeidung eines Totalverlustes. Der entsteht, wenn das Getreide ganz durchfeuchtet ist, umknickt und anfängt zu schimmeln. Dann kann es eigentlich nur noch untergepflügt werden.

Sicherzustellen, daß die nötigen Maschinen bereitstehen, wenn das Getreide reif ist, um es einzubringen, ist der Beruf der Hersteller von Landmaschinen. Mähdrescher, die wohl kompliziertesten und anspruchsvollsten Maschinen auf dem Feld, werden von wenigen hochspezialisierten Firmen produziert. Ein Besuch am Ort, wo die Mähdrescher hergestellt werden, zeigt, wie hochtechnisiert nicht nur die Maschinen selbst sind, sondern auch ihre Produktion.

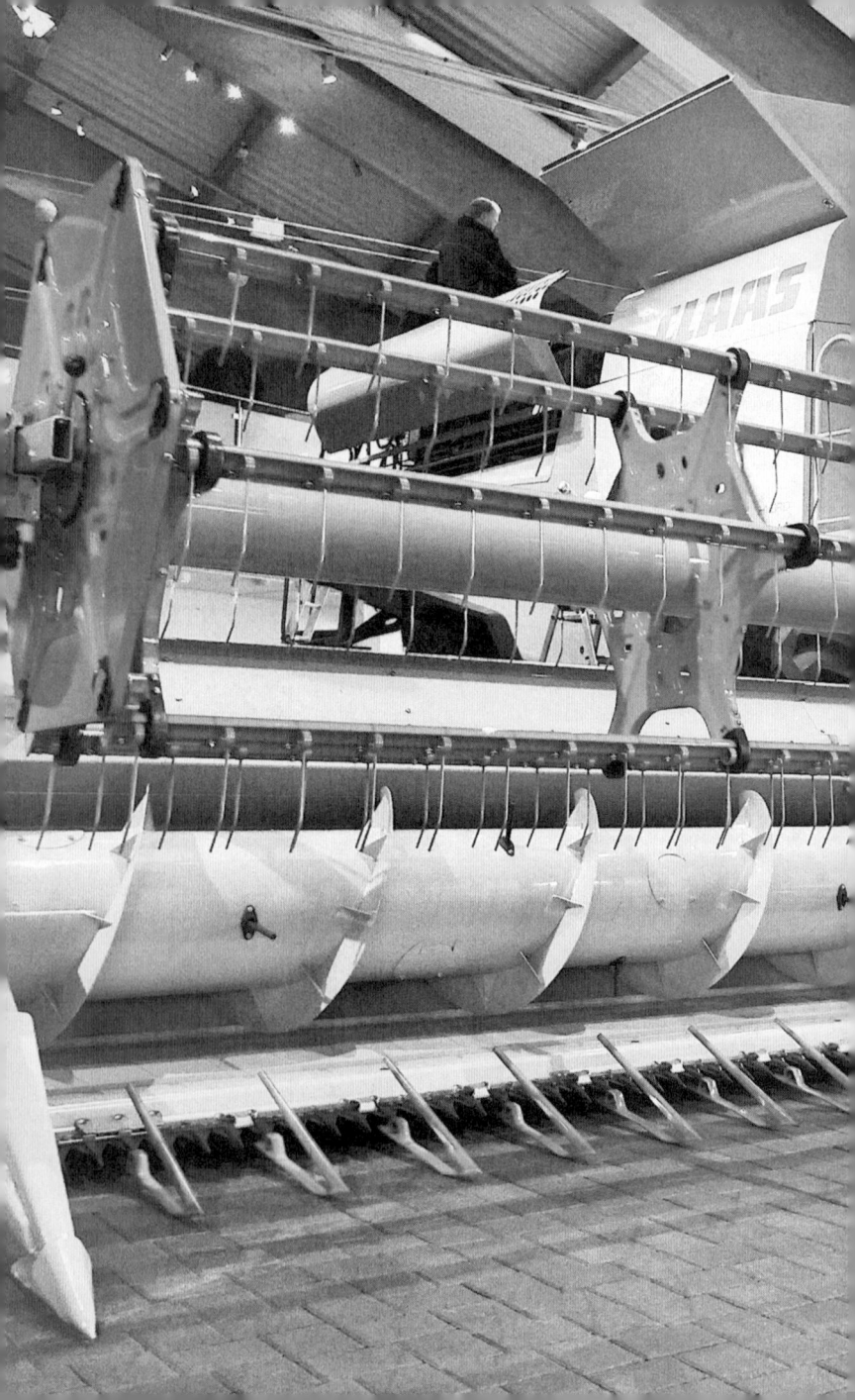

3. Wo Mähdrescher geboren werden

m Westfälischen ist die Landschaft so ereignisarm und gleichförmig, daß man den Verdacht entwickeln könnte, der deut-
sche Ingenieursgeist habe sich dort vor allem deswegen so intensiv entwickelt, weil man wirklich gute Produkte in alle Welt
verkaufen kann – und so der Eintönigkeit entkommt. Nicht nur
Mieles Waschmaschinen und Bertelsmanns Bücher kommen aus
dieser Gegend, auch ultramoderne Landmaschinen werden hier
gebaut.

Die Produktionshalle der Firma Claas sieht schon auf dem
Luftbild beeindruckend groß aus. Steht man am Eingang, werden
die tatsächlichen Dimensionen erst auf den zweiten Blick klar.
Sechshundert Meter in der Länge und ungefähr zweihundert Meter in der Breite dehnt sich die mehrere Etagen umfassende Pro-
duktionsstätte aus, in der Mähdrescher gefertigt werden. Diese
und andere moderne Landmaschinen sind vom Schnitter mit der
Sense auf dem Feld ungefähr so weit entfernt wie ein modernes
Hybridauto vom Pferdefuhrwerk.

Die Ausmaße des Hallenkomplexes machen viele Wege weit,
deswegen sind einige hundert Firmenfahrräder im Einsatz. Auch
die Werksfeuerwehr nutzt Drahtesel: In Feuerwehrrot lackiert,
werden sie weniger zum Löschen als vielmehr für die permanenten Brandschutzinspektionen verwendet. Die sind auch unbedingt nötig: An vielen Arbeitsstationen bratzt und zischt es, riecht
es nach Verbranntem. Funken stieben von Schleifscheiben, glü-
hende Metallteilchen fliegen durch die Luft, grelle Blitze der
Schweißroboter werden von den Wänden reflektiert. Die surren-
den Roboter selbst sind hinter ihren Schutzvorhängen und Ab-
schirmwänden auf den ersten Blick noch gar nicht auszumachen.

Fast alle Blechteile, aus denen hier ein Mähdrescher gefertigt
wird, entstehen an verschiedenen Arbeitsstationen, die an der Peripherie der riesigen Werkshalle angeordnet sind. Lkws liefern
dicke Blechpakete an einer Ladestraße an, von wo aus die Bleche
direkt in computergesteuerte Laserschneidanlagen eingelegt wer-

den. Auf einem großen Arbeitstisch, umgeben von Schutzwänden, bewegt sich in atemberaubender Geschwindigkeit ein Schneidkopf. Durch ihn wird der Laserstrahl, der in einer Anlage so groß wie eine Litfaßsäule erzeugt wird, auf das Blech gelenkt. Die Energie des gebündelten Lichts ist so stark, daß das mehrere Millimeter starke Stahlblech mühelos und mit höchster Präzision zerteilt wird.

Wie das Schnittmuster für ein Kleidungsstück sieht die Linienstruktur aus, die der Laser in das Blech schneidet. Statt Teile von Hosenbeinen oder Ärmeln entstehen hier jedoch die genau konstruierten Rohteile von Dreschsystemen, Schneidwerken und Karosserien direkt aus den digitalen Konstruktionsdaten, aus denen die Bewegungsbefehle für den Laser berechnet werden. Zurück bleiben nur minimale Reste des Stahlblechs. Wie beim Bekleidungsschnittmuster der Stoff möglichst optimal genutzt werden soll, wird auch die Fläche des Blechs fast vollständig verwendet. In den Zwischenräumen, die durch Kurven und Rundungen an großen Teilen entstehen, sind in den Konstruktionsdaten zu schneidende Kleinteile plaziert.

Ein einziger Arbeiter bedient zwei dieser großen Laserschneidtische. Wenn ein Arbeitsgang abgeschlossen ist, sortiert er die ausgeschnittenen Blechteile zur weiteren Bearbeitung auf verschiedene Paletten und Kisten, die dann zu den Schweißstationen transportiert werden, bei denen die zweidimensionalen Bleche zu dreidimensionalen Teilen zusammengefügt werden. Das wenige nicht genutzte Blech, das ein bißchen wie das Skelett eines Herbstblatts mit dünnen, stehengebliebenen Rippen aussieht, wandert in die Recyclingkiste. Sogleich wird automatisch die nächste Blechtafel in die Lasermaschine geladen und die nächste Partie Teile ausgeschnitten – ohne Pause, computergesteuert, genau für den geplanten Bedarf der Produktionsstraße.

Nebenan ertönt lautes rhythmisches Knacken und Klopfen. Hier fährt eine computergesteuerte Stanze in einem menschenleeren Raum über mehrere Meter große Blechtafeln. Die Maschine kann das Blech auf verschiedenste Weise bearbeiten: Teile können ausgestanzt werden, Schlitze und Löcher durchbrochen, aber auch die Steifigkeit verstärkende Rippen und Nuten können hineingeschlagen werden. Dazu verfügt die Maschine über mehr als ein Dutzend Werkzeuge, die in automatischen Haltevorrichtungen bereitgehalten werden. Je nach Steuerungsanweisung klinkt die Maschine das richtige Werkzeug ein, bewegt den Stanzkopf an die vorbestimmte Stelle und schlägt mit ihrer tonnenschweren Wucht zu. Weniger als eine halbe Sekunde später folgt der nächste Schlag, pausiert wird nur, wenn ein Werkzeug abgelegt und neues in den Stanzkopf eingerastet wird.

Am Ende des Arbeitsgangs sammelt ein Roboterarm mit Dutzenden von Saugnäpfen die fertiggestanzten Blechteile von der Arbeitsfläche. Walzen befördern die stehengebliebenen Blechreste zu einem Schredder, in dem sie für das Recycling kleingehäckselt werden. Der Saugnapfroboter legt währenddessen bereits die nächste Blechtafel auf, Maschinenstillstand gibt es hier nur für Wartung und Reparatur. Wenn nichts Unvorhergesehenes geschieht, benötigt die Stanze die Aufmerksamkeit des Menschen lediglich, wenn ein neuer Blechstapel nachgelegt werden muß oder die häufig anzutreffenden interessierten Besucher Fragen loswerden möchten. Auch die Stanzmaschinen sind vollständig computergesteuert. Wann, wo, mit welchem Werkzeug in das Blech geschlagen wird, bestimmt eine digitale Konstruktionszeichnung, aus der die Arbeitsbefehle für die Stanzmaschine errechnet werden.

Die weitere Verarbeitung der Bleche geschieht in einer interessanten Kombination von maschineller und menschlicher Arbeit. Die Rohre etwa, durch die das Korn vom Mähdrescher in den Lkw umgepumpt wird, werden von einer Maschine aus Blechtafeln gerollt, in die zuvor Löcher und Strukturen für Befestigungen und Anbauten gestanzt oder gelasert wurden. Ein Arbeiter legt das Blech in die Rundwalzmaschine ein. Dann schiebt er das dort entstandene seitlich offene Rohr in eine Schweißmaschine, die mit einem speziellen Verfahren, bei dem keine Unebenheiten an der Schweißnaht entstehen, die Blechrolle zu einem geschlossenen Rohr verschweißt. Meist sind noch kleinere manuelle Nacharbeiten an den Enden erforderlich, deswegen liegen Handschweißgerät und Winkelschleifer bereit. Nicht, daß eine Maschine nicht auch diese Arbeiten übernehmen könnte, doch der Mensch erweist sich hier als deutlich flexibler und schneller. Er überblickt nötige Feinarbeiten mit geschultem Blick und hat die Sensorik dafür als Homo sapiens bekanntlich bereits eingebaut.

An anderen Fertigungszellen fährt ein Schweißroboter die Eckkonturen komplexer Blechstrukturen ab, die für den Schweißvorgang von eigens dafür gefertigten Vorrichtungen zusammengehalten werden. Doch während der zuständige Arbeiter die fertiggeschweißten Teile ausspannt, neue Bleche einlegt und sichert, steht der Roboter nicht etwa still. Auf einem Schienensystem ist er statt dessen sofort zur benachbarten Schweißzelle unterwegs, wo schon eine bestückte Vorrichtung mit Blechen darauf wartet, zusammengeschweißt zu werden.

Dieses Prinzip findet sich an praktisch allen Fertigungszellen, wo Menschen den Robotern zuarbeiten: Während der Roboter arbeitet, bereitet der Mensch den nächsten Arbeitsgang für ihn vor. Meist sind die Maschinen hinter Schutzwänden und -zäunen verborgen. Die Roboterarme bewegen sich mit einer Geschwindigkeit und Kraft, die den Kontakt für Menschen höchst gefährlich machen, deswegen sind die Arbeitsbereiche hier strikt getrennt und durch Schutzschaltersysteme gesichert. Öffnet man eine der Gittertüren während eines Arbeitsgangs, bleibt der Roboter sofort stehen, und eine Rundumleuchte signalisiert den Eintritt einer Person in seinen Aktionsradius.

Viele der Maschinen und Roboter in der Claas-Werkshalle haben Namen, die als liebevoll handgefertigte Blechschilder an den

Schutzkäfigen hängen. Der Grund ist nicht nur eine gewisse Vermenschlichung der maschinellen Kollegen, sondern auch ein ganz banal praktischer: Wenn ein Wartungstechniker die Nachricht bekommt, daß Roboter 13B42a einen Defekt hat, muß er jedes Mal erst nachsehen, wo er hinzuradeln und welches Werkzeug er einzupacken hat. Erfährt er hingegen, daß »Gertie« ein Problem hat, weiß er offenbar spätestens beim dritten Mal, wo er hinmuß.

Oben unter der Decke, meist verborgen von der Konstruktion, gibt es eine zweite Ebene der Werkshalle. Hier erstreckt sich ein Labyrinth von gelben Schienen, die sich weit in das Halbdunkel des schier endlosen Raums verzweigen. An diesen Schienen hängend werden wie von Geisterhand kleine, große und riesige Blechteile zwischen den verschiedenen Arbeitsstationen gemächlich hin- und hergefahren. Das Gehäuse eines halben Mähdreschers zieht sanft gleitend über den Köpfen vorbei auf dem Weg zu einer schwimmhallengroßen Reinigungsanlage. Hier wird es in verschiedenen Bädern von Fett, Rückständen und Anhaftungen der Schweißvorgänge befreit.

Auch die Reinigung geschieht vollautomatisch. Kleinwagengroße Metallteile werden in genau bemessenen Zeitabständen in die einzelnen Kammern mit den Reinigungsflüssigkeiten abgesenkt, von diesen umspült, wieder herausgeholt und ins nächste Bad abgesenkt. Am Ende wird das nun gereinigte Teil wiederum automatisch in eine Trocknungskammer gefahren, bevor es im Halbdunkel der Schienenanlage des nur an einigen Stellen der Halle sichtbaren zweiten Stockwerks verschwindet. Kennt man die Arbeitsabläufe genau, kann das Metallteil später wiederentdeckt werden, kurz bevor es in eine menschenleere, versiegelte Halle mit den automatischen Farbspritzrobotern gefahren wird.

Die meisten Arbeitsstationen, an denen die Blechteile der Mähdrescher gefertigt werden, sind an der Peripherie der großen

Halle verteilt. Ganz am Rand wird gestanzt und geschweißt, weiter zur Mitte hin werden Kabel und Sensoren von Menschen montiert, Feinarbeiten erledigt, Kugellager eingebaut und Qualitätskontrollen durchgeführt. Im Zentrum schließlich befinden sich die Montagebänder, auf denen der Mähdrescher aus seinen vielen tausend Teilen zusammengebaut wird. Wie Fischgräten laufen die einzelnen Arbeitsstationen auf das Montageband zu. Je näher am Band, desto vollständiger und komplexer ist das Modul, bis es schließlich zur richtigen Zeit an der richtigen Stelle am Band landet, um verbaut zu werden.

Einzelne Großteile der Mähdrescher, wie etwa das fertigmontierte Führerhaus, werden aus anderen Werken oder Werksteilen herangeführt. Andere Komponenten, etwa der Motor, die Hydraulikpumpe oder die Räder, kommen von externen Zulieferern. Ein eigener Dienstleister kümmert sich zusätzlich ausschließlich darum, daß an jeder Montagestation immer genügend der dort notwendigen Muttern, Schrauben und sonstigen Kleinteile verfügbar sind.

Andere Teile, wie etwa vorkonfektionierte Zusammenstellungen von Hydraulikschläuchen in speziell konstruierten Haltevorrichtungen auf Paletten, werden von selbstfahrenden Logistikrobotern genau zu dem Zeitpunkt an das Band gefahren, an dem sie verbaut werden sollen. Diese Roboter sind Teil eines automatischen Transportsystems, das sich auf dem Boden entlang gekennzeichneter Linien bewegt. Hier ist schon absehbar, daß die Arbeit der Transporteure, die für den Materialfluß an das Band sorgen, alles andere als sicher ist. Nach und nach werden mobile Roboter sie ersetzen. Nur relativ geringe Umstellungen im Produktionsablauf und in der Gestaltung der Werkshalle sind dazu nötig.

Das Montageband bewegt sich langsam, aber unerbittlich vorwärts. Bis zu zwanzig Mähdrescher am Tag laufen von diesem Band, wenn es keine Probleme gibt. Die Montage selbst ist praktisch reine Handarbeit, wenn man von den elektromechanischen Hilfsmitteln wie Hebevorrichtungen und Schraubern absieht, die den Arbeitern körperlich anstrengende Tätigkeiten erleichtern. Die Gründe dafür, daß dieser Teil der Fertigung nicht in Roboterhänden liegt, sind zum einen mechanischer Natur: Etliche der zu verbauenden Teile müssen im Inneren von komplexen Blechstrukturen angebracht werden oder an anderen schwer zugänglichen Stellen. Der Mensch erweist sich als flexibler und vor allem anpassungsfähiger. Denn der zweite Grund ist die hohe Variabilität der Produkte: Die Vielzahl der möglichen Optionen und Varianten eines Mähdreschers ähnelt erstaunlicherweise der eines Luxusautos. Zudem gibt es in relativ rascher Folge Produktinnovationen, die den Einbau neuer oder anderer Teile erfordern. Roboter für solche oft wechselnden Aufgaben zu programmieren lohnt sich bei den vergleichsweise kleinen Stückzahlen der Mähdrescher-Montagebänder nicht.

Nicht nur in der Vielzahl der möglichen Ausstattungsoptionen ist ein Mähdrescher einem Luxusauto nicht unähnlich. Auch der Preis bewegt sich in den gleichen Regionen. Bis zu einer halben Million Euro kostet das Spitzenmodell in der Vollausstattung. Dabei geht es natürlich nicht um Hirschkalbledersitze mit Massagefunktion, Luxusstereoanlage oder eingebaute Minibar. Das Führerhaus einer modernen Landmaschine ist zwar vollklimatisiert – zur Erntezeit ist es auf dem Feld häufig sehr heiß – und verfügt über ein Radio, einen sehr bequemen, gut gefederten Sitz und auf Wunsch auch einen Getränkekühler. Die wirklich wichtigen Optionen für einen Mähdrescherkäufer sind jedoch andere Parameter, die über die Ernteleistung und damit die Wirtschaftlichkeit der nicht gerade kleinen Investition entscheiden.

Die wichtigste Kenngröße für den Käufer ist zweifelsohne die Mähleistung, also wieviel Getreide der Mähdrescher in welcher Zeit und unter welchen Bedingungen vom Acker holen kann. Dabei spielt zum einen die Schnittbreite eine Rolle, also wie breit die Ausmaße des Mähwerks sind. Auf bis zu zwölf Metern Breite kann der Mähdrescher heute seine Bahnen ziehen. Die Menge an Getreide, die dabei parallel ins Innere der meterhohen Maschine gesogen wird, ist kaum mehr vorstellbar. Doch je schneller ein Feld abgeerntet ist, desto früher kann das nächste Feld in Angriff genommen und mit bestmöglicher Kornqualität geerntet werden.

Daher sind auch das Gewicht und die Geschwindigkeit, mit welcher der Mähdrescher durch den Acker fahren kann, von großer Bedeutung. Wichtig ist dabei auch, wie gut das Fahrwerk mit feuchten und weichen Böden umgehen kann. Für Felder, bei denen die voll mit Korn beladene bis zu zwanzig Tonnen schwere Maschine zu stark einsinken würde, gibt es spezielle Raupenketten, die anstelle der Räder montiert werden. Der Getreideernter sieht dann aus wie eine Mischung zwischen Skipistenfahrzeug und Raumschiff. Die Raupenketten sind sehr breit und aus Gummirippen gefertigt, so daß der Boden möglichst wenig verdichtet und damit belastet wird. Trotzdem ermöglichen sie ein überraschend schnelles Vorwärtskommen, auch wenn der Mähdrescher über die Landstraße zum nächsten Acker gefahren wird.

Da man auf der Straße nicht mit einem zwölf Meter breiten Mähwerk umherfahren kann, sorgt eine geniale Klappmechanik dafür, daß das ausladende Ungetüm sich in erstaunlich kurzer Zeit zusammenfalten und in einen Anhänger verwandeln läßt, der zwar immer noch einen geübten Fahrer zum sicheren Bugsieren über die Straßen benötigt, aber immerhin überhaupt zügig auf normalen Straßen bewegbar ist.

Ein weiteres wichtiges Optimierungskriterium ist der Treibstoffverbrauch, der ebenfalls mit dem Gewicht zusammenhängt. Je weniger Diesel pro Tonne Getreide verbraucht wird, desto mehr Geld verdient der Bauer, und desto seltener muß eine Betankungspause eingelegt werden.

Die Größe des Korntanks und die Geschwindigkeit, mit der dieser entleert werden kann, bestimmt, wie die Fahrtouren der Lkws geplant werden können, mit denen das Getreide vom Feld geholt wird. Beim größten Mähdreschermodell reicht dieser interne Speicher unter Optimalbedingungen gerade einmal sieben Minuten. Drei bis vier Ladungen passen in einen Lkw, dann muß der nächste bereitstehen, wenn es keine Unterbrechung der Ernte geben soll. Um den nebenherfahrenden Laster möglichst gleichmäßig und damit effizient auszulasten, gibt es Systeme mit Kameras am Laderohr, die optische Markierungen erkennen – etwa kleine Kreuze auf weißem Grund auf der Oberkante des Kornlasters.

Ein moderner Mähdrescher ist schon so weit optimiert, daß 99,3 Prozent des Korns unter optimalen Bedingungen vom Feld geholt werden können. Trotzdem wird weiter daran gearbeitet, die verschiedenen Parameter der Mähdrescherleistung zu optimieren. Arbeitsplätze lassen sich hier kaum noch wegrationalisieren.

Ein Mähdrescherfahrer könnte zwar im Prinzip auch mehrere parallel fahrende Maschinen überwachen, da der Pfad, den sie über den Acker nehmen, ohnehin über das Satellitensystem GPS gesteuert und programmiert ist. Dabei kommen sogar Präzisionsverfahren zum Einsatz, bei denen ein spezieller GPS-Empfänger am Ackerrand steht und das ohnehin bereits auf einige Meter genaue GPS-Signal weiter korrigiert. Dieser GPS-Korrekturempfänger kennt seine eigene genaue Position, mißt das Signal von den Satelliten und errechnet die Abweichung zwischen seiner bekannten Position und dem GPS-Signal. Diese Abweichung funkt er als Korrekturinformation an die Mähdrescher auf dem Feld.

Dadurch können die parallel fahrenden Maschinen bis auf zwei Zentimeter genau ihre Position bestimmen und außerdem ihre Mähpfade auf möglichst wenig Zeitverlust optimieren. Stellt man sich ein langes Erntefeld vor, das die Mähdrescher Bahn auf Bahn abfahren, wird klar, daß man bei der Planung der Routen der Erntemaschinen vermeiden möchte, am Ende nur noch ein schmales Band Getreide abzunehmen. Das ist ganz ähnlich wie beim Rasenmähen zu Hause, nur daß es um potentiell hohe Summen geht, die der Bauer je nach Mähpfad verliert oder gewinnt.

Um möglichst präzise das Getreide vor dem Mähwerk zu haben, führt der Mähdrescher eine ganze Reihe von Sensoren mit. Die Assistenzsysteme im Mähdrescher sind heute schon weitaus umfangreicher als die in Autos üblichen. Eine Vielzahl dieser Sensoren und Automatiken erleichtern dem Mähdrescherfahrer die Arbeit. Mit Lasern und Kameras an den Außenkanten des Mähwerks wird der Rand ermittelt, um möglichst auf der vollen Breite das Korn zu erfassen. Software hält die Maschine automatisch auf der optimalen Route, berechnet nach Kriterien wie minimale Fahrstrecke und kürzestmögliche Mähzeit. Der Mähdrescher fährt von allein, der Fahrer konzentriert sich auf die Überwachung der Maschine.

Eines der Probleme, für die es bisher noch keine maschinelle Lösung gibt, sind Rehkitze. Beim Anrollen der Maschine springen die bedauernswerten Tiere nicht etwa auf und rennen weg, sondern ducken sich in die Ackerfurche. Wird ein Rehkitz vom Mähwerk erfaßt, ist, wie es ein Bauer ausdrückte, »der Tag gelaufen«. Nicht nur sei das seelisch belastend für den Fahrer, auch müßten die Überreste des Tiers dann sorgfältig aus dem Mähdrescher geputzt werden, da sich sonst Botulinustoxine am Getreide anlagern können, die für Mensch und Tier gefährlich sind.

Das Problem ist mit Technik derzeit noch schwierig zu lösen, obwohl Tiere und ihre Körperwärme durchaus mit Sensoren erkannt werden können. Durch die hohe Fahrgeschwindigkeit des Mähdreschers müßte man die Tiere jedoch im Getreide mindestens zwanzig oder dreißig Meter im voraus erkennen, um rechtzeitig anhalten zu können, und das alles durch das dichte Korn hindurch. Experimentiert wird in Kooperation mit Universitäten sogar mit kleinen Drohnen, die an einem Kabel vor dem Mähdrescher herfliegen und mit einer Infrarotkamera von oben Ausschau nach Tieren halten, um dann rechtzeitig Bremsmanöver einzuleiten. Die Kosten eines Tages Stillstand zur Erntezeit sind so hoch, daß auch solch relativ abstrus oder aufwendig klingende Technologien ernsthaft in Erwägung gezogen werden.

Die Parallelen zwischen Luxusautobau und Landmaschinenproduktion enden nicht bei Preis und Ausstattungsvarianten. Auch die emotionale Beziehung der Bauern zu ihren Maschinen kann ähnlich groß sein. Wie im Luxusautogeschäft gibt es daher bei den Herstellern auf Wunsch für den frischgebackenen Mähdrescherkäufer ein »Golden-Key«-Programm. Hat ein Käufer diesen goldenen Schlüssel, gehört zum Kauf ein umfängliches Besuchsprogramm im Werk. Dabei kann er seinem persönlichen Mähdrescher am Montageband bei der Entstehung und im Qualitätstest zusehen.

In der Vorführhalle bei Claas stehen die wichtigsten Modelle ebenso hochglanzpoliert und effektvoll ausgeleuchtet zur Besichtigung bereit wie bei den Autobauern. Sie sind vielleicht nur noch ein wenig eindrucksvoller durch ihre schiere Größe und Masse. Am Ende des Tages bekommt der »Golden-Key«-Käufer dann den Schlüssel zu seinem ganz persönlichen Mähdrescher überreicht und könnte ihn vom Werksgelände fahren. Transportiert werden die fertigen Maschinen allerdings praktisch meist per Bahn oder Lkw. Angesichts der eher unhandlichen Größe und begrenzten Geschwindigkeit, die Straßenfahrten nur wenig freudvoll machen, chauffieren allein die Bauern aus der unmittelbaren Umgebung des Werks ihre neue Maschine stolz direkt vom Fabrikhof auf den Acker.

Die Konkurrenz unter den Herstellern und die hohe emotionale Bindung, die nicht zuletzt durch den Preis verstärkt wird, führt auch dazu, daß andere Auswüchse der Autobranche im Landmaschinenbau Einzug gehalten haben. Neue Modelle und Varianten von Mähdreschern werden auf möglichst abgelegenen Feldern weit weg von neugierigen Augen und Kameras getestet. Denn auch in der Landmaschinenbranche sind die Erlkönigjäger unterwegs. »Erlkönige« werden – wie in der Autobranche – diese noch nicht bekannten Mähdreschermodelle genannt. Auf den Testfeldern werden charakteristische neue Formen der Maschinen durch Verwendung von alten Gehäuseteilen und Aufklebern verschleiert oder neue Sensoren und Anbauten mit irreführenden Formen versehen.

Die Landmaschinenfachpresse mit sprechenden Titeln wie *Profi* und *Top-Agrar* heizt die Begierde nach neuen, tolleren Modellen an. Sie publizieren genau wie die Autozeitschriften Fotos der »Erlkönige«. Aber auch Leserreporter kommen natürlich trotzdem immer wieder an die entsprechenden Bilder und versorgen die interessierte Leserschaft mit Spekulationen und Gerüchten über neue Modellvarianten. Die Namensgebung der Maschinen ist ähnlich wie in der Autoindustrie ebenfalls nicht ohne Belang. Mähdrescherhersteller setzen mit ihrer Betonung von Kraft und Mächtigkeit genau auf die Käufer zugeschnittene Akzente – schon seit Jahrzehnten: Eines der erfolgreichsten Modelle trägt den Namen »Dominator«.

Der Produktionsrhythmus eines Mähdrescherherstellers richtet sich nach den Zyklen der Landwirtschaft. Natürlich möchten die Bauern, Agrarbetriebe und Landmaschinenvermieter ihre neuen Mähdrescher am liebsten direkt vor der Sommerernte beziehen – und erst danach bezahlen, wenn das Korn geerntet und wieder Geld in der Kasse ist. Durch spezielle Arbeitszeitkonten trägt man diesem Geschäftszyklus Rechnung. Im Winter und Frühjahr wird routinemäßig eine Stunde pro Tag mehr gearbeitet, während zu den Haupterntezeiten im Hochsommer und

Frühherbst Werksferien sind und die Produktion stillsteht. Für die Arbeiter ist das durchaus attraktiv, in welcher anderen Branche kann man schon zur besten Jahreszeit viele Wochen am Stück Urlaub nehmen – und zwar weit mehr als die sonst üblichen achtundzwanzig Urlaubstage?

Für ihre Kollegen im Service stellt sich die Situation genau andersherum dar. Während der Erntezeit kostet ein Maschinenstillstand unmittelbar bares Geld. Wenn das Korn nicht rechtzeitig und genau zur richtigen Zeit eingebracht wird, leidet die Qualität. Im schlimmsten Fall ist die Ernte dann ein Totalverlust – etwa wenn das Getreide schimmelt –, oder es drohen signifikante Einkommenseinbußen, wenn es nur noch als Futtergetreide verkauft werden kann. Die Rechnung ist so einfach wie brutal: Unter optimalen Bedingungen holt das Spitzenmodell von Claas bis zu achtzig Tonnen Weizen pro Stunde vom Acker – im Wert von über zwanzigtausend Euro, wenn die Qualität stimmt. Steht der Mähdrescher wegen eines Defekts still, summieren sich die Verluste schnell in erhebliche Dimensionen. Dementsprechend rotiert der Reparatur- und Ersatzteilservice zur Erntezeit auf Hochtouren. Ein entscheidendes Argument für oder gegen einen bestimmten Hersteller ist für die Käufer die Distanz zur nächsten Servicewerkstatt. Die Techniker fahren zu jeder beliebigen Zeit zum Kunden, oft auch direkt auf den Acker. Nicht vor Ort vorrätige Ersatzteile werden wenn nötig direkt per Fernkurier zum Kunden gefahren.

Die Sommerpause im Werk wird genutzt, um die Produktion für das nächste Jahr umzubauen und die Maschinen zu warten. Neue Roboter, Automatisierungssysteme und Produktionsmaschinen werden in dieser Zeit installiert und die Arbeitsabläufe für die Produktion neuer Modelle und Varianten umgestellt. Die Werkshalle ist so groß, daß auch unser Werksführer an der einen oder anderen Stelle überrascht war, daß eine neue Produktionsanlage schon installiert und in Betrieb genommen war.

Viele Arbeitsplätze in der Landmaschinenproduktion sind vor allem deswegen noch nicht automatisiert, weil die Stückzahlen im Vergleich zur Autoindustrie klein, die Zahl der Varianten groß und die Montageprozesse recht komplex sind. Neue Generationen von flexiblen, billigen Robotern, Systeme für die automatische Materiallogistik im Werk und automatisierungsgerechte Konstruktion der Produkte dürften hier aber auch für ein Absinken des Anteils menschlicher Arbeit sorgen.

Doch wenn das Korn mit Hilfe der beeindruckenden Maschinen dann endlich geerntet ist, gelangt es – meist über den Zwischenschritt Getreidehändler – zu den Mühlen, um zu Mehl vermahlen zu werden. Dorthin führt auch die nächste Station der Reise.

4. Mühlen –
Vom Reibstein zur vollautomatischen Mahlfabrik

Unsere Vorstellung von einer Mühle wird immer noch stark von den Darstellungen aus Märchen und Geschichten bestimmt: Auf einem Hügel drehen sich die Flügel einer Windmühle in der frischen Herbstbrise. Im dunklen Tal klappert eine Wassermühle, getrieben von der Kraft des rauschenden Bachs oder vom Ablauf eines mit Seerosen bewachsenen Mühlteichs. Drinnen übertragen dicke Achsen aus Holz oder Eisen und breite Lederriemen die Rotation auf runde Mühlsteine, die mit rumpelnd-schabendem Geräusch gleichmäßig drehend das Korn zerquetschen.

Es ist nicht verwunderlich, daß wir immer noch diese Entwicklungsstufe der Technik vor Augen haben, auch wenn sie längst überholt und abseits von Heimatmuseen verschwunden ist. Denn die Mühlen waren einst so weitverbreitet und so bestimmend für das tägliche Leben, daß sie Eingang fanden in Lieder und Geschichten. Bis heute finden sich auf fast allen Mehlpackungen und in den Firmenlogos vieler moderner Mühlenbetriebe stilisierte Windmühlen. Die charakteristische vierflügelige Silhouette wird wohl dauerhaft das Symbol für die Mühle an sich bleiben, ähnlich wie das alte Wählscheiben-Tischtelefon mit seinem Hörer als stilisierte Abbildung und durch seinen »klassischen« schrillenden Klingelton im Mobilfunkzeitalter zur Ikone für das Telefonieren an sich geworden ist – auch wenn sie längst aus dem Alltag verschwunden sind.

Eine moderne Getreidemühle ist heute ein Zweckbau: ein hoher, großer Gebäudekomplex, dessen Lage nicht mehr wie in früheren Zeiten von der genutzten Energiequelle – Wind- oder Wasserströmung – abhängt. Das wichtigste Kriterium für einen neuzeitlichen Mühlenbauplatz ist seine Verkehrsanbindung und die Verfügbarkeit und Qualität des zu mahlenden Rohmaterials in der weiteren Umgebung. Heutige Großmühlen verarbeiten eintausend Tonnen oder gar mehr Getreide in nur vierundzwanzig Stunden. Die größte Mühle in Deutschland kann bis zu fünftau-

send Tonnen Getreide pro Tag durchsetzen. Diese Mühlengroß-
fabriken benötigen vor allem effiziente Wege, um sich riesige
Mengen Korn anliefern zu lassen, zwischenzeitlich unterzubrin-
gen und die fertigen Mahlprodukte zum Kunden zu schaffen.

Häufig findet man Mühlen daher in der Nähe von Autobahnen, Eisenbahnstrecken, großen Binnenschiffahrtswegen oder
Seehäfen – sehr oft dort, wo mehrere dieser Logistikoptionen zu-
sammenfallen. Die hohen Gebäude der Mühlen mit den charak-
teristisch aufragenden Rundtürmen ihrer Silos sind nicht selten
die Landmarken, anhand deren man in einer Stadt den Binnen-
hafen finden kann.

Tausend Tonnen jeden Tag

Die Dimensionen, in denen im modernen Getreidegewerbe gearbeitet wird, sind nur schwer zu fassen. Aus einhundert Kilogramm Weizen kann man etwa dreitausend Brötchen backen.
Einhundert Kilo sind zwei große oder vier kleinere Säcke Mehl.
Wie muß man sich aber tausend Tonnen Weizen vorstellen? Eine
ungefähre Vorstellung davon, wieviel eine große Mühle am Tag
verarbeitet, kann man sich durch die Transportfahrzeuge machen. Ein typischer großer Lkw lädt zwanzig bis dreißig Tonnen
Weizen, ein Eisenbahnwaggon bis zu vierzig Tonnen, ein Bin-
nenschiff anderthalb- bis zweitausend Tonnen. Daß sich Lkw-
Schlangen am Mühleneingang bilden, ist daher keine Seltenheit.

Einen weiteren Anhaltspunkt zum Verständnis der schieren
Größe moderner Mühlen liefert ein Blick zurück in die Geschichte. Die ältesten Wassermühlen wurden wahrscheinlich vor mehr
als fünftausend Jahren in Asien gebaut. Erfindungsreiche Mechaniker konstruierten schon zu Hoch-Zeiten des Römischen Rei-
ches im zweiten Jahrhundert große Mühlenzentren, die ihre
Kraft aus dem Wasser bezogen, das teilweise kilometerweit her-

angeleitet wurde. Die Anlage im französischen Barbegal – die größte aus römischer Zeit, von der wir Kenntnis haben – bezog ihren Antrieb aus einem steilen Wasserfall im Trinkwasser-Aquädukt, das die Stadt Arles versorgte. Über zwei Reihen aus je acht Wasserrädern strömte das Wasser den Hang hinunter. Während der etwa zweihundertjährigen Betriebsdauer der Anlage wurden kontinuierlich Verbesserungen vorgenommen. Neue Mühlsteinformen wurden erprobt, der Fluß des Wassers optimiert. Wieviel Getreide mahlte nun diese römische Mühlenfabrik? Die Schätzungen zur Leistungsfähigkeit der Mühlen von Barbegal schwanken zwischen vier und achtundzwanzig Tonnen Getreide pro Tag – für damalige Verhältnisse geradezu gigantische Mengen.

Für Zeitgenossen, die es gewohnt waren, daß jeden Tag mehrere Stunden Arbeit mit der Handmühle nötig waren, um das Mehl für einen kleinen Haushalt zu gewinnen, muß diese frühe Großindustrie eine nicht weniger magische Anmutung gehabt haben wie für uns moderne industrielle Anlagen. Mehl für Tausende Menschen erzeugen, gemahlen von der Kraft des Wassers – auch in den folgenden Jahrhunderten gab es keine Mühlen in dieser Dimension in Europa. Die typische Mühle in Deutschland in den Jahrhunderten vor dem Einzug der Dampfmaschinen vermahlte zwischen einer viertel und einer ganzen Tonne Getreide am Tag – ein Tausendstel des heutigen Durchsatzes. Dabei mußte es sich aber um einen guten Tag handeln, an dem der Mühlbach genügend, aber auch nicht zu viel Wasser führte, nicht zugefroren war und die hölzerne Mechanik der Mühle keine Probleme machte.

Eines der wenigen Zahlenwerke, aus denen sich die Struktur der mittelalterlichen Mühlenwirtschaft rekonstruieren läßt, ist das *Domesday Book*, eine vollständige Erhebung aller neuen englischen Besitztümer, die Wilhelm der Eroberer im Jahre 1085 in Auftrag gab. 5624 Wassermühlen wurden gezählt, von denen jede im Schnitt etwa dreihundert Menschen versorgte. Diese kleinteilige Regionalität des Mühlenbetriebs hatte zum einen mit der begrenzten Energie zu tun, die Wasser und Wind damals liefern konnten, zum anderen aber auch mit den Transportwegen, die mit Karren und Kutschen weite Lieferwege mit voluminösen Gütern wie Getreide zeitraubend und unökonomisch machten.

Auch heute noch beziehen die meisten Mühlen den größeren Teil ihres Korns aus einem nach jetzigen Maßstäben vergleichsweise begrenzten Umkreis – typischerweise um die hundertfünfzig Kilometer. Ergänzt wird diese lokale Belieferung mit Getreide jedoch um örtlich nicht oder nicht preiswert verfügbare Getreidesorten und -qualitäten, die per Schiff oder Eisenbahn auch über Hunderte oder Tausende Kilometer herangefahren werden.

An einer modernen Mühle angekommen, muß das Korn entladen werden, ohne daß noch jemand im Wortsinne Hand anlegt. Meist geschieht dies – im Falle von Lkw und Eisenbahn – per Ausschütten durch Gitterroste in unterirdisch gelegene Fördersysteme, von wo das Getreide dann zu großen Silos oder direkt zu den nächsten Verarbeitungsschritten transportiert wird. Bei den Binnenschiffen mit ihrer deutlich größeren Ladung wird das Korn mit riesigen Schläuchen angesaugt, in denen große Gebläse einen Unterdruck erzeugen. Ein halbes Megawatt elektrische Leistung ist für eine solche Schiffsentladeanlage eine übliche Größenordnung. Die Menge an Strom, die während einer etwa zehnstündigen Entladung eines Binnenschiffs verbraucht wird, reicht für einen fünfköpfigen Haushalt ein ganzes Jahr, so groß ist die Menge des angesaugten Getreides. Ansauganlagen für Lkws sind entsprechend kleiner dimensioniert, aber gegenüber dem Ausschütten ebenfalls energieaufwendig.

Doch kann ein Bauer sein Korn nicht einfach zur Mühle fahren und abliefern. Denn bevor das Getreide von den Neuzeitmüllern angenommen und in die Silos gelassen wird, muß es eine umfassende Qualitätskontrolle passieren. Aus jeder angelieferten Partie Korn zieht der Aufkäufer mehrere Proben, die verschiedensten Tests unterzogen werden. Dazu fährt jeder einzelne Lkw unter ein ferngesteuertes Ansaugrohr, mit dem aus verschiedenen Stellen der Lieferung ein paar Kilogramm direkt ins Labor befördert werden.

Dort wird als erstes ganz grundlegend überprüft, ob die Getreidesorte eigentlich die tatsächlich bestellte ist – man sieht dem Lkw schließlich nicht an, was drin ist, und Ladepapiere können auch falsch sein oder verwechselt werden. Ist die Getreidesorte die gewünschte, werden die Proben auf Verunreinigungen hin untersucht. Denn Getreide kann auf vielfältige Arten den Qualitätsansprüchen nicht genügen. Es kann zuviel Sand und Steine, Strohreste oder mitgeerntete Unkrautsamen enthalten. Es kann zu feucht oder zu trocken sein. Pilzkrankheiten wie das Mutterkorn oder Schimmel können die Ähren befallen haben. Das Getreide kann auch schlecht riechen oder gar von Insekten, anderen Tieren und ihren Hinterlassenschaften heimgesucht worden sein.

Mutterkorn

Eines der großen Probleme beim Getreideanbau ist seit Jahrhunderten das Mutterkorn. Dabei handelt es sich um eine Pilzkrankheit, die sich durch Inaugenscheinnahme erkennen läßt, da die Körner der Ähre länglich und schwarz werden. Der Pilz produziert verschiedene für den Menschen schädliche Alkaloide. Der Name rührt daher, daß eines dieser Mutterkornextrakte, das Ergometrin, seit langem als zum einen schädlich und zum anderen nützlich für Schwangere bekannt ist, weil es eine kontrahierende Wirkung auf die Gebärmutter hat. Da diese Eigenschaft früher genutzt wurde, um Geburtswehen einzuleiten, nachgeburtliche Blutungen zu stillen, aber auch Abtreibungen durchzuführen, entstand der Name »Mutterkorn«. Die Alkaloide aus den schwar-

zen Körnern führen jedoch auch zu einer Verengung der Blutgefäße, drastischen Empfindungsstörungen und zum Absterben
von Gliedmaßen. Besonders hohe Dosen können sogar den Tod
durch Atem- und Herzstillstand zur Folge haben. Es gibt also gute Gründe für die Mühlenbetreiber, das Mutterkorn in Getreidepartien zu finden, bevor es verarbeitet wird.

Nicht nur Schwangeren kann das Mutterkorn schaden oder
nutzen, seine Alkaloide dienen auch als Grundstoff für die Medi-
kamentenherstellung. Dazu wird jedoch meist in speziellen Brut-
silos künstlich ein Mutterkornbefall mit ausgewählten Pilzkei-
men erzeugt. Ebenfalls zu den Mutterkornalkaloiden zählt die Ly-
sergsäure, die in jüngerer Zeit als Grundstoff zur Herstellung der
legendenumwobenen psychedelischen Droge LSD dient. Nicht
erst seit die Beatles mit »Lucy in the Sky with Diamonds« die Ent-
deckung des Chemikers Albert Hofmann besangen, sind die be-
wußtseinserweiternden Wirkungen der auch im Mutterkorn enthaltenen Stoffe bekannt. Es gibt Hinweise darauf, daß schon vor
Tausenden von Jahren bekannt war, daß Lysergsäurealkaloide für
psychoaktive Zubereitungen verwendet werden können.

Als einzige der Mutterkorn-Inhaltsstoffe sind sie wasserlöslich
und so von den schädlicheren sonstigen Alkaloiden gut zu trennen. Das Mutterkorn wurde daher vermutlich bereits in früheren
Zeiten geschrotet, in Wasser aufgeweicht und abgeseiht. Das so
behandelte Wasser wurde dann als Rauschmittel verwendet. Auch
gegen starke Kopfschmerzen, die man heute »Migräne« nennen
würde, wurden kleine Dosen der Mutterkornalkaloide schon lange verabreicht. Heutzutage verwendet man jedoch nebenwir-
kungsärmere Substanzen, »Triptane« genannt, die bei der Forschung an Mutterkornalkaloiden entdeckt wurden. Sie sprechen
die gleichen Rezeptoren im Hirn an, die zu einer gezielten Verengung der schmerzhaft geweiteten Blutgefäße bei Migräne führen.

Bauern und Müller wissen seit Generationen, daß Mutterkorn
besonders gut auf Roggen gedeiht. Nachdem ab dem neunten

Jahrhundert Roggen verstärkt in Europa angebaut wurde, traten in der Folge größere Probleme mit Mutterkornvergiftungen in der Bevölkerung auf. Fälle mit Hunderten oder Tausenden Betroffenen sorgten jahrhundertelang immer wieder für Angst und Schrecken. Abhilfe tat not: Der Mönchsorden der Antoniter – gegründet 1095 – machte es sich zur Aufgabe, die bald als »Antoniusfeuer« bezeichneten Mutterkornvergiftungen zu behandeln. Der Orden unterhielt Hunderte Spitäler in ganz Europa, ohne jedoch die Ursache der Erkrankung zu kennen. 1597 wurde schließlich an der Philipps-Universität in Marburg der Zusammenhang zwischen dem Antoniusfeuer und dem Mutterkornkonsum entdeckt. Endlich waren gezielte Gegenmaßnahmen möglich: ein früher Sieg der Wissenschaft über eine Plage, die Leid über Hunderttausende gebracht hatte.

Da die vom Mutterkorn befallenen Körner normalerweise deutlich größer sind als nicht betroffene und sich zudem stark befallene Ähren durch ihre dunkle Farbe gut erkennen lassen, begannen die Müller schnell damit, die entsprechenden Getreideanteile, so gut es ging, auszusortieren. Die Bauern lernten ihrerseits, durch Maßnahmen wie das Abmähen von Grasrändern vor der Blüte und gezielte Sortenauswahl den Mutterkornbefall zu reduzieren. Nicht nur Menschen litten unter dem Pilzbefall der Ähren, auch in der Tierfütterung ist Mutterkorn ein Problem – die Vergiftungen treten ebenso bei Nutztieren auf. Die Tierzüchter verstanden, nachdem die Ursache des Problems einmal erkannt war, warum Mutterkorn auch aus dem Futter ausgesondert werden muß.

Verschiedene mechanische Sortiermaschinen zur Getreidereinigung wurden entwickelt und über die nächsten Jahrhunderte hinweg immer weiter verbessert, so daß größere Zahlen von Mutterkornvergiftungen bei Mensch und Tier fürderhin nur noch zu Kriegs- und Krisenzeiten auftraten, in denen Hungrige Getreide von den Feldern stahlen oder auflasen und aus Unwissenheit oder schierer Not auch mutterkornbefallene Körner verzehrten und verfütterten.

Diese Gefahr droht heutigen Getreidekonsumenten in Europa natürlich nicht mehr, auch nicht in Krisenzeiten, da die Lebensmittelindustrie hohe Standards erfüllt. Man sollte allerdings noch heute beim Einkauf von Getreide, insbesondere Roggen, direkt beim Bauern darauf achten, daß es schon gereinigt wurde.

Qualität und Preis

Während die Laboruntersuchungen in der Mühle laufen, in denen auch die Backqualitätsklassen des Getreides bewertet werden, müssen Lkws, Eisenbahnwagen oder Schiffe auf die Ergebnisse warten. Denn die Laborwerte entscheiden darüber, ob die Mühle die Lieferung überhaupt ankauft. Entsprechend hoch ist der Zeitdruck im Labor. Zur Erntesaison arbeiten hier ein Dutzend Müller, Chemiker und Biologen in mehreren Schichten an den Analysegeräten und Testsystemen.

Wenn das Korn des Lieferanten eine zu schlechte Qualität hat, zu stark verunreinigt oder zu naß ist, eignet es sich nicht für die Mehlgewinnung und wandert meist direkt in die Futtermittelherstellung. Häufig finden sich daher in unmittelbarer Nähe von Getreidemühlen Futtermittelbetriebe, die den Bauern an der Mühle abgewiesene Getreidepartien für weniger Geld abkaufen.

Wenn das Getreide zwar feucht, aber nicht zu naß ist, wird der Ankaufpreis niedriger ausfallen, da das Korn in der Mühle vor der Verarbeitung oder Einlagerung noch getrocknet werden muß. Weniger gezahlt wird auch, wenn der Weizen zwar für den menschlichen Verzehr geeignet ist, jedoch nach Einschätzung der Mühlenlaboranten in eine geringere Qualitätsklasse als angegeben fällt oder die Mühle schlicht nur einen geringen Bedarf an der jeweiligen Getreidesorte hat.

Entsprechend lebhaft und gelegentlich auch emotional geht es in der Warenannahme zu, wo vier oder fünf Mitarbeiter anhand der Laborergebnisse und des prognostizierten Bedarfs für die verschiedenen Getreidesorten über den Ankauf entscheiden und Preisangebote abgeben. Ganz im Gegensatz zu Technikeinsatz und Analysemethoden bei Mühlen hat sich an dieser Stelle in den letzten Jahrhunderten wenig geändert: Der Bauer fühlt sich oft genug übervorteilt oder regt sich darüber auf, daß er zu optimistisch bei der Einschätzung seiner Getreidequalität war und einen zu niedrigen Preis angeboten bekommt. Gefeilscht wird angesichts der exakten Laborergebnisse heute nur noch um relativ kleine Differenzen. Das jahrhundertealte Mißtrauen der Bauern gegen die Müller hat jedoch eine lange Tradition und ist wohl auch nicht ohne Grund entstanden.

Eine Mühle war schon immer eine teure Investition, die früher in der Regel nur vom lokalen Fürsten aufgebracht werden konnte. Die Mühlsteine wurden in oft wochenlangen Touren durch Ochsenkarren von weit her herangeschafft, da man Steine benötigte, die hart sind und dabei gleichzeitig eine Oberfläche mit guten Mahleigenschaften aufweisen. Mühlsteinbrüche waren weithin bekannt, etwa in der Eifel. Die hölzernen Zahnräder und Achsen zum Umlenken der Kraft des meist hochkant stehenden Wasser- oder Windrades auf die liegenden Mühlsteine waren teure und reparaturanfällige Einzelanfertigungen, die aus sehr hartem, regelmäßig gewachsenem Holz gebaut wurden.

Errichtet und repariert wurden die Mühlen von wandernden Ingenieuren, die man »Mühlenärzte« nannte, da sie die kostbaren Mechaniken wieder heilen konnten, wenn etwas kaputtging. Ihre Dienste waren auch deshalb so teuer, weil sie das De-facto-Monopol auf das für damalige Verhältnisse komplexe Mechanikwissen und die nötige Erfahrung hatten. Über Jahrhunderte waren es dann auch regelmäßig diese Mühlenärzte, von denen Mechanikinnovationen ausgingen, welche die Kraft von Wasser und

Wind in anderen Bereichen nutzbar machten. Sie waren die Keimzelle der modernen Ingenieurswissenschaften.

Häufig war der Müller nur Pächter der Mühle, die eigentlich dem Fürsten gehörte. Sein Traum war es, genügend Geld zusammenzusparen, um eine eigene Mühle zu kaufen oder zu bauen. Bezahlt wurde der Müller – und von ihm wiederum der Eigentümer der Mühle – in der Regel durch einen Anteil am vermahlenen Getreide, was zu einer Vielzahl von Vorwürfen über Betrügereien, aber auch zu allgemeiner Unzufriedenheit mit den Abhängigkeitsverhältnissen führte, die sich auch noch in heutigen Wortkonnotationen, Sprichwörtern und Redensarten niederschlagen: das »Scheffeln«, »etwas auf dem Kerbholz haben« oder »Klappern gehört zum Handwerk«.

Gemessen wurden Korn und Mehl meist mit dem Scheffel, einem regional standardisierten Volumenmaß in Form einer Handschaufel mit hohem Rand. Da man den Feuchtegehalt des Korns nicht zuverlässig bestimmen konnte, war das Gewicht nur eine unzureichende Maßzahl. Unterschiedlich große Scheffel für Korn und Mehl – der für Mehl natürlich kleiner, um den Bauern zu betrügen – waren einer der häufigsten Vorwürfe gegen die Müller. Verschärft wurden diese Konflikte dadurch, daß die örtlichen Fürsten in der Regel ein Mühlenmonopol verordnet hatten, um ihre Investition in die teure Mühle zu sichern. Eine Mühle zu errichten war also nicht nur schwer zu finanzieren, es war auch schlicht ohne Placet des lokalen Herrschers verboten. Die Bauern hatten beim Verkauf ihres Getreides daher bestenfalls die Wahl zwischen zwei oder drei Mühlen im Umkreis, die alle demselben Fürsten gehörten.

Auch die Müller hatten es unter diesen Bedingungen nicht leicht. Ihnen blieb nach Abzug des Pachtanteils des Mühlenbesitzers kein Luxusleben – üblich waren achtzig Prozent vom einbehaltenen Zehnten des Getreides. Viele waren jedoch erfinderisch. Sie nutzten die Umstände, daß die Bauern ohnehin regelmäßig zum Mahlen und alle anderen zum Mehlkaufen kamen und daß ihre Mühlen meist außerhalb der Städte und Dörfer mit ihren strengen Regeln für Ausschankzeiten lagen: Sie betrieben Schankwirtschaften am Mühlhaus. Und da dazumal Kneipen und andere Formen der Erwachsenenunterhaltung nicht allzu scharf getrennt waren, dürften mit der »schönen Müllerin« aus den Volksliedern wohl oft die Gunstgewerblerinnen der unregulierten Mühlenschenken gemeint gewesen sein.

Die Spezialisierung der modernen Müller ist etwas anderer Art. Umfangreiche Möglichkeiten der chemischen, biologischen und backtechnischen Analyse des Korns bestimmen den Alltag. Für Bauern und kleinere Getreidehändler sind die Analysen selbst zu aufwendig und teuer, weshalb die Laborergebnisse der Mühle den Ausschlag bei der Qualitätsbeurteilung und damit beim Preis geben. Die Einstufung in eine niedrigere Qualitätsklasse oder gar Abweisung der Partie bedeutet für den Bauern oder Getreidehändler signifikant weniger Einnahmen als erwartet. Ihm bleibt zwar theoretisch noch die Option, es bei einer anderen Mühle zu versuchen, in der Praxis fallen jedoch zusätzliche Transportkosten und Zeitverluste an, die den Gewinn weiter schmälern würden.

Hat man sich auf einen Kaufpreis geeinigt, wird der Getreide-Lkw auf eine große Waage gefahren, ein Wunder moderner Meßtechnik. Die Wiegetechnik ist so exakt, daß ein vollbeladenes, dreißig Tonnen schweres Fahrzeug damit auf zehn Kilogramm genau gewogen werden kann. Auch wenn man sich als einzelner Mensch auf die Waage stellt, wird das eigene Körpergewicht mit dieser Genauigkeit angezeigt. Das Getreide wird nach dem Wiegen aus dem Transportfahrzeug per Unterdruck in ein Zwischenlagersilo gesaugt und von dort oder direkt in die ersten Verarbeitungsschritte weitergeleitet. Wenn das Korn zu naß ist, wandert es in eine Trocknungsanlage, wo es mit warmer Luft durchgepustet wird, bis der gewünschte Feuchtegrad für eine Einlagerung erreicht ist. Dann wird es grob vorgesiebt und in das Lagersilo befördert. Große Mühlen haben dafür Dutzende Silokammern, um viele verschiedene Getreidesorten und -qualitäten bevorraten zu können.

Das Rohrlabyrinth

Herzstück einer modernen Mühle ist ein riesiges Labyrinth aus Rohren, in denen Getreide und Mehl permanent per Unterdruck angesaugt, mit Überdruck geblasen oder durch die Schwerkraft fallend bewegt werden. Die gesamte Installation verteilt sich auf sechs bis acht Stockwerke, ein vielstimmiges Rauschen und Vibrieren erfüllt die Luft im nahezu menschenleeren Gebäude. In regelmäßigen Abständen sind durchsichtige Glassegmente in die Rohrleitungen eingefügt, durch die man sehen kann, was zur Zeit befördert wird. Motorbetriebene Umlenkklappen und Ventile erlauben es, das Rohrlabyrinth entsprechend dem gerade erforderlichen Arbeitsgang einzurichten. Man kann sich das vorstellen wie eine gigantische Modelleisenbahnanlage mit Hunderten von Weichen, nur daß statt Zügen der Fluß von Getreide und Mehl gelenkt wird.

Gesteuert wird dieses hochkomplexe Zusammenspiel von einem Computersystem, wie es heute auch in unzähligen anderen großindustriellen Anlagen zu finden ist. Diese Industriecomputer bestehen aus vielen kleinen Prozessoren, von denen jeder nur wenige Arbeitsgänge steuert, etwa die Drehzahl einer Handvoll Elektromotoren oder die Stellung von einigen Umlenkklappen oder Ventilen im Rohrsystem der Mühle. Andere Prozessoren erfassen die Daten aus Sensoren, beispielsweise für den Füllstand der Silos, die Durchflußmenge von Korn durch ein Rohr, die Temperatur eines Mahlwerks, die Feuchtigkeit in einem Behälter oder das Gewicht des Mehls in einem Zwischenlagersilo. Jede dieser Untereinheiten hat nur ein kleines Teilprogramm auszuführen, etwa: »Öffne diese Klappe. Wenn der Sensor anzeigt, daß dreitausend Kilogramm Getreide durchgeflossen sind, schließ die Klappe. Benachrichtige die Zentrale, daß die Klappe geschlossen wurde und dreitausend Kilogramm durchgeflossen sind.« Eine zentrale Steuereinheit verteilt diese Art Aufgaben in kleinen Teilprogrammen an die vielen Prozessoren und Sensoren der Mühle.

Man kann sich das Zusammenspiel dieser vielen kleinen Programme wie Musikinstrumente in einem Orchester vorstellen, bei dem die zentrale Steuereinheit gleichzeitig der Komponist, Arrangeur und Dirigent ist. In der Zentrale lassen sich auf großen Bildschirmen die Aufgaben und der Zustand aller Teile ersehen. Dieses digitale Herzstück der modernen Mühle verwendet die gleiche Technologie, wie sie auch in computergesteuerten Fabriken und Kraftwerken zu finden ist. Die zentrale Überwachungseinheit gibt einen unmittelbaren Einblick in den Zustand der gesamten Anlage: Füllstände, Temperaturen, Durchflußmengen, Klappenstellungen, Drehzahlen, Störungen – alles ist einsehbar und wird in Übersichtsgrafiken angezeigt.

Weicht ein Parameter von den vorgesehenen Normen ab, wird je nach Schwere der Abweichung ein Hinweis eingeblendet, der betreffende Teil des Bildschirms blinkt, oder es wird ein Alarm ausgelöst, der per optisches Signal, Warnhupe und Nachricht auf das Telefon des Müllers signalisiert wird. Ansonsten verrichten die Maschinen ihre Arbeit ohne eine direkte Beaufsichtigung. Über den Bildschirmen der Steueranlage sind jedoch eine Reihe von Monitoren für die Dutzende Kameras angebracht, die in der gesamten Mühle installiert sind. Wenn ein Alarm ausgelöst wird – etwa weil ein Rohr als verstopft erkannt wird –, kann der Müller, noch bevor er zum Ort des Geschehens eilt, mit Hilfe der Kameras und der Bildschirme in der Steuerzentrale schauen, wie die Lage ist.

Es ist tatsächlich oft nur noch ein einziger Müller verblieben, der den eigentlichen Mahlvorgang von der Zentrale aus steuert und überwacht. Je nach gewünschtem Endprodukt lädt er eine Konfiguration in die Steueranlage – die Partitur für das Orchester der vielen kleinen Programme für das Zusammenspiel der Klappen und Motoren. Diese Konfiguration bestimmt, aus welchen Silos wieviel Getreide zu welchen Mahlwerken und Sieben gelangt, wie oft es wie fein gemahlen und gesiebt wird, wie die verschiedenen Getreidequalitäten und -sorten mit welchen Zusatzstoffen zum fertigen Mehl gemischt werden.

Moderne Wunder

Aus den Silos fließt das Korn zuerst in eine Grobsiebanlage. Hier werden in mehreren Arbeitsschritten Fremdkörper aus dem Getreide entfernt. Steine bleiben auf einem gröberen Sieb zurück, Spelzen und Strohreste werden durch von unten durch das Sieb geblasene Luft entfernt. Zerbrochene Körner und Unkrautsamen fallen durch ein weiteres Sieb, dessen Maschen genau so bemessen sind, daß die gewünschte Korngröße darauf liegen bleibt: Alles, was kleiner ist, fällt durch, alles, was größer ist, bleibt auf dem darüberliegenden Sieb liegen.

Der nächste Reinigungsschritt ist ein neuerliches Wunder moderner Technik, das auch bei technikaffinen Betrachtern ungläubiges Staunen erzeugt. Das Getreide fällt durch einen optischen Sortierer, eine Maschine, in der Hochgeschwindigkeitskameras jedes einzelne Korn von zwei Seiten betrachten und analysieren. Dazu wird der Strom des herabfallenden Getreides so aufgefächert, daß alle Körner als ein dünner Vorhang nebeneinander, aber nicht übereinander an Reihen von Hochgeschwindigkeitskameras vorbeirauschen.

Weicht eines der Körner von der Norm ab, etwa wenn es eine

dunkle Stelle aufweist, von Mutterkorn befallen, gebrochen ist, zu einer falschen Getreidesorte gehört oder sonstwie auffällig erscheint, wird es direkt hinter der Kamera durch einen kurzen Druckluftstoß aus dem rasch fallenden Getreidevorhang hinausgeblasen. Jedes einzelne Korn, das durch die Mühle geht, wird also von den Kameras des optischen Sortierers erfaßt und analysiert. Eintausend Tonnen Getreide am Tag fließen so Korn für Korn an den Kameras vorbei. Die Technik des optischen Sortierers ist eine Kombination modernster automatischer Bilderkennung, extrem schneller Steuertechnik und ausgefeilter Mechanik – und eine wunderbare Idee eines genialen Ingenieurs.

Nach der Sortierung wird das gesiebte und von den Hochgeschwindigkeitskameras einzeln begutachtete Mahlgetreide mit Wasser benetzt. Dieser auf den ersten Blick unlogische Schritt – das Getreide wurde doch gerade erst getrocknet – ist nötig, um in den nächsten Verarbeitungsstufen das Korn selbst zu reinigen. Dieses sogenannte Scheuern soll die Hülle des Korns im ersten Mahlgang sauber vom eigentlichen Kern trennen. Damit die Partie Getreide exakt den richtigen Grad Feuchtigkeit erreicht, wird sie nach dem Befeuchten einige Stunden stehengelassen. Durch das Anfeuchten wird die Schale des Korns elastischer und der Mehlkörper mürber. So feucht, wie das Korn jetzt ist, würde es im Lagersilo schnell verderben. Nach dem Abstehen wird es deshalb direkt zum ersten Mahlgang – dem Scheuern – geleitet.

Seit wir gelernt haben, die Körner von Gräsern zu ernten, stehen wir vor dem Problem, das nahrhafte Innere des Getreides von seiner kratzigen Hülle zu trennen und so zu zerkleinern, daß man mit Wasser und Salz Fladen und Brot daraus formen und backen kann. Die ersten archäologischen Spuren von Mahlsteinen sind mindestens 23 000 Jahre alt. Es gibt sogar noch ältere Hinweise darauf, daß unsere Vorfahren schon vor 45 000 Jahren Körner zu Mehl zerkleinerten. Die Bedeutung des Mahlens für die Ernährung schlägt sich auch in der Bibel nieder, in einem expliziten Verbot des Verpfändens von Mahlgeräten: »Du sollst nicht zum Pfande nehmen den unteren und den oberen Mühlstein; denn damit hättest du das Leben zum Pfand genommen« (5. Mose 24, 6).

Die Kraft zum Mahlen

Das Korn zu mahlen ist energieaufwendig: Die Körner sind hart, um sie zu zerkleinern, bedarf es großer Kraft. Seit die Menschheit anfing, Getreide anzubauen, versuchte sie sich daher an Mitteln und Wegen, diese Arbeit schneller, effektiver und weniger anstrengend zu machen. Die älteste bekannte Methode, die Zerkleinerung zwischen einer Steinplatte mit Mulde und einem Reibstein, der per Hand hin und her gerieben wird, würde wohl heutzutage als Kraftsport bezeichnet werden.

Das Prinzip des Zermalmens von Korn zwischen zwei Steinen blieb jedoch über die Jahrtausende bis zur Erfindung des modernen Walzstuhls mit Porzellan- und später Stahlwalzen unverändert. Runde Mühlsteine wurden per Handkurbel gedreht, man ließ Pferde und andere Nutztiere im Kreis laufen, die Kraft des strömenden, fallenden Wassers wurde mit teils großem Aufwand nutzbar gemacht. Auch das Sieben des Korns geschah per Hand. Später wurden mechanische Siebe an die Energiequellen der Mühle – Wasser oder Wind – angeschlossen.

Im ausgehenden achtzehnten Jahrhundert war etwa eine halbe Million Wassermühlen in Europa in Betrieb. Mit zunehmender Industrialisierung dienten die Mühlen nicht allein dem Mahlen des Korns, die Wasserkraft wurde vielfach genutzt: für Hammerwerke und Spinnereien, Papierfabriken, Drahtziehereien und Bohrwerke. Die meisten dieser Wasserräder hatten eine Leistung zwischen fünf und sieben PS. Die über die Jahrhunderte steigende, gegen Ende des siebzehnten Jahrhunderts geradezu explodierende Zahl von Mühlen führte zu einem vielerorts fein austarierten Regelwerk über die Nutzung der Wasserenergie. Stauhöhen, Raddurchmesser, Ablaufzeiten und anderes wurden genau bemessen, was zu zahlreichen gutdokumentierten Streitigkeiten führte. An einigen Flüssen in damaligen industriellen Ballungszentren stand alle paar hundert Meter eine Wassermühle.

Die Mahlwerke einer modernen Mühle werden von starken Elektromotoren angetrieben und bestehen aus gehärteten Stahlwalzen mit verschiedenen eingefrästen Riefen, die sich um die glänzenden Metallzylinder schlingen. Das Korn fällt zwischen zwei Mahlwalzen, die sich in einem präzise gesteuerten Abstand gegenläufig zueinander drehen. Das Korn wird dadurch nicht wie beim historischen Reibestein oder frühen mechanischen Mühlen zerdrückt, sondern zerrissen. Wenn alles korrekt eingestellt ist und die Körner die richtige Feuchtigkeit haben, ist die Schale so elastisch, daß sie sauber vom eigentlichen Mehlkörper abreißt und dabei nicht zerbröselt. Dies erleichtert das Aussieben der Schalen im nächsten Arbeitsgang.

Siebe in einer modernen Mühle haben wenig mit einem normalen Haushaltssieb gemein. Sie sind in sogenannten Plansichtern zusammengefaßt. Das sind mehrere Meter große, schwingend aufgehängte Kästen, in denen übereinander verschiedene Schubladen mit Sieben angeordnet sind. Dabei ist jedes Sieb von einer Art Rahmen umfaßt, der an einer Seite eine Öffnung hat. Sie führt zu einem der vielen Rohre, mit denen der Siebkasten an das Rohrsystem der Mühle angeschlossen ist. Das Korn oder Mehl fällt von oben nacheinander durch die verschiedenen Siebe. Das Gewebe der Maschen der feinsten dieser Siebe besteht aus Seide. Was auf dem jeweiligen Sieb liegenbleibt, also zu grob für die Maschenweite war, fällt an der offenen Seite des Siebs in das passende Rohr und wird über dieses zum nächsten Verarbeitungsschritt gepumpt – ein weiterer Mahlvorgang, ein anderer Plansichter oder auch ein Lagersilo.

Wie beim Mehlsieben für den Kuchen in der Küche zu Hause müssen auch die Siebe in der Mühle gerüttelt werden, damit die feinen Bestandteile hindurchfallen, während die groben Anteile auf dem Sieb liegenbleiben. Dazu ist in jedem der Siebkästen ein leistungsstarker Elektromotor mit einer Unwucht eingebaut, der genauso funktioniert wie der viel kleinere Vibrator in einem Mobiltelefon. Durch die Rotation der unrunden Masse gerät der ganze Kasten mit den übereinandergestapelten Sieben in Schwingung. Aufgehängt ist er dazu an massiven Stahlträgern in Boden und Decke mittels Bündeln von Pappelholzstäben.

In der durchautomatisierten Stahl-und-Glas-Welt einer modernen Mühle sind die Pappelhölzer eine seltsam archaisch anmutende Erinnerung an die jahrhundertealten Traditionen des Müllerhandwerks mit seinem reichen Erfahrungsschatz. Pappelholz ist durch seine dauerelastischen Eigenschaften immer noch der beste und preiswerteste Werkstoff für die schwingende Aufhängung der Siebkästen – deswegen wird er auch weiterhin verwendet.

Eine moderne Mühle hat typischerweise mindestens zwei Dutzend solcher Plansichter in Betrieb. Läuft man durch die Reihen der gleichmäßig, aber schnell und kraftvoll schwingenden übermannshohen orangefarbenen Kästen, stellt sich ein gewisses Gefühl von Seekrankheit ein. Im menschenleeren Plansichtersaal wird die Kraft und Wucht der Maschinen direkt spür- und fühlbar. Durch die halbdurchsichtigen flexiblen Anschlußstücke, mit denen die Siebkästen an das Rohrlabyrinth angeschlossen sind, zischen Korn, Gemahlenes und Druckluft. Ein unablässiges Brummen, Rauschen und Wummern erfüllt die Luft. Die Halle, in der die wummernden Siebkästen aufgehängt sind, ist nicht einmal halb gefüllt. Sie wurde einst für größere, weniger leistungsdichte Maschinen errichtet, die irgendwann durch die heutige Technikgeneration ersetzt wurden, die weniger Platz benötigt.

Bis aus Korn Mehl geworden ist, wiederholt sich die Abfolge von Sieben und Mahlen viele Male. Zwischen dreizehn und fünfundzwanzig Runden wird das Getreide durch das Rohrlabyrinth der Mühle zwischen Siebkästen und Mahlwerke hin- und herbewegt. Die Siebe sortieren verschiedene Größen der Getreidepartikel, das Rohrsystem leitet sie entsprechend der in der Steueranlage geladenen Mühlenkonfiguration zu den richtigen Mahlwerken. Das Mahlergebnis wird über die Rohre zu den Siebkästen gepumpt und von dort wiederum zu den verschiedenen Mahlwerken – bis die Partie Korn durchgemahlen ist.

Verpackung und Versand

Das fertiggemahlene und gemischte Mehl wird sofort abtransportiert, für die spätere Abholung verpackt oder in einem Lagersilo aufbewahrt. Wenn Mehl trocken, kühl und geschützt vor Insekten und Fremdgerüchen gelagert wird, ist es – anders als das Getreide – sehr lange haltbar. Selbst viele Jahrzehnte altes Mehl, das in dieser Zeit nicht mit Feuchtigkeit oder Schädlingen in Kontakt gekommen ist, eignet sich noch einwandfrei zum Bakken, wie Lebensmittelchemiker zeigen konnten. Es mag ein wenig muffig riechen, verliert über die Zeit aber kaum an Backqualität. Mehl lässt sich um so länger lagern, je heller und feiner es ist. Die Fettsäureanteile in dunklen Vollkornmehlen werden irgendwann ranzig, was den Geschmack beeinträchtigen kann.

Bei Bauarbeiten in einer Großmühle wurden einige verschlossene Papiertüten mit Weißmehl gefunden, die versehentlich vor mehreren Jahrzehnten in einem Hohlraum eingemauert worden waren. Aus Neugier gab der Besitzer das uralte Mehl ins Labor, um es untersuchen zu lassen. Die Ergebnisse waren verblüffend: Das Mehl ließ sich noch problemlos backen und verwenden. Durch die vollkommen abgeschottete trockene, dunkle Lagerung

hinter der Wand war es auch vor Insekten und Nagetieren geschützt und hatte lediglich den Geruch der Umgebung angenommen.

Das Problem der Geruchsaufnahme stellt sich auch heute
noch, etwa bei der Auslieferung von Mehl an die Supermärkte,
wenn die Palette mit den Mehltüten neben stark duftenden
Waschmitteln oder Seifen transportiert oder gelagert wird. Mehl
nimmt Fremdgerüche sehr schnell an, was verständlicherweise
zu Irritationen führt. Mehl, das nach »Sommerwiese Typ extra-
frisch« duftet, wird regelmäßig reklamiert und ist nicht mehr verkäuflich.

Wenn das Mehl nicht direkt per Lkw in die großen Backfabriken transportiert wird, muß es in beachtlichen Tagesmengen in
Säcke für die kleinen Bäcker oder die Kilopakete für den normalen Haushalt verpackt werden. Früher wurde Mehl ausschließlich
sackweise verkauft, abgewogen auf haushaltsübliche Mengen
wurde beim Einzelhändler. Der hatte das Risiko, daß das Mehl
von Mäusen, Feuchtigkeit oder Insekten verdorben wurde, und
obendrein die Streuverluste beim Wiegen und Abfüllen zu tragen.

Diesem mißlichen Zustand machte die Erfindung der Haus-
haltspackung für Mehl ein Ende, die sich schnell durchsetzte. Die
Papiertüten enthielten bei ihrer Erfindung typischerweise fünf
Pfund, also zweieinhalb Kilogramm Mehl. Es wurde einfach noch
mehr Brot zu Hause gebacken. Heute sind die standardisierten
Ein-Kilo-Tüten allgemein üblich. Abgefüllt wurden die kleinen
Tüten per Hand. In langen Reihen saßen Hunderte Arbeiterin-
nen an Tischen mit Waagen und vollzogen tagein, tagaus die gleichen Handgriffe: mit der großen Schaufel die Tüte füllen, dann
mit der kleinen so viel zugeben oder abnehmen, bis das Zielge-
wicht erreicht war, zukleben. Die Mehrheit der Angestellten der
Mühle war bis in die sechziger Jahre des letzten Jahrhunderts in
solchen Abfüllsälen beschäftigt.

Heute sind Menschen an der Mehlverpackung nur noch am

Rande beteiligt. In einer seltsamen Mischung aus sehr einfachen und eher komplexen Tätigkeiten überwachen sie die korrekte Funktion von Verpackungsmaschinen, beheben Störungen und füllen Material wie Säcke, Tüten, Kleber und Siegelband nach.

In den von einer kleinen Handvoll Arbeiter betreuten Verpackungsautomaten wird vollautomatisch die korrekte Menge Mehl abgewogen und in Papiersäcke oder Tüten abgefüllt, versiegelt und verklebt. Ein hochempfindlicher Metalldetektor prüft jeden einzelnen Mehlsack, jede Mehltüte auf eventuell auf dem langen Weg durch die Mühle hineingefallene Metallteile: Schrauben, Unterlegscheiben oder Kleinteile. Wird ein solches Teil detektiert, muß die Produktion sofort angehalten werden. Denn wo eins gefunden wird, ist meist noch ein zweites lose geworden – zu jeder Schraube gehört schließlich eine Unterlegscheibe oder Mutter. Auch Metallsplitter kommen selten allein. Denn gibt es im Rohrsystem oder bei der Verpackungsmaschinerie bisher unbemerkte Beschädigungen oder Metallabrieb, weisen Metallsplitter darauf hin.

Eine Prüfwaage kontrolliert anschließend automatisch, ob jeder Sack mindestens die gewünschte Menge Mehl enthält. Ist das Gewicht zu gering, wird er von der Maschine aussortiert, ist es ein wenig zu viel, wird trotzdem ausgeliefert, da den Kunden ein wenig mehr Liefermenge nicht stört und sich für die Mühle ein Aussortieren finanziell nicht lohnt.

Nach dem Verpacken wandern die Packungen und Säcke per Förderband zu Robotern, die sie Lage für Lage auf standardisierte Europaletten schichten. Wenn eine Palette vollgestapelt ist, wird sie automatisch zur nächsten Station gefahren: eine Maschine, die sogenannte Stretchfolie darumwickelt. Die Folie dient zum einen dazu, das verpackte Mehl vor Umwelteinflüssen wie Regen und Fremdgerüchen zu schützen. Zum anderen stabilisiert die Folie den Mehlverpackungsstapel, damit die Säcke beim Lagern und Laden nicht zur Seite wegrutschen.

Außen auf die Folie werden von der Maschine aussagekräftige Aufkleber mit Informationen über die jeweilige Lieferung, zu der sie gehört, den Inhalt der Palette und Versandinformationen geklebt. Die Aufkleber werden automatisch vom Auftragsmanagementsystem der Mühle ausgedruckt, direkt an der Maschine. Sie sind sowohl von Menschen als auch von Maschinen lesbar. Enthalten sind dabei auch Informationen, die es erlauben, jede Palette Mehl bis zu den Getreidepartien zurückzuverfolgen, aus denen sie gemahlen wurden.

Diese Rückverfolgbarkeit ist typisch für die Lebensmittelverarbeitung: Das gesamte System der Mühle ist darauf ausgelegt, daß zu jedem Zeitpunkt eine präzise Rückverfolgung aller Produkte bis zu ihrem Ursprung möglich ist. Dies dient im Falle von Qualitätsmängeln oder anderen Problemen dazu, in Minutenschnelle herausfinden zu können, wo das Getreide herkam, um es für die weitere Verarbeitung sperren und gegebenenfalls schon ausgelieferte Mehlpartien zurückrufen zu können.

Die fertig verpackten und gekennzeichneten Paletten wandern wiederum, ohne daß ein Mensch Hand anlegen muß, über Aufzüge und Förderbänder in ein vollautomatisches Hochregallager. Dort lagern sie, bis sie auf den Lkw zur Auslieferung verladen werden. Das Hochregallager ist sehr ähnlich denen, die für die weitere Lieferkette verwendet werden (siehe das Kapitel »9. Transportlogistiker und automatische Lageristen«).

Mehl, das nicht für kleinere Bäcker oder für das Backen zu Hause an Supermärkte vorgesehen ist, wird per Tank-Lkw von der Mühle zur Großbäckerei transportiert. Der abholende Fahrer erhält an der Einfahrt eine Chipkarte, auf der die Informationen zu der Mehlpartie gespeichert sind, die er transportieren wird. Mit dieser Chipkarte fährt er zum Auslieferungssilo der Mühle, parkt den Lkw auf einer der großen Waagen, wie wir sie schon von der Anlieferung kennen, und steckt die Chipkarte ein. Anhand des Datensatzes auf der Chipkarte identifiziert die Software des Mühlensteuersystems, in welchem der Dutzenden Lagersilos sich die richtige Mehlmischung befindet. Das Rohrleitungssystem wird automatisch so konfiguriert, daß eine Verbindung vom Lagersilo zum Lkw geschaltet ist. Dann wird das Mehl in den Lkw gefüllt, bis die Waage signalisiert, daß er voll beziehungsweise die gewünschte Liefermenge erreicht ist. So schließt sich der Kreis.

In früheren Zeiten waren die Methoden der Buchführung noch etwas handfester als die heutigen Datensätze auf Chipkarten. Als Mittel der Aufzeichnung von Lieferungen und auch Schulden und Verbindlichkeiten dienten zwei Brettchen, die aus demselben Holzstück gespalten wurden. In die Seiten der aneinandergehaltenen Brettchen wurden Vertiefungen geschnitten, die etwa für je einen Sack Mehl oder Korn standen, so daß jede Kerbe in beiden Brettchen an der gleichen Stelle stand. Müller und Bauer behielten je eines der Brettchen, die durch die gleiche Holzmaserung klar als zueinandergehörig erkennbar waren. Jede der Parteien konnte so prüfen, ob die andere Seite versucht hatte, die Aufzeichnung zu manipulieren. »Etwas auf dem Kerbholz haben« – dieser auch heute noch verwendete Ausspruch hat hier seinen Ursprung.

Ein Brötchen genau wie alle anderen

Große Mühlen haben heute üblicherweise neben den Silos für das Korn auch Lagerkapazitäten für mehr als zehntausend Tonnen Mehl. Der Grund dafür ist, daß Großkunden ihr Mehl im Rahmen von langfristigen Verträgen zeitlich gestreckt genau dann abrufen, wenn es an der Backstraße gebraucht wird. Deswegen lagern die Mühlen auch größere Mengen bestimmter Getreideklassen zwischen, die für die spezifische Mehlmischung des Kunden benötigt werden.

Vor der Auslieferung von Mehl an Großkunden wird jeweils eine kleine Portion abgezweigt und wandert ins Labor und die Testbäckerei. Im Labor werden die Eigenschaften des fertigen Mehls analysiert. Für die Großbäckereien muß sichergestellt werden, daß die Backeigenschaften exakt den vereinbarten Anforderungen der Backstraße des Kunden entsprechen. Rund ein Dutzend Spezialisten der Mühle sind damit betraut, vor Ort die korrekte Zusammensetzung und den richtigen Mahlgrad des Mehls für die Kundenbackstraße zu ermitteln, so daß für die jeweiligen Backprodukte ein stets gleichmäßiges Ergebnis im Rahmen des Preises erzielt wird, den der Großbäcker zu zahlen bereit ist.

Mehl ist längst nicht mehr nur ein einfaches Lebensmittelprodukt für Grundnahrungsmittel, sondern gleichzeitig eine für die industrielle Verarbeitung intensiv analysierte und Schritt für Schritt optimierte Ware, deren Eigenschaften beim Backen in allen Details erforscht werden. Diese Forschung ist nicht nur Sache der Bäcker, sondern auch der modernen Müller.

Jedes Jahr, wenn die neue Getreideernte in der Mühle eintrifft, müssen für alle Großkunden die Mehle analysiert und angepaßt werden. Je nach Witterung schwanken die Eigenschaften der verfügbaren Getreidequalitäten, was wiederum zu unterschiedlichen Backeigenschaften führt. Die große Kunst für die Müller und Backstraßenspezialisten ist es nun, aus den verschiedenen Eigenschaften der Getreide, die gerade am Markt zu haben sind, eine Mehlmischung zu kombinieren, die sich möglichst ähnlich der aus dem Vorjahr verhält. Was – beispielsweise aus Preisgründen – nicht per Mehlzusammensetzung gelöst werden kann, muß im Zweifel durch Änderung der Parameter des Backprozesses angepaßt werden. Mehr oder weniger Wasser, länger oder kürzer kneten, heißer oder weniger heiß backen, andere Temperaturprofile wählen: Es gibt einiges an Möglichkeiten, um dafür zu sorgen, daß die Brötchen möglichst immer identisch und für den Kunden ununterscheidbar aus der Fabrik purzeln.

Und darum geht es letztes Endes. Die großen Supermarkketten haben uns als Kunden daran gewöhnt, daß alles immer so perfekt ist, wie wir es gewohnt sind. So wie wir erwarten, daß unser Gemüse normschön ist, wollen wir unser Brot optisch und geschmacklich genauso, wie es immer war. Farbe, Kruste, Konsistenz, Kaugefühl, Würzung und Feuchtigkeit sollen keine Überraschungen bereithalten. Wenn wir etwas anderes wollen, kaufen wir eine andere Sorte oder Marke. Der Aufwand, der für diese qualitative Normung getrieben wird, ist entsprechend groß.

Fazit

Wie wenige Menschen nötig sind, um die enorme Menge von eintausend Tonnen Getreide pro Tag zu verarbeiten, ist beeindruckend. Der eigentliche Mahlvorgang, das Sieben und das Verpacken sind praktisch vollautomatisch und können von einer kleinen Handvoll Müller konfiguriert und überwacht werden. Die überwiegende Anzahl der Beschäftigten in Mühlen ist in der Eingangs- und Ausgangsqualitätskontrolle, in der Testbäckerei, im Getreideeinkauf und im technischen Vertrieb tätig, der die Mehle an die Backstraßen der Kunden anpaßt.

Die Automatisierung hat in der Mühle eine Vielzahl von Berufen abgelöst, die anstrengend, gleichförmig und langweilig oder gesundheitsgefährdend waren. Typisch ist die Geschichte der Abfüller und Säckepacker. Bevor es Maschinen gab, die die Säcke automatisch mit dem richtigen Mehl befüllen und zunähen, wurde dies per Hand erledigt: den leeren Sack auf die Waage stellen, die Dosierklappe am Rohr zum Mehlsilo aufmachen und warten, bis ungefähr die richtige Menge Mehl im Sack ist, dann mit der Schaufel zugeben oder abnehmen, bis das Gewicht genau stimmt. Das Abfüllen war zwangsläufig ein Arbeitsschritt, bei dem viel Mehlstaub in die Luft gewirbelt wurde – mit dem entsprechenden

Risiko, an den typischen Berufskrankheiten der Müller und Bäk-
ker zu erkranken: Mehlstauballergie und Asthma.

Der befüllte schwere Sack mußte zudem mit der Hand zuge-
näht und zur Verpackungshalle geschafft werden. Dort wurden
die Säcke dann wiederum durch Muskelkraft auf die Paletten gestapelt. Bei jedem Arbeitsschritt mußte ein Arbeiter den fünfundzwanzig Kilo schweren Sack anheben und herumwuchten.
Rücken und Gelenke leiden auf Dauer selbst bei den kräftigsten
Packern unter solcher Belastung.

So war der Zeitpunkt zur Investition in Palettierroboter in einer der von uns besichtigten Mühlen dann gekommen, als ein
altgedienter Säckestapler mehr und mehr Gesundheitsprobleme
bekam. Die Abfüllung war schon teilweise automatisiert, aber die
Säcke wurden noch per Hand auf die Paletten gestapelt. Der Roboter erledigt die Aufgabe zwar nicht viel schneller, aber dafür
wenn nötig vierundzwanzig Stunden am Tag – ohne Pause, ohne
Rückenschmerz. Trotz zunehmender Probleme wollte der betroffene Packer seinen Job allerdings gar nicht aufgeben. Der mus-
kelbepackte Mann wollte nicht eingestehen, daß er das dauernde
Säckewuchten in seinem Alter einfach nicht mehr schaffen konnte. Als starker Mann durch die Maschine ersetzt zu werden, das
galt ihm als eine schmähliche Niederlage.

Mühlen sind in Deutschland auch heute noch oft in der Hand
von Unternehmerfamilien, die teilweise seit Jahrhunderten in
dem Gewerbe tätig sind. Waren die Großväter und Urgroßväter
noch gelernte Müller, ergriff die nachfolgende Generation häufig
Berufe wie Ingenieur und später Kaufmann – ein klares Abbild
der sich verändernden Arbeitswelt.

Die soziale Verantwortung für die Mitarbeiter wird, soweit es
betriebswirtschaftlich möglich ist, in den Familienbetrieben
durchaus ernst genommen. Der erwähnte altgediente Säckepak-
ker sollte also nicht einfach vor die Tür gesetzt werden, sondern
eine neue Aufgabe erhalten. Als Gabelstaplerfahrer sollte er nun

dem Roboter, der seine frühere Arbeit erledigt, die Paletten zum Beladen heranfahren und andere Transporte im Lager erledigen – er erhielt eine entsprechende Weiterbildung. Bis zum Renteneintritt fuhr der ehemalige Säckepacker noch fast zehn Jahre Paletten für seinen mechanischen Nachfolger.

Automatisierung muß also nicht zwangsläufig zu einem Verlust an Arbeitsplätzen in einem bestimmten Betrieb führen, wenn die Bedingungen und die Branche es erlauben. Das Prinzip, die Maschinen zu nutzen, um den Produktionsausstoß und die Qualität zu steigern und menschliche Arbeit in Bereiche zu verlagern, die (noch) nicht von Maschinen erledigt werden können, ist so etwas wie die Idealvorstellung der Automatisierung. Ein Blick in die lange Geschichte der Mühlen zeigt jedoch, wie sukzessive, immer schneller laufende Wellen von Technologieinnovationen dazu führten, daß – ähnlich wie in der Landwirtschaft – immer weniger Arbeitskräfte erforderlich sind.

Die historische Entwicklung der Arbeitsplatzzahlen illustriert den dramatischen Einfluß der Technik. Schon 1897 erreichten einige Mühlen die heutige Standardkapazität von eintausend Tonnen Getreide am Tag. Damals ackerten jedoch über achthundert Menschen dort. Noch in den siebziger Jahren des letzten Jahrhunderts waren in Mühlen dieser Dimension über vierhundert Arbeiter in Lohn und Brot. Elektromotoren hatten die Dampfmaschinen abgelöst, Aufzüge und Rohrsysteme den Transport von Mehl und Korn vereinfacht. Schon wenige Jahre später, Mitte der achtziger Jahre, halbierte sich die Belegschaft nochmals. Computerisierte Steuerungssysteme und automatische Verpackungsmaschinen hatten Einzug gehalten, die nächste Welle der Automatisierung rollte unaufhaltsam.

Heute arbeiten je nach Spezialisierung der Mühle zwischen siebzig und hundertzwanzig Menschen dort. Die meisten haben jedoch nichts mehr mit dem eigentlichen Mahlprozeß oder der Produktion im engeren Sinne zu tun. Der drastische Personalabbau nach der Computerisierung ist durchaus typisch: Wegautomatisiert wurden Tätigkeiten, bei denen Menschen Maschinen überwachen und direkt steuern. Diese Aufgaben ließen sich problemlos mit Rechnern, Sensoren und Software erledigen, bis nur noch ein einziger Müller den Mahlprozeß für die gigantischen Getreidelawinen kontrolliert, die jeden Tag durch die Mühle rauschen. Gebraucht wird der Mensch heute aber in ganz anderen Bereichen der Mühle, die früher nur wenig Bedeutung hatten.

Je etwa zwanzig Müller und Qualitätskontrolleure sorgen mit mehr als einem Dutzend Bäcker für stets gleichbleibende Qualität der Mehle – und für Produktinnovationen. Die Mühlen, die relativ viele Menschen beschäftigen, haben sich zum Beispiel auf Fertigbackmischungen spezialisiert. Die müssen entwickelt, getestet und den sich schnell verändernden Geschmäckern und Moden angepaßt werden. Nicht nur für zu Hause werden Backmischungen angeboten, auch viele kleine Bäcker greifen auf Zusammenstellungen der Mühlen zurück, die ihnen Arbeit ersparen und ihr Angebot verbreitern. Völlig neue Ideen, wie etwa Mehl, das weniger staubt und deshalb das Risiko der Berufskrankheiten bei Bäckern senkt, werden dabei neu entwickelt und vermarktet.

In der Mühle, wo das Korn für unser Brot gemahlen wird, zeichnet sich eine Tendenz deutlich ab, die wir schon bei unseren vorhergehenden Entdeckungsreisen beobachtet haben: Die Automatisierung verändert die Arbeitswelt durchaus zum Positiven. Es entstehen bessere, qualifiziertere Tätigkeiten mit weniger Gesundheitsrisiken und besserer Bezahlung. Nur die Gesamtzahl der Arbeitsplätze ist am Ende weitaus geringer.

Wo aber werden diese Maschinen und Anlagen erfunden und gebaut? Wird auch dort nichts mehr von Hand gemacht – oder sind die modernen Mühlenärzte noch Handwerker?

5. Die modernen
Mühlenärzte

n der hochspezialisierten und traditionellen Welt der Getreide-verarbeitung sind einige wenige Hersteller seit langer Zeit die präferierten Lieferanten für Mühlenbetreiber und Getreide-händler. In den Schweizer Bergen, im Städtchen Uzwil, hat einer der Großen der Branche seine Heimat: Die Firma Bühler ist seit mehr als hundertfünfzig Jahren im Geschäft. Einige entscheiden-de Innovationen, etwa der moderne Weizenmarktstuhl mit sei-nen Stahlwalzen, wurden hier erfunden.

Bei Bühler kann man fast alles kaufen, was zur maschinellen Verarbeitung von Getreide nach der Ernte notwendig ist. Entlade-anlagen, die große Ozeanschiffe so gleichmäßig leersaugen, daß keine Schlagseite entsteht, werden hier ebenso gebaut wie Getrei-detrockner, Siebanlagen, Reinigungssysteme, Mahlstühle und Extruderpressen, mit denen man aus Getreidekörnern Früh-stücksflocken erzeugt. Der weitverzweigte Hallenkomplex, über-ragt von drei Hochhäusern, in denen sich Verwaltung, Verkauf und Konstruktionsbüros befinden, dominiert das kleine Schwei-zer Städtchen.

Fragt man die Bühler-Mitarbeiter nach den beherrschenden Themen ihrer Arbeit, kommen vor allem zwei wiederkehrende Antworten. Die erste ist die Steigerung der Nahrungsmittelpro-duktion, um die gewachsene Weltbevölkerung zu ernähren. Ähn-lich wie die Firma Claas versucht, mit ihren Mähdreschern auch noch das letzte Prozent Körner vom Acker zu holen, versucht Bühler, immer effizienter mit dem geernteten Korn umzugehen. Auf den ersten Blick scheint es, als wenn Optimierung und Effi-zienzsteigerung hier längst ausgereizt wären. Doch lassen sich durch die Kombination von umfangreichen Forschungsanstren-gungen, moderner Sensorik und Schweizer Qualitätsarbeit noch immer Fortschritte erzielen. Aktuell geht es zum Beispiel darum, das Getreidekorn durch die Kombination von präziserer Einstel-lung der Mahlstuhlwalzen, genaueres Sieben und verfeinerten Analysemethoden noch gezielter in seine Bestandteile zu zerlegen. Dadurch soll es beispielsweise möglich werden, die Qualitätsparameter des Mehls durch geschicktes Mischen der einzelnen Bestandteile verschiedener Getreidequalitäten auch dann gezielt zu steuern, wenn die Qualität des Ausgangsgetreides nicht optimal ist. So ließen sich auch Teile von Getreidepartien für die menschliche Ernährung nutzen, die sonst nur noch als Futter taugen würden. In einer anderen Maschine wird die Kleie, die nach dem Mahlen übrigbleibt, noch einmal gerüttelt und geschlagen, um auch noch die letzten anhaftenden Mehlkrümel zu separieren.

Das zweite große Thema in der Belegschaft der Bühler AG ist die Sicherheit der Lebensmittel vor Verunreinigungen. Auch das technische Wunderwerk der Sortex-Maschine, die jedes einzelne Korn, das in einer Mühle verarbeitet werden soll, mit Kameras sichtet, kontrolliert und gegebenenfalls aussortiert, ist ein Bühler-Produkt. Optimiert wird hier nicht nur die Erkennungsleistung, also die zuverlässige Identifikation von Verunreinigungen wie Mutterkorn, sondern auch die möglichst gezielte Entfernung einer entdeckten Verunreinigung, ohne allzu viel gesundes Korn aus dem Getreidestrom zu entfernen. Die genaue Einstellung dieser Parameter ist genauso wichtig wie die Erweiterung der Kamerakontrolle zur Erkennung neuer Problemklassen.

Der Ausbau der Lebensmittelsicherheit nimmt in den westlichen Ländern teilweise unerwartete Formen an. Aktuell ist etwa die Belastung des Mehls mit Mikroorganismen ein vieldiskutiertes Thema. Mikroorganismen überleben die Hitze des Backens allerdings nicht, im fertigen Brot stellen sie daher keine Gesundheitsgefahr dar. Das diskutierte Risiko besteht vielmehr darin, daß offenbar immer mehr Menschen gern rohen Teig verzehren. Dabei geht es weniger um das gelegentliche Naschen von ungebackenem Keksteig, sondern um den gezielten Einkauf und Verzehr von eigentlich zum Durchbacken vorgesehenen Fertigteigprodukten. Natürlich tragen die entsprechenden Produktverpackungen deutliche Warnhinweise, sie werden offenbar gern ignoriert.

Die Produktion im Unternehmen Bühler ähnelt strukturell und auch in vielen Details dem, was bereits in der Mähdrescherproduktion bei Claas beobachtet werden konnte. Grobe, anstrengende Routinearbeiten wie das Laserzuschneiden, Stanzen, Schweißen oder Lackieren der vielfältigen Blechteile werden – soweit es irgend geht – automatisiert. Die fertigen Teile wandern dann zum Montageband, an dem noch weitgehende Handarbeit vorherrscht.

Diese Struktur der Arbeitsaufteilung ergibt sich daraus, daß bei der Firma Bühler stärker noch als bei Claas eine große Vielfalt an individuellen Produktvarianten hergestellt wird. Bei Bühler kann man alles kaufen, vom einzelnen Walzenstuhl bis zur fertigen Mühle, die auf dem grünen Acker errichtet wird. Die kleinste Bühler-Mühle schafft dreißig bis fünfzig Tonnen Getreide pro Tag, so richtig effizient fühlt sich aber eigentlich erst eine Mühle ab zweihundert Tonnen pro Tag aufwärts an. Eine große Einheit setzt in der gleichen Zeit eintausend Tonnen Getreide durch, bei Bedarf können auch mehrere kombiniert werden.

Dementsprechend unterschiedlich in Größe, Bauart und Volumen sind die Maschinen, die über das Montageband laufen. Bühler baut auch all die digitalen Steuerungssysteme, mit denen eine moderne Mühle betrieben und programmiert wird. In einer der großen Hallen arbeiten überwiegend Frauen an den dazu notwendigen Schaltschränken, die anhand plakatgroßer Verkabelungspläne zusammengesetzt werden. Entsprechend den Kundenvorgaben haben die Ingenieure vor Ort und in den Konzeptionsbüros die notwendigen Sensoren, Motorsteuerungen und Schaltelemente vorgeplant.

Zusammen mit den Mahlmaschinen, Rohren, Förderbändern und Abfüllautomaten wird die Steuerungstechnik in großen Holzkisten verpackt und zur Mühle des Kunden verschifft. Vor

Ort bauen Bühler-Ingenieure und -Techniker das komplexe Wunderwerk zusammen und nehmen es in Betrieb. Deswegen hat das Schweizer Familienunternehmen Niederlassungen rund um die Welt, die jeweils die Projekte vor Ort betreuen. Interessant ist dabei, wie die Produktentwicklung direkt von den Anforderungen der verschiedenen Märkte beeinflusst wird. Während die Müller in den westlichen Ländern größten Wert auf eine hohe Flexibilität der Anlage legen, um sich auf geänderte Erfordernisse, wie etwa neue Gebäcktrends, einzustellen, ist etwa in China eine möglichst große Durchsatzleistung für einige wenige Standardeinstellungen weit oben auf den Wunschlisten der Kunden.

Bei Bühler wird parallel daran geforscht, den notwendigen Anteil an qualifiziertem Personal in einer Mühle noch weiter zu reduzieren. Durch immer ausgereiftere und intelligentere Sensoren und eine ausgefeilte Steuerungstechnik soll es zum Beispiel möglich werden, daß die Nachtschicht in der Mühle nicht mehr von einem voll ausgebildeten Müller gefahren werden muß. Automatisches Nachregeln der Walzeneinstellung und anderer Parameter des Mahlprozesses soll dafür sorgen, daß der Routinebetrieb, der im wesentlichen aus dem Ablauf einmal programmierter Prozesse besteht, auch von weniger erfahrenem Personal bewältigt werden kann.

Die Automatisierung zielt jedoch auch auf einen anderen Teil der Mühle, in dem noch viele Menschen arbeiten: die Qualitätssicherung. Der nächste Schritt ist hier, vollautomatische Analysesysteme für die entscheidenden Mehlparameter direkt in das Rohrlabyrinth der Mühle einzubauen. Ein automatisches Spektrometer nimmt dazu aus dem laufenden Mehlstrom in regelmäßigen Abständen Proben, die ohne menschliches Zutun analysiert werden.

Wie in großdimensionierten Mühlen zu beobachten ist, hat auch Bühler große Labors. Auf mehreren Stockwerken arbeiten hier Dutzende Laboranten, Lebensmittelchemiker und Biologen. Der Meßgerätepark ist um ein Mehrfaches größer als die schon beeindruckende Ausstattung der Labors großer Mühlen. Hier werden nicht nur die Mahlergebnisse aus der hausinternen Entwicklung neuer Maschinen begutachtet. Auch Kunden schicken Proben ein, um Hinweise für die optimale Einstellung ihrer Mühlen zu erhalten.

Ein weiterer großer Arbeitsbereich ist die Entwicklung neuer Produkte gemeinsam mit den Kunden. In einer separaten Halle stehen alle wesentlichen Maschinen für Versuche bereit. Auf diese Weise kann zum Beispiel ein Hersteller von Cornflakes direkt ausprobieren, ob eine neue Maschine oder eine innovative Konfiguration einer bestehenden Anlage geeignet ist, um eine modifizierte Art von Frühstücksflocken zu produzieren.

Neben der abgeschirmten Halle für Kundenversuche und dem ebenfalls separierten Bereich für die Entwicklung eigener neuer Maschinen gibt es eine weitere Halle, in der alle Standardprodukte auf dem jeweils neuesten Stand der Technik für Vorführung und Erprobung bereitstehen. Hier kann der interessierte Kunde etwa erkunden, wie eine Schiffsentladeanlage funktioniert und gesteuert wird oder wie ein automatisches Mehlsack-Abfüllsystem aufgebaut ist.

Eine interessante Besonderheit der Arbeitswelt in dem Schweizer Familienkonzern ist der Umgang mit den Mitarbeitern. Bühler ist mit weitem Abstand der größte Arbeitgeber in der Region. Ein umfangreiches Ausbildungsprogramm sorgt dafür, daß ein ausreichendes Reservoir an Mitarbeitern mit der richtigen Qualifikation herangebildet wird. Bühler geht sogar so weit, das aus dem deutschsprachigen Raum bekannte duale System der Lehrlingsausbildung – praktische Ausbildung plus Berufsschule – in die Länder zu exportieren, in denen das Unternehmen große Standorte unterhält.

Trotz der Tatsache, daß einige Geschäftsbereiche des Unternehmens starken Zyklen unterworfen sind, konnte sich kein befragter Mitarbeiter daran erinnern, daß es betriebsbedingte Kündigungen gegeben hätte. Der Firmenpatriarch und Konzernchef der Aktiengesellschaft, Urs Felix Bühler, dessen Familienstammvater Müller war, erhält auf Mitarbeiterversammlungen stehende Ovationen. Das Prinzip Bühler scheint vielmehr darauf zu beruhen, neue Geschäftsbereiche aufzubauen, wann immer in einem anderen Bereich durch die Automatisierung und Rationalisierung Arbeiter frei werden.

Durch Zukäufe und Eigenentwicklung ist die Firma längst nicht mehr nur in der Getreideverarbeitung tätig. Die Expertise des präzisen Mahlens, Mischens und Verrührens wurde auch auf Maschinen für die Schokoladenproduktion ausgedehnt. Denn entscheidend für die Qualität von Schokolade ist der Mahlgrad des Kakaos und anderer Zutaten. Das zartschmelzend sahnige Gefühl auf der Zunge stellt sich nur ein, wenn alles möglichst fein vermahlen und gleichmäßig verrührt ist. Sind die Zutaten zu grobkörnig, ist das Geschmackserlebnis eher sandig-grießig.

Auch für die Schokoladenproduktionsmaschinen gibt es bei Bühler eine Versuchsanlage, die ein abgeschirmter Hygienebereich ist, aus dem es jedoch verführerisch nach Schokolade und Vanille duftet. Nebenan gibt es gleich noch die Versuchs- und Vorführanlagen für die Produktion von Pasta und Nudeln sowie für alle nur denkbaren Formen von Cerealien – bis hin zu artifiziellfarben-quietschbunten ringförmigen Formen mit Phantasienamen, die sich manche Menschen zum Frühstück in die Milch schütten. Was der Kunde haben möchte, bekommt er auch, selbst wenn die alteingesessenen Schweizer Ingenieure ob der Anforderungen manchmal amüsiert den Kopf schütteln.

Mechanisch durchaus verwandt mit Schokolade, Nudeln und Mehl in Fragen der maschinellen Verarbeitung ist das Mahlen von Pigmenten und das Anrühren von Farben. Auch in diesem

Feld ist die Firma tätig und hat es bis zum Marktführer in sehr speziellen Branchen wie der für Maschinen zur Erzeugung von Silberpaste gebracht. Nur eine Halle entfernt werden außerdem die Einzelteile von Druckgußanlagen für komplexe Metallteile gefertigt. Hier gibt es zwar gewisse Ähnlichkeiten mit der Mechanik der Extruder für Cerealien, die Dimensionen sind jedoch völlig andere. In automatischen Fräsmaschinen in der Dimension von Einfamilienhäusern entstehen aus kleinwagengroßen Stahlklötzen die Fundamente für die Druckgußmaschinen.

Gewaltige Kräfte wirken hier, wenn das flüssige Aluminium mit oberschenkeldicken Zylindern so rasch in die Form injiziert wird, daß selbst feinste Strukturen sauber ausgefüllt werden, bevor das Metall erkaltet. Ganze Motorenblöcke, die früher aufwendig aus dem Vollen gefräst werden mußten, werden auf diesen Maschinen auf einmal gegossen. Während an einem Ende der Halle eine Gruppe Techniker den Probelauf von zwei neuen Gießautomaten für einen großen Autoteileproduzenten überwacht, werden hundert Meter weiter auf automatischen Großdrehbänken Walzen für die Mahlstühle aus angelieferten Stahlrohlingen präzisionsgedreht und Stempel für die nächste Druckgußanlage gefertigt.

Hier zeigt sich die Sinnhaftigkeit der Integration von auf den ersten Blick sehr verschiedenartigen Produkttypen: Entscheidend ist, daß die besonders werthaltigen Teile der Maschinen auf denselben Anlagen und mit demselben Fachpersonal gefertigt werden können. Durch die große Vielzahl an Produkten und die hohe Teilevarianz müssen die Bediener an den Fräs- und Drehmaschinen weitaus flexibler und besser ausgebildet sein als ihre Kollegen anderswo, die normalerweise immer wieder die gleichen Teile fertigen. Hier muß im Gegensatz dazu nicht selten vor Ort die Programmierung der Werkzeugmaschinen angepaßt werden, da bei kleinen Stückzahlen die sonst in der Massenproduktion übliche Phase der Fehlerbehebung in den Fertigungspro-

grammen wegfällt. Wenn man eine viele Tonnen schwere Stahl-
walze abrichtet und mit Nuten und Gewinden versieht, hat man
in der Regel keinen zweiten Versuch, der Materialwert allein erfordert höchste Aufmerksamkeit und Präzision bei jedem Einzel-
stück.

Die so sorgfältig und aufwendig hergestellten Mahlstühle, Ge-
treideverarbeitungsmaschinen und Verpackungsgeräte produzieren den größten Teil des Mehls für eine Kundengruppe: die Bäk-
kereien. Große und kleine Backbetriebe bekommen ihre ganz
speziellen Mehlmischungen in Säcken oder Silotanklastern. Am
Ende steht jedoch ein gemeinsames Endprodukt: das Brot. Wie es
aus dem Mehl entsteht, wie sich die Arbeitswelt der Menschen
dort verändert hat, erfahren wir an der nächste Station der Reise
zu den Maschinen – den Bäckereien.

o-Roll **Daub** HAMBURG **Thermo-Roll**

6. Wie das Brot gebacken wird

Damit aus dem zu Mehl verarbeiteten Korn nahrhaftes Brot werden kann, muß es natürlich gebacken werden. Die Kulturtechnik des Brotbackens ist uralt, eines der ältesten Handwerke überhaupt, belegt schon bei den frühen ägyptischen Pharaonen. Irgendwann vor Tausenden von Jahren ließ wohl ein ferner Vorfahr der heutigen Menschen einen aus Mehl und Wasser zusammengerührten Fladen über Nacht stehen. Hefepilze und Bakterien darin führten zu einer Gärung, die den Teig auflockerte, säuerte und dadurch besser verdaubar machte. Ob und wie lange aber Hefe als Teiglockerungsmittel beim Brotbacken regelmäßig verwendet wird, um ein luftigeres, wohlschmeckenderes Gebäck als den zuvor üblichen simplen, flachen Fladen zu produzieren, ist umstritten. Klar ist nur: Bierhefe kannten schon die alten Römer.

Der Prozeß des Brotbackens ist bis heute in den wesentlichen Elementen gleichgeblieben, er hat sich jedoch – gerade im Brotland Deutschland – stark verfeinert und differenziert. Nirgendwo auf der Welt ist die Anzahl der Brotsorten größer, die Ideenvielfalt der Bäcker ausgeprägter. Aus Mehl, Wasser, Salz und Verfeinerungszutaten wie Körnern, Saaten, Nüssen, auch Öl, Soja, Malz oder Möhren und den für das jeweilige Brot geeigneten Hefe- oder Sauerteigkulturen wird zuerst ein Teig geknetet. Je nach Größe der Bäckerei werden dazu heute Spiralkneter und verschiedene große Kessel mit mechanischen Knethaken für hundert oder mehr Kilogramm Teig verwendet, die von kräftigen Elektromotoren angetrieben werden.

In kleinen traditionellen Bäckereien, wie man sie vereinzelt noch in manchen Wohnvierteln findet, wird das regional hergestellte Mehl, heute oft auch eine vorgefertigte Mehlmischung, in Säcken angeliefert. In Großbäckereien kommt es per Tanklastzug an, dessen Ladung in Silos geblasen und von dort per Rohrleitung in die eigentliche Bäckerei transportiert wird. Mittelgroße Betriebe, von denen manche ihr Korn sogar noch selbst mahlen, haben Teile solcher Großanlagen, die Mühlen, Silos und Teigkneter, quasi in Miniaturausführung installiert.

Bevor das Brot in die Backformen gelangt, unterscheidet sich die Automatisierung der Brotproduktion vor allem in ihrer Größenskalierung zwischen großen Backfabriken und Bäckereien, die wenige tausend Brote am Tag backen. Die großen Rührkessel für den Teig sind fahrbar, sie werden auf Rädern zwischen den Arbeitsstationen bewegt. Digitale Waagen an den Plätzen, wo Zutaten – etwa das Mehl aus dem Zwischenlagersilo – in die Rührkessel gefüllt werden, erlauben eine präzise Einhaltung der Rezepte. Ablauf- und Rezeptpläne und natürlich die Vorgabe durch die Brotbestellungen geben die Arbeitsschritte der Bäcker vor.

Ist der Teig einmal angerührt, muß er je nach Rezept und Gärzutat noch eine gewisse Zeit gehen. In Industriebäckereien ist das die Aufgabe eines spezialisierten Bäckers: des Teigmachers. Dazu werden die Teigkessel mit dicken Leinentüchern abgedeckt und in einen Raum mit der optimalen Gärtemperatur gefahren. Beim traditionellen Sauerteig, einem Gemisch aus Wasser und Roggenmehl, kann der Gärvorgang viele Stunden mit verschiedenen Zwischenschritten zur »Nachfütterung« des Teigs mit Mehl dauern. Bei industriellen Schnellhefen und auf kurze Prozeßzeiten optimierten Enzymmischungen geht das deutlich schneller. Bei einigen Brotsorten wird der Teig auch schon direkt nach dem Anrühren in die Kastenformen gefüllt, in denen die Brote später gebacken werden. Sie gehen also in den Formen oder auf den Backblechen auf.

Beim Einfüllen des Teigs in die Backformen für Kastenbrote ebenso wie beim Auflegen der Laibe auf die Backbleche für runde Brote werden schnell die verschiedenen Automatisierungsniveaus zwischen traditionellen Bäckereien und Großbäckereien deutlich: Der traditionelle Bäcker unten an der Straße formt den Brotlaib per Hand auf dem Backtisch. In einer mittelgroßen Bäckerei wird der Teigkessel mit einem Hebegestell hochgehievt und in einen großen Trichter entleert. Unter dem Trichter ist dann eine Maschine angeordnet, die normgroße Teigklumpen formt, welche auf ein Fließband aus Leinenstoff und schließlich einen Backtisch fallen, wo sie dann durchgeknetet und in die Formen gelegt werden. Das Portionieren und die Formgebung übernehmen teilweise Maschinen.

Diese Schritte sind in industriellen Bäckereien natürlich längst automatisiert. Gerade in Backfabriken, die überwiegend abgepacktes Brot produzieren, werden auch nicht mehr die klassischen Ein-Kilo-Formen zum Backen verwendet. Zwei Meter lang sind dort die Backtröge, die ein an Schienen die Form entlanglaufender Trichtermechanismus mit Teig befüllt, bevor sie in die Backstraße weitertransportiert werden. Dadurch haben die überlangen Brote seltener Kanten, die offenbar von Kunden nicht sonderlich goutiert werden.

Um in der industriellen Fertigung den Teig reibungslos und ohne Verkleben durch die diversen Knet-, Walk- und Formmaschinen laufen zu lassen, muß er immer die gleiche Konsistenz aufweisen und weitgehend standardisiert sein. Dazu werden verschiedenste Zusatzstoffe verwendet, die jedoch bei lose verkauften Broten, anders als bei abgepacktem Brot, nicht unbedingt in der Deklarationsliste für Kunden auftauchen müssen, da man davon ausgeht, daß zum Beispiel die Enzyme beim Backen ohnehin in harmlose Bestandteile zersetzt werden, so wie die Sauerteigbakterien und Hefepilze auch. Deshalb kann auch ein industriell gefertigtes Brot mit der Inhaltsangabe »Mehl, Wasser, Salz, Sauerteig/Hefe« aufwarten, obwohl nicht selten ein gutes Dutzend weiterer Zutaten enthalten ist.

Beim Bäcker und in kleineren Bäckereien wandern die Brotlaibe und Kastenbrotformen mit Teig per Hand in die Öfen, oft mit Hilfe von Rollwagen mit zwanzig oder mehr Auflagen, auf denen jeweils vier oder fünf Formen oder Laibe pro Etage liegen. Die Etagenöfen sind heute in der Regel mit digitalen Regelsystemen und Sensoren versehen, die in voreingestellten Abläufen die Temperatur für jeweils eine bestimmte Zeit anfahren und halten – je nachdem, was nötig ist, um das Brot gut durchzubacken und die gewünschte Krume und Kruste zu erreichen.

Die Backstraßen der Industriebäckereien lösen das Problem der notwendigen Temperaturabfolgen hingegen anders: Entlang einem Förderband, das mehrere Meter breit sein kann, reihen sich Öfen mit verschiedenen Temperatureinstellungen aneinander, die den Teig auf dem Band erhitzen. Die Geschwindigkeit des Förderbandes bestimmt, wie lange ein Brot in welcher Temperaturzone bleibt. Der Teig für Brötchen und Laibbrote wird in solchen Anlagen direkt auf das Förderband dosiert, notwendige Gehzeiten werden durch entsprechende Verweildauer in lauwarmen Temperaturzonen der Backstraße realisiert – und durch hochgezüchtete Hefen, Enzymmischungen und Emulgatoren kurz gehalten. Andere industrielle Backsysteme verwenden Öfen, bei denen riesige Backbleche unten vom Förderband eingefahren werden und dann im Ofen langsam nach oben wandern, um anschließend die oben angekommenen fertigen Bleche automatisch hinauszutransportieren und von unten neue in das Förderband einzuschieben. Putzmaschinen erledigen zwischendurch automatisch die Reinigung der Backbleche.

Mit der alten Kulturtechnik des Backens nur noch sehr entfernt verwandt ist der Zuschnitt der sogenannten Mehlchemie bei den Broten und Brötchen, die nicht mehr in einer Bäckerei oder Backstraße gebacken werden, sondern in einem »Backshop« oder in Tankstellen. Das Prinzip beruht auf der Trennung des Teigmachens vom Backen, denn fertiggebacken werden die sogenannten »Teiglinge« erst direkt am Verkaufsort in Heißluftöfen. Die unfertigen Backprodukte werden entweder als Rohteig oder nur ganz kurz angebacken tiefgefroren und über die verschlungenen Wege der Lkw-Logistik zu den Heißluftöfen verteilt.

Die Produktionsorte dieser gefrorenen Rohlinge sind nicht selten in Osteuropa, weil die dortigen niedrigen Arbeitskosten gerade für Produkte, für die es noch keine gutfunktionierenden Maschinen gibt, etwa für das Legen von Brezen, von entscheidender Bedeutung sind. Die dortigen Teiglingfabriken sind exakt so weit automatisiert, daß Menschen wirklich lediglich noch da arbeiten, wo Maschinen bisher zu teuer wären.

Im Backshop selbst werden die Teiglinge nur noch aus den Anlieferkisten geholt und in den elektrischen Ladenbackofen gelegt. Die Temperaturregelung für das Auftauen und Fertigbacken übernimmt die digitale Steuerung des Ofens. Das Bedienpersonal benötigt keine Ausbildung in Aspekten des Backhandwerks mehr, sondern muß bloß noch das auf der Verpackung oder in der Anleitung vorgeschriebene Backprogramm auswählen. Den fortgeschrittensten dieser Aufblasofenmodelle hält man lediglich den Barcode des zu backenden Produktes vor den integrierten Scanner. Der Ofen wählt das korrekte Backprogramm dann automatisch aus, so daß auch noch die fast letzte menschliche Fehlerquelle eliminiert wird.

Die Anzahl der Backshops hat sich in den letzten Jahren vervielfacht. Voraussetzung dafür, daß dieses Prinzip so gut funktioniert, waren große Innovationen bei den Enzymen und Zusatzstoffen, die dafür sorgen, daß auch im Aufblasofen am Bahnhof noch ein attraktiv aussehendes und riechendes Baguettebrötchen aus dem tiefgefrorenen Teigling entsteht. Dieser Entwicklung ist es auch zu verdanken, daß die gesamte Branche gerade große Umwälzungen durchläuft.

Die kleinen Kiezbäcker hatten bis vor einigen Jahren Vorteile gegenüber den riesigen industriellen Backstraßen, da deren relativ gesichtslose Massenbilligware zwar konkurrenzlos niedrige Preise hatte, aber geschmacklich und auch sonst deutlich weniger attraktiv war. Konnten sich die kleinen Bäcker bislang noch einigermaßen behaupten, hat mit der Verbreitung von Backshops das große Bäckersterben eingesetzt. Ein Grund dafür ist die enorme Vielfalt an verschiedenen Produkten, die mittlerweile auch bei der Tiefkühl-Aufbackmethode angeboten wird.

Selbst große Kettenbäcker, die über Dutzende Filialen verfügen, greifen bei seltener nachgefragten Waren oder bei Sorten, die bis zum Feierabend zuverlässig verfügbar sein sollen, mittlerweile auf die Tiefkühloption zurück. Das vom Kunden wahrgenommene Qualitätsniveau liegt zwischen dem ultrabilligen Backstraßenbrot und dem handgemachten Bäckerprodukt, aber nah genug an letzterem, so daß oft der deutliche Preisunterschied den Ausschlag gibt. Das Bäckerhandwerk als Handarbeit und mit seinen kleinen Stückzahlen kann nicht mehr mithalten, auch wenn wohl fast jeder aus Qualitätsgesichtspunkten ihm den Vorzug gäbe, wenn Preis, Auswahl und Verfügbarkeit bis zum Feierabend nicht eine so große Rolle für die Kunden spielten.

Der Kontrast vom Teiglingaufblaser zum noch nahezu handwerklichen Backen wie etwa bei der Berliner Bäckerei Märkisch Landbrot könnte nicht größer sein. Der Betrieb stellt ausschließlich Bioprodukte mit dem Demeter-Gütesiegel her, dem am schwierigsten zu erlangenden und aufwendigsten Bio-Label. Es gibt in den Broten keine Zusatzstoffe und keine Rohstoffe, die nicht gemäß dem Gütesiegel angebaut werden. Außerdem wird noch ein Holzbackofen betrieben – darauf ist man stolz. Zwischen sieben- und neuntausend Brote werden hier jeden Tag gebacken, jedes einzelne auf Bestellung. Das Geschäftsprinzip der Lieferbäckerei beruht auch darauf, daß nicht nur Bioläden, Kindertagesstätten, Schulen und andere Vertriebsstellen beliefert werden, sondern ebenso Großkunden direkt.

Das Biobrotsegment funktioniert praktisch als Parallelwelt zur sonstigen Backindustrie. Die Demeter-zertifizierten Biobauern bekommen das Dreifache des üblichen Marktpreises für konventionelles Getreide, was sich aber erstaunlicherweise nur marginal auf den Endpreis von Brot und Brötchen für die Kunden auswirkt. Die größten Kostenanteile bleiben Energie und die menschliche Arbeitskraft – der Biobäcker zahlt seinen Mitarbeitern einen überdurchschnittlich guten Lohn.

Zwanzig Bäcker arbeiten bei Märkisch Landbrot, siebenundzwanzig weitere Angestellte kümmern sich um den Zutateneinkauf und Brotverkauf, die Instandhaltung der Anlagen und um Auslieferung und Kommissionierung. Damit sich der Brotpreis für die ohnehin preislich eher im Luxussegment angesiedelten Biobrote nicht noch drastischer vom konventionellen Segment entfernt und außerdem das überdurchschnittliche Wachstum im Biosegment bewältigt werden kann, setzen aber auch die Biopuristen unter den Berliner Bäckern auf Computerhilfe. Die hauseigenen Mühlen mahlen zwar altväterlich noch mit runden Mühlsteinen, die sich in Holzgestellen drehen, so daß bei niedrigeren Temperaturen gemahlen wird. Die Kontrolle der Mühlen übernimmt jedoch eine moderne Steueranlage wie in den großen Industriemühlen auch. Die modernen Backöfen sind digital gesteuert, ebenso wie die Waagen für die Rezeptzusammenstellung.

Vor der Auslieferung des fertigen Brotes muß es kommissioniert, das heißt, die richtige Anzahl der verschiedenen bestellten Brote für die einzelnen Kunden muß in Rollwagen zusammengestellt werden. Für die aufwendige Sortierung und Zuordnung wird eine computerisierte Hilfe hinzugezogen. Ein System aus dem holländischen Blumenhandel wurde dafür adaptiert, das aus kleinen Displays über jedem Regal besteht, auf denen der Kunde und die Vollständigkeit der Lieferung angezeigt werden. Wenn eine Brotsorte in der Backstube fertig wird – bedingt durch die Ofenkapazitäten meist immer nur eine Sorte statt mehrerer gleichzeitig –, gibt der Kommissionierer die dazugehörige Produktnummer ein. Über allen Rollwagen leuchtet dann auf den Displays, wie viele Brote dieser Sorte jeweils hineingelegt werden müssen. Die Zeitersparnis, Produktivitätssteigerung, vor allem aber Fehlerreduktion dieser recht simplen Einrichtung ist erheblich – dreißig Prozent mehr Auslieferungen sind mit der gleichen Mannschaft möglich.

Der Biobrotbereich macht, auf die ganze Backindustrie betrachtet, nur einen kleinen Prozentsatz des Volumens aus. Die Umwälzung durch die Teiglingaufbäcker krempelt die gesamte Branche in einer Weise um, die sogar die Gewinner der vorherigen Technologiewelle, die maschinellen Großbäckereien, zu Verlierern zu machen scheint. Es sind also nicht nur Innovationen bei Computern und Maschinen, die zu drastischen Änderungen von Arbeitsbildern und zum Aussterben ganzer Berufsstände führen können, sondern auch solche aus eher unerwarteten Bereichen wie der Biotechnologie, deren neue Enzyme und Zusatzstoffe es erst möglich machen, ein wie handwerklich hergestellt aussehendes Baguette oder Brot aus einem Tiefkühlteigling aufzubacken. Auch in der Teiglingfabrik gibt es neben den Teiglegern und Verpackern noch Bäcker – genau einen, der für die Teigrezepte zuständig ist.

7. Ohne Setzer: Menschenleere Druckstraßen

Um die Menschen dahin zu locken, wo sie ihr Brot kaufen – in die Bäckereien, Supermärkte und Backshops –, wird Werbung gemacht. Trotz Internet und Fernsehen sind für Lebensmittel immer noch die Anzeigenbeilagen der Lokalzeitungen und die Werbeflyer der Supermärkte ein wirksamer Weg, die Kunden zu erreichen.

Der Ort, an dem solche Zeitungen und Flyer gedruckt werden, macht einen futuristischen Eindruck. Das Gebäude in Form eines stumpfen Keils mit großen Glasflächen an den Außenseiten weist darauf hin, daß hier ein Gewerbe am Werke ist, das viel Licht benötigt. Drum herum erstreckt sich ein großer Parkplatz, der jedoch kaum genutzt wird. Wenn man das helle Foyer mit opulentem Glasaufzug betritt, verspürt man bereits das ferne Wummern und Brummen sehr großer Maschinen. Durch große Fenster in den Innenwänden des Foyers blickt man vom Fahrstuhl aus in Teile des Betriebes. Schon hier fällt auf: Es ist weitgehend menschenleer.

Papier zu bedrucken ist eine alte Kulturtechnik, die sich in den Jahrhunderten über viele Entwicklungsschritte technologisch mehrfach gewandelt hat. Seit Gutenbergs Zeiten hat sie sich dramatisch beschleunigt. Früher wurden die Druckvorlagen für die Seiten noch aus Bleilettern zusammengesetzt, die mit Tinte bestrichen auf das Papier gedrückt wurden. Das Verfahren ähnelte dem beim Stempel, wo die erhabenen Teile die Tinte tragen, die auf das Papier aufgebracht werden.

Früher waren die Setzersäle der Zeitungen große Hallen, in denen Dutzende Setzer an sogenannten Zeilengußmaschinen saßen. Mit Hilfe aufwendiger Mechanik erzeugten sie Zeile für Zeile der Zeitungsartikel durch das Zusammensetzen aus Buchstabenformen, die dann im Bleiguß in der Maschine abgeformt wurden. Die so entstehenden Zeilen aus Blei wurden in speziellen Vorrichtungen zur Druckvorlage für eine Zeitungsseite zusammengespannt. Bilder und Grafiken wurden in komplizierten mehrstufigen Prozessen in Metallplatten gesetzt, die dann zusammen mit dem Text in die Druckvorlage eingebaut wurden.

Die zum Ende des neunzehnten Jahrhunderts einsetzende Beschleunigung insbesondere des Wirtschaftslebens durch Telegrafenleitungen und später durch das Telefon führte zu einem gnadenlosen Wettbewerb um Geschwindigkeit zwischen den Zeitungen, der unzählige technische und organisatorische Verbesserungen und Rationalisierungen hervorbrachte. Auch für heutige Zeitungen ist eine entscheidende Maßzahl immer noch die Zeit zwischen Redaktionsschluß und Andruck. Je weniger Zeit für die Gestaltung der Zeitung und die Vorbereitung der Druckvorlagen gebraucht wird, desto aktueller können die Nachrichten sein.

Typischerweise ist der Arbeitstag in einer modernen Druckerei so organisiert, daß tagsüber, wenn die Zeitungsredaktionen noch mit der Erstellung der Inhalte beschäftigt sind, Beilagen, Werbeeinleger und andere weniger zeitnahe Dinge gedruckt werden. Umfangreichere Zeitungen und Zeitschriften werden von innen nach außen bedruckt, so daß die inneren Seiten nahe der Heftmitte mit Meldungen gefüllt werden können, die keine so hohe Aktualität haben. Die letzten Meldungen und Schlagzeilen landen auf den Außenblättern.

Heute verwendet man für große Stückzahlen, die billig gedruckt werden sollen, meist den sogenannten Offsetdruck. Dessen Prinzip ist deutlich komplizierter als zu Gutenbergs Zeiten. Die Druckvorlage wird in einem mehrstufigen Verfahren erzeugt. Grundlage sind flexible Aluminiumplatten, die mit einem speziellen Lack beschichtet sind. Dieser Lack wird hart, wenn er mit ultraviolettem Licht beleuchtet wird. In der Belichtungsmaschine steuern Computer dafür Laser mit der richtigen Lichtfrequenz so, daß an den Stellen, die später Druckerfarbe transportieren sollen, der Lack belichtet wird. Der Lack an den unbelichteten Stellen bleibt weich und wird im nächsten Arbeitsgang weggespült.

Die so entstandene Druckvorlage wird noch einmal nachbe-lichtet, um den Lack an den stehengebliebenen Stellen ausrei-chend zu härten. Noch vor wenigen Jahren wurde die Druckplat-tenerzeugung von hochqualifizierten Fachkräften per Hand durchgeführt. Statt das Druckbild direkt mit dem Laser auf die Druckplatte zu schreiben, wurde ein Film belichtet und entwik-kelt, mit dem dann in einem zweiten Arbeitsgang die Druckplat-te belichtet wurde. Dabei wurden einzelne Artikel und Bilder se-parat auf Film belichtet. Die ganze Zeitungsseite entstand am En-de durch das Zusammenfügen in der Maschine, welche die Druckplatte belichtete.

Das Zusammensetzen der Zeitungsseiten geschieht heute vollständig im Computer. Auf dem Bildschirm entsteht noch in der Redaktion die gesamte Zeitung in derselben Weise, wie sie später auf Papier gebannt wird. Wenn das Layout in der Redakti-on abgeschlossen ist, werden die Daten digital zur Druckerei übertragen. Dort kann man sie direkt in die Druckplatten-Belich-tungsmaschinen laden. Diese Maschinen sind komplexe techni-sche Wunderwerke, dennoch nicht viel komplizierter zu bedie-nen als ein Farblaserdrucker.

Wenn die Softwaresysteme in der Druckerei und in den Zei-tungsredaktionen richtig aufeinander abgestimmt sind, läuft der Prozeß der Druckplattenherstellung praktisch ohne Menschen. Der Druckplattenautomat verfügt über ein Magazin von eintau-send Plattenrohlingen, bis zu vierhundert davon kann er pro Stunde verarbeiten.

Nach der Belichtung und dem Wegspülen der nicht benötigten Lackreste wandern die Druckplatten über ein Förderbandsystem zu einer Maschine, deren einzige Funktion es ist, eine Seite der Platte etwa einen Zentimeter breit abzuknicken. Denn auf die-sem abgeknickten Rand befinden sich belichtete Informationen darüber, zu welchem Druckauftrag die Platte gehört, welcher Sei-te der Zeitung und welcher Druckfarbe sie zugeordnet ist.

Die typischen bunten Zeitungen und Beilagen, an die wir uns so gewöhnt haben, werden in vier Arbeitsgängen gedruckt. Die farbigen Bilder darin entstehen durch das Übereinanderdrucken der vier verschiedenen Grundfarben. Damit bei vierhundert unterschiedlichen Platten, die pro Stunde durch die Maschine rattern, nicht eine heillose Konfusion und Verwirrung über die Zuordnung der Druckplatten entsteht, befindet sich hinter den Maschinen, in denen die Druckvorlagen erstellt werden, ein Sortierförderband.

Die fertigen Druckplatten gleiten entlang einer langen Reihe von Ablagefächern und werden jeweils an der richtigen Stelle computergesteuert von einem kleinen Hebelarm in das richtige Fach gekippt. Die Anlage ist in ein gelbliches Licht getaucht, unter dem die bläulich schimmernden Lackbeschichtungen der Druckplatten fast wie Schwarzweißgrafiken erscheinen. Die langsame, gleichmäßige und routinierte Art, mit der Dutzende Platten, die zu einer Zeitungsausgabe gehören, eine nach der anderen aus der Belichtungsanlage zu ihren Fächern entlanggleiten, hat etwas Unerbittliches, Schonungsloses. Jedes Fach enthält – wenn der Belichtungsjob durchgelaufen ist – die Platten, die nebeneinander auf eine Druckwalze gehören. Der Drucker, einer der wenigen verbliebenen menschlichen Arbeiter, nimmt jeweils einen Stapel Druckplatten und bringt sie zur Druckmaschine, um sie dort auf den Vorlagenzylinder zu spannen.

Die Druckmaschinen selbst stehen in einer eigenen Halle direkt neben der Belichtungsanlage. Die Halle ist so groß, daß das ganze restliche Druckereigebäude de facto um sie herum gebaut wurde. Ihr massives Stahlbetonfundament reicht bis tief in den Erdboden. Darauf stehen Drucktürme so hoch wie vierstöckige Häuser, sechs davon hintereinander.

Wenn man die Druckhalle betritt, muß man zuvor Ohrenschützer angelegt haben, denn das Dröhnen und Wummern, das im

Foyer noch so leise und von weit her zu vernehmen war, kommt von hier. Zu ebener Erde, direkt auf dem Fundament, befindet sich die Etage, in der das Papier in die Druckmaschinen eingespeist wird. Das hat nichts mehr mit dem Nachlegen von Papier im heimischen Laserdrucker zu tun: Der Druckgrundstoff wird auf riesigen Rollen angeliefert. Mehr als drei Tonnen schwer, über zwei Meter breit und anderthalb Meter im Durchmesser sind die Papiertrommeln.

In einer großen Halle werden die Rollen übereinandergestapelt, sortiert nach Papiersorten und -qualitäten. Aus Düsen an den Decken kommt Wasserdampf, der die Luftfeuchtigkeit in der Papierlagerhalle hoch hält, damit das Papier geschmeidig und reißfest bleibt. Im Papierlager bewegt noch ein menschlicher Gabelstaplerfahrer die Papierrollen. Am Tor zum Lager jedoch deponiert er die Rollen an festgelegten markierten Ablageplätzen. Dort werden sie von zwei automatischen Roboterfahrzeugen abgeholt und zu den Druckmaschinen gefahren.

Die Roboter sind speziell für diese Aufgabe konstruiert. Mit langen Aufnahmeschienen fahren sie seitlich unter die Papierrollen, pumpen sich etwas in die Höhe, so daß die Rollen nicht mehr den Boden berühren, und fahren dann vollständig autonom zum jeweils programmierten Druckturm, um die Ladung abzuliefern. Äußerlich sind die beiden Roboter eigentlich durch nichts zu unterscheiden. Wie schon so oft auf unserer Entdeckungsreise zu beobachten war, haben jedoch auch diese automatischen Kollegen Namen und Namensschilder bekommen: in dem Fall »Max« und »Moritz«. Und weil gerade Weihnachtszeit ist, sind die rot lackierten Maschinen auch noch mit kleinen Weihnachtsbäumchen geschmückt.

Die Roboter sind darauf ausgelegt, in einer Umgebung zu arbeiten, in der sich auch Menschen bewegen. Entsprechend sind sie auf rücksichtsvolles Verhalten programmiert. Laserscanner erfassen permanent die Umgebung und erkennen, wenn sich ein

Hindernis in die Fahrtroute bewegt. Der Roboter stoppt dann umgehend – technisch durchaus anspruchsvoll mit zwei Tonnen Papier auf der Gabel – und piept vorwurfsvoll. Sobald sich der Mensch aus der Gefahrenzone bewegt hat, setzt die Maschine ihre Fahrt fort.

An der Druckmaschine angekommen, prüft ein Arbeiter nochmals, ob die richtige Papiersorte angeliefert wurde, und bedient dann die Einspannvorrichtung, mit der die tonnenschwere Rolle in den Drucker geladen wird. Sobald das Papier eingelegt ist und die Druckplatten in die Zylinder eingespannt wurden, kann der Druck von der Steuerzentrale aus gestartet werden.

Die Druckerschwärze genannte Tinte lagert in großen Tanks im Keller unter der Papierhalle. Über Dosierpumpen wird sie von dort zu den Druckmaschinen befördert. Ein ausgeklügeltes System streicht die Druckerschwärze der jeweils richtigen Farbe in hauchdünner Schicht auf den Zylinder mit den Druckplatten. Diese werden dann jedoch nicht direkt auf das Papier gedrückt, sondern zuerst auf einen Zylinder aus Gummituch. Der wiederum transportiert die Farbe dann auf die Papierbahn, die an den Walzen für die vier Druckfarben vorbeiläuft.

Das geschieht so schnell, daß man mit bloßem Auge nicht erkennen kann, was gerade gedruckt wird. In den großen Druckmaschinen befinden sich insgesamt acht solche Kombinationen von Druckplatten- und Gummituchzylinder – jeweils vier für die Druckfarben für Vorder- und Rückseite der Papierbahn. Nachdem die Papierbahn den Druckturm durchlaufen hat, wandert sie in die automatische Schneide-, Falz- und Legeanlage. Hier wird die endlose Papierbahn in die Zeitungsseiten zerschnitten, die wir gewohnt sind.

Die geschnittenen Bahnen aus mehreren Drucktürmen werden in der Mitte geknifft und automatisch in der richtigen Reihenfolge zusammengelegt. Spezielle Förderbänder, an denen die halbfertigen und fertigen Zeitungen an ihrem Mittelkniff aufgehängt sind, durchziehen die gesamte Druckerei. Die Bänder, die aus der Zusammenlegungsanlage kommen, laufen unter der Decke auch durch die Steuerzentrale, so daß während des Vorgangs immer wieder Exemplare zur Qualitätssicherung entnommen werden können.

Die schiere Menge und Geschwindigkeit der vorbeirauschenden Zeitungen erzeugt ein unwirkliches, leicht schwindelerregendes Gefühl. Die kleine Handvoll Drucker, die in der Steuerzentrale die Druckjobs anstoßen und überwachen, erledigen viele Aufgaben bereits von dieser Zentrale aus. Alles kann jedoch nicht aus der Ferne geschehen: Sie kontrollieren auch die Druckplatten, legen sie ein und überwachen den Zustand der Druckmaschinen. Für die Qualitätskontrolle und eventuelle Nachregelungen während des Drucks ist dies notwendig.

Falls nötig, müssen die Servicetechniker der Hersteller der verschiedenen Maschinen benachrichtigt werden. Ihre Arbeit ist relativ anspruchsvoll, erfordert besondere Qualifikationen und technisches Know-how und wird daher gut entlohnt. Über die Jahre ist die Zahl der Drucker, die zum Betrieb einer Druckerei nötig sind, dramatisch gesunken. Die wenigen verbliebenen Arbeitsplätze sind jedoch durchaus attraktiv.

Wesentlich mehr Leute arbeiten für sehr viel weniger Geld am anderen Ende des Labyrinths der Zeitungstransportbänder. Hier stehen Maschinen, die jeweils einige Dutzend oder einhundert Exemplare der Papierprodukte zu handlichen Packen zusammenschnüren. Sie werden automatisch mit Etiketten beklebt, aus denen ersichtlich ist, wohin das jeweilige Zeitungsbündel am Ende geschickt werden muß.

Andere Maschinen besorgen zuvor das Einlegen oder Einkleben von Beilagen – etwa den Werbezetteln der Supermärkte mit den Sonderangeboten für Brot... Die Zeitungsbündel werden dann per Hand in die bereitstehenden Auslieferfahrzeuge verladen. Andere Tätigkeiten in der Versandhalle sind das Korrigieren von fehlerhaft eingelegten Beilagen, das Zusammenstellen von Bündeln verschiedener Zeitungen und Zeitschriften für kleine Läden und Kioske und ähnliche einfache manuelle Tätigkeiten.

Die Hierarchie ist klar: Anspruchsvollere Arbeit, wie etwa die Programmierung und Wartung der verschiedenen Maschinen, wird von den wenigen Festangestellten erledigt. Einfache, austauschbare Tätigkeit, die so weit reduziert wurde, daß weder Ausbildung noch besondere Erfahrungen nötig sind, werden von modernen Tagelöhnern ausgeführt. Meist handelt es sich wieder einmal um die Arbeit, die nur deswegen noch nicht automatisiert wurde, weil die entsprechenden Maschinen im Vergleich zum niedrigen Stundenlohn noch nicht rentabel sind oder wo die Programmierung und Umstellung nicht lohnen würde, da es sich um vergleichsweise kleine Jobs mit geringen Stückzahlen handelt.

8. An der Quelle der Energie: Erdölraffinerie

Die Energiequelle, aus der sich unsere moderne Welt speist, ist noch immer das Erdöl. Die heißumkämpfte Flüssigkeit, die aus den Überresten fossiler Organismen entstanden ist, läßt sich leider nicht ohne weiteres in den Tank eines Autos schütten, vorher muß sie in ihre Bestandteile zerlegt werden. Will man erfahren, wie aus dem Rohöl Benzin, Diesel, Schmierstoffe und viele weitere Produkte gemacht werden, führt der Weg in eine Raffinerie, in unserem Fall eine der größten Raffinerien Europas.

Fast jeder hat Bilder und Filme solcher Anlagen schon einmal gesehen: ein unüberschaubares Gewirr aus Rohrleitungen, mysteriösen Türmen und Schornsteinen, meist gut erkennbar an einer immerwährenden lodernden Flamme an der Spitze einer hohen Konstruktion, die wie ein Schornstein anmutet. Wenn man sich dem Gelände nähert, fallen sofort die hinter mehrfachem Stacheldraht und umfangreichen Kamerainstallationen abgesicherten langen Reihen von großen, runden Tankbehältern auf. Dahinter sieht man schon die eigentlichen Raffinerieanlagen aufragen, ein ölig-schwefliger Geruch liegt in der Luft.

Aus dem obersten Stock des Verwaltungsgebäudes, am Rande der Anlage und in einigem Abstand von potentiell explosionsgefährdeten Installationen gelegen, kann man die tatsächlichen Ausmaße einer großen Raffinerie in etwa erahnen, die sich über mehrere hundert Hektar erstreckt. Aus der Vogelperspektive fällt schon auf, daß nur wenige Menschen zu sehen sind: In dem seltsam organisch wirkenden Labyrinth aus Rohrtrassen, unter dem sich ein Raster von schmalen Straßen erstreckt, ist hier und da einmal ein Auto oder Fahrrad und ab und zu ein Arbeiter auf einem Gerüst zu sehen. Hinter dem Verwaltungsgebäude ist ein Ständer, in dem Hunderte Fahrräder stehen, mit denen sich praktisch jeder hier bewegt. Die Anlage ist so groß, daß es sinnlos wäre, sein Ziel zu Fuß erreichen zu wollen. Doch trotz der vielen Fahrräder begegnet man in der Anlage selbst kaum jemandem.

Auf dem eigentlichen Werksgelände kann man sich als Besucher nur in einem Auto fortbewegen, das die vorgegebenen Straßen nicht verläßt. Alles ist übersät mit Warnschildern und großen Hinweistafeln, die für den Eingeweihten klarmachen, was an der betreffenden Stelle produziert oder gelagert wird. Auch Besucher erhalten schon vor dem Betreten Sicherheitshinweise und Verhaltensregeln bei Havarien. So bekommt man einen Besucherausweis, dessen Rückseite mit den allernotwendigsten Sicherheitshinweisen und Verboten bedruckt ist, und ein zusätzliches, ausführliches Sicherheitsbelehrungsblatt ausgehändigt. Breite gelbe Linien auf dem Boden markieren auf dem gesamten Gelände Bereiche, die nur von autorisiertem Personal mit entsprechender Arbeitsschutzausrüstung betreten werden dürfen.

Schon am Eingang verkündet eine Leuchttafel stolz die Anzahl der Tage seit der letzten Havarie. Die Sicherheitsfixierung geht sogar so weit, daß Angestellte und Besucher verpflichtet sind, bei der Benutzung von Treppen am Verwaltungsgebäude eine Hand am Geländer zu haben. Auf den ersten Blick mag dieser Arbeitsschutzfetisch etwas übertrieben wirken und Stirnrunzeln beim Besucher auslösen. Wenn man sich jedoch klarmacht, was für gefährliche Prozesse in einer Erdölraffinerie ablaufen und mit welch riesigen Mengen extrem leicht entzündlicher und partiell auch giftiger Flüssigkeiten und Gasen hantiert wird, kommt schnell Verständnis für die allgegenwärtige Sicherheitsmanie auf.

Jeden Tag werden in dieser Raffinerie etwa sechzigtausend Tonnen Rohöl verarbeitet. Das sind circa siebenhundertfünfzig Liter in jeder Sekunde. Diese Menge paßte in den ersten einfachen Raffinerien, die Mitte des neunzehnten Jahrhunderts gebaut wurden, in einen Siedekessel. Wenn man sich Badewannen voller Erdöl vorstellt, sind das vierhundertfünfzig ölige Vollbäder pro Minute.

Entgegen der landläufigen Vorstellung sieht Erdöl jedoch nicht immer gleich aus. Die Spanne reicht von fast farblosen, dünnflüssigen Edelsorten aus dem Mittleren Osten – die Ölleute sprechen von »leicht« und »süß« – über Nordseesorten mit der Optik dunklen Filterkaffees bis zu den klebrigen, dunkelbraunen Flüssigkeiten, wie sie etwa in Rußland und Venezuela aus dem Boden gepumpt werden. Ein entscheidendes Qualitätsmerkmal und gleichzeitig ausschlaggebend für die Farbe des Erdöls ist sein Gehalt an Schwefel, Schwermetallen und anderen Beimischungen, die in den Endprodukten der Raffinerien unerwünscht sind. Je weniger Schadstoffe sie enthalten, desto weniger Aufwand muß in der Raffinerie betrieben werden, um so höher ist aber auch der Preis für das Rohöl. Stärker kontaminiertes Öl wird billiger gehandelt, was – zumindest in der Theorie – die höheren Raffineriekosten ausgleicht. In der Praxis hängt die Ökonomie des Öls jedoch auch davon ab, welche Anteile in der jeweiligen Sorte enthalten sind und wie aufwendig die Extraktion in der Raffinerie ist.

Angeliefert wird das Erdöl aus den wesentlichen Produzentenländern ausschließlich per Schiff. Die Klasse der Tankschiffe, in denen derzeit das meiste Öl transportiert wird, nennt man »Very Large Crude Carrier«, kurz »VLCC«. Ein Schiff dieser Größe faßt bis zu dreihunderttausend Tonnen Erdöl, deckt also den Bedarf einer großen Raffinerie für fünf Tage. Mit einem Tiefgang von bis zu fünfundzwanzig Metern können solche Schiffe der Kategorie VLCC allerdings nur wenige Häfen anlaufen.

Einer davon ist der Europoort im niederländischen Rotterdam. Das Entladen des Schiffes in die gigantischen Speichertanks des Hafens dauert etwa einen Tag. In dieser Zeit steigt das Schiff über zwanzig Meter aus dem Wasser empor, weil es durch das abgepumpte Öl leichter wird. Der Hafen hält die immensen Tankkapazitäten nicht nur bereit, um die per Pipeline angeschlossenen Raffinerien in einigen Dutzend Kilometern Umkreis zuverlässig mit Öl zu versorgen. Die großen Tanks des Hafens stellen gleichzeitig eine Reserve dar, die gegen plötzliche Lieferengpässe absichert. Denn bei einem Ausfall der Pipeline zum Hafen reichen die Reserven an der Raffinerie selbst gerade einmal für zwanzig Minuten.

Eine Raffinerie stillstehen zu lassen, weil sich kein Öl im Zufluß befindet, ist praktisch unmöglich. Das Wiederanfahren der komplexen, zusammenhängenden und voneinander abhängigen Produktionsprozesse dauert Wochen und kostet Unsummen. Daher ist genügend Reservekapazität und Anpassungsfähigkeit auf der Zuflußseite von entscheidender Bedeutung für einen Raffineriestandort. Ein weiterer wichtiger Grund für die großen Speichermengen ist, daß die Raffinerien eine gleichbleibende Ölqualität und -zusammensetzung bevorzugen. Im Hafen werden daher verschiedene Ölsorten nach Kundenpräferenz zusammengemischt – die Ölleute sprechen von einem »Blend«. Damit wird zum Beispiel zu schweres, schwefliges Öl aus Venezuela durch Verdünnung mit leichterem, aber teurerem aus dem Mittleren Osten besser verarbeitbar gemacht. Dafür müssen immer genügend große Mengen verschiedener Sorten vorrätig sein, um neue Anlieferungen entsprechend den Kundenwünschen durch Mischen mit bevorrateten Sorten anzupassen.

Die beiden wesentlichen Prozesse in einer Erdölraffinerie sind die Destillation und das Cracking. Die Destillation funktioniert im Grunde nicht viel anders, als man das vom Schnapsbrennen kennt – nur die Dimensionen sind um einiges größer: In einem turmförmigen Reaktor wird unten das Rohöl eingeleitet und auf etwa dreihundertfünfzig Grad Celsius erhitzt. Aus dem Öl steigen die flüchtigen Bestandteile als Dampfgemisch aus den verschiedenen Kohlenwasserstoffen nach oben. Über die Länge des Turms verteilt sind Lochblecheinsätze, an denen aufgrund der nach oben hin immer geringer werdenden Temperatur die verschiedenen Bestandteile des Erdöls quasi sortiert auskondensieren, so wie Wasserdampf aus dem Teekessel an einer kalten Oberfläche.

Die Kondensate werden dann seitlich aus dem Destillationsturm herausgeleitet. In unmittelbarer Nähe stehen weitere, kleinere Destillationstürme, in denen die abkondensierten, aber noch heißen sogenannten »Fraktionen« weiter und feiner destilliert werden. Einige der wichtigsten solcher Fraktionen kennt man aus dem Alltag: Diesel, Heizöl, Kerosin für Flugzeuge, Benzin. Alle diese Treibstoffe verdunsten bei unterschiedlichen Temperaturen und fließen daher auf unterschiedlichen Ebenen des Hauptdestillationsturms ab. In den anschließenden kleineren, spezifischen Destillationsanlagen werden die Rohfraktionen durch gezielte Steuerung von Temperatur und Druck weiter zerlegt und zum Beispiel von Anteilen befreit, die man im Fahrzeugbenzin nicht haben möchte.

Nicht nur die Treibstoffe werden aus dem Öl extrahiert, es werden auch Grundstoffe für viele weitere petrochemische Verfahren gewonnen. Je nach Sorte machen die bekannten Treibstoffe etwa sechzig Prozent des Erdöls aus. Weitere zwanzig Prozent entfallen auf das sogenannte Naphtha. Das ist eine Fraktion aus relativ langkettigen Kohlenwasserstoffen, die der Grundstoff für weitere petrochemische Produktionsprozesse, insbesondere die Kunststoffherstellung ist. Der verbleibende Rest, etwa zehn bis zwanzig Prozent, die am Boden der Destillationsanlage verbleiben, enthalten noch langkettigere Moleküle, aber auch Reste der leichter flüchtigen Ölanteile.

In vielen Raffinerien wird dieser Rest nicht vor Ort weiter aufgeschlossen, sondern etwa als sogenannter Bunkertreibstoff für große Seeschiffe verkauft. Die bei der Verbrennung anfallende Ruß- und Schadstoffmenge ist enorm. Das ist leicht nachzuvollziehen, wenn man weiß, daß diese schwarze, klebrige Pampe auch als Asphalt im Straßenbau verwendet wird. Im Frachtschiff muß der Bunkertreibstoff vor der Abfahrt ebenfalls erst einmal aufgeheizt werden, damit die Masse überhaupt zum Motor gepumpt werden kann.

In einigen Raffinerien gibt es sogenannte Cracker, in denen die Raffineriereste noch weiter aufgespalten werden können. Der Begriff »Cracker« verweist auf das Zerlegen der Kohlenwasserstoffe, die bei Temperaturen von vier- bis fünfhundert Grad Celsius zu kleineren Molekülen werden. Es gibt verschiedene Verfahren dafür: mit heißem Dampf, mit speziellen Katalysatoren, unter Zugabe von Wasserstoff oder Kombinationen dieser Methoden. Ziel ist in jedem Fall, die langen Kohlenwasserstoffketten der Moleküle zu kürzeren Ketten aufzuspalten und so Stoffe mit anderen Eigenschaften zu erzeugen.

Die Bandbreite von Stoffen, die aus dem Erdöl destilliert oder gecrackt werden, ist enorm. Das feste Bitumen, auf dem Autos und Lkws über die Straßen rollen, wird genauso wie das wachsartige Paraffin und verschiedenste Schmierstoffe und -öle aus Erdöl erzeugt – wie leichtes und schweres Heizöl, Diesel, Benzin und Flugzeugtreibstoffe. Im besten Fall bleibt vom Rohöl, das in die Raffinerie fließt, nichts übrig. Sogar ehemalige Schadstoffe, wie etwa der Schwefel, der aus Umweltschutzgründen aus den späteren Treibstoffen extrahiert wird, kann aufbereitet, gereinigt und verkauft werden.

Die Menge des dabei anfallenden Schwefels ist durch die Verarbeitung von immer mehr schwefelhaltigem Öl so groß geworden, daß es sich praktisch nicht mehr lohnt, wie früher Schwefel durch Bergbau zu gewinnen. Da das gelbe Element ohnehin aus dem Öl entfernt werden und irgendwo verwendet oder endgelagert werden muß, können die Raffineriebetreiber praktisch jeden Preis unterbieten. Auch die Schwermetalle – aus den Erdölbestandteilen mit hohem Aufwand vor dem Verkauf entfernt – werden getrennt, gereinigt und an entsprechende Industrien verkauft. Dazu gehört etwa die Stahlindustrie, welche die im Erdöl häufig anfallenden Elemente Chrom und Vanadium gern zur Legierung hochwertiger Stähle einsetzt.

Seit kurzem wird sogar das in gigantischen Mengen bei der Erdölverarbeitung anfallende Kohlendioxid genutzt. Es wird gereinigt und einer der an die Raffinerie angedockten Firmen zur Verfügung gestellt. Sie leitet das klimaschädliche Gas per Pipeline zu umliegenden Gewächshäusern, in denen die Atmosphäre damit angereichert wird. Pflanzen und ihre Früchte – wie etwa Tomaten – wachsen schneller und größer, wenn sie mehr Kohlendioxid zur Verfügung haben.

Der Rest des Kohlendioxids landet derzeit noch ungenutzt als Abgas in der Luft, nachdem beispielsweise Projekte zur unterirdischen Langzeitspeicherung oft am Widerstand von Anwohnern gescheitert sind. Man sollte sich jedoch keinen Illusionen hingeben: Die Menge an Kohlendioxid, die in einer Raffinerie bei der Verarbeitung des Erdöls entsteht, ist trotz ihres schon erheblichen Volumens noch gering im Vergleich mit dem, was bei der Verbrennung der dort erzeugten Treibstoffe und Heizöle an Klimagasen frei wird, wenn sie verbraucht werden.

Die Prozesse von Destillation und Cracking selbst sind ungeheuer energieaufwendig. Die riesigen Mengen neu zufließenden Öls müssen möglichst rasch auf Temperatur gebracht und gehalten werden, auch die kleineren Destillationstürme müssen stetig geheizt werden. Dazu wird vor allem das bei der Destillation anfallende Gas aus dem Erdöl verwendet, aber auch andere Erdölbestandteile. Eine Raffinerie verbraucht daher einen Teil des angelieferten Erdöls selbst – bis zu einem Zehntel – für die Wärmeerzeugung in der Anlage.

Was verbrannt wird, kann nicht verkauft werden: Energie sparen bringt also bares Geld. Deshalb sind rings um die ohnehin schon umfangreichen Installationen der Destillationstürme und Cracker selbst noch große Flächen von Wärmetauschern belegt, die benutzt werden, um die Wärme aus bereits verarbeiteten

Flüssigkeiten und Gasen zu nutzen. Damit werden das zur jeweiligen Anlage hinfließende Rohöl beziehungsweise die verschiedenen Fraktionen auf dem Weg zu ihren Spezialdestillerien vorgeheizt.

Eine Reihe von Grundstoffen für die Chemieindustrie, aus denen später die meisten Plastiksorten, Pestizide und Herbizide, Lösungsmittel und Farben erzeugt werden, wird in der Raffinerie aus dem Erdöl extrahiert. Oft geschieht die Weiterverarbeitung dieser Grundstoffe noch direkt vor Ort in Anlagen, die über Abzweige des Rohrlabyrinths direkt an die Produktion gekoppelt sind.

Das typische Bild einer großen Raffinerie mit ihrem Rohrgewirr, das eine Vielzahl von Produktionsstätten verbindet, entsteht auch dadurch, daß spezialisierte Firmen, welche die Rohprodukte aus dem Erdöl weiterverarbeiten, sich bevorzugt direkt andocken, um Kosten zu sparen. Es ist viel billiger, etwa das Naphtha für die Plastikherstellung über die kurze Pipeline noch vorgewärmt direkt aus der Raffinerie zu beziehen und zudem noch von der direkten Verfügbarkeit von Dampf und billiger Heizenergie zu profitieren, als kostspielige Transporte per Lkw, Schiff oder Bahn in Kauf zu nehmen. An den Einfahrten zu Raffinerien finden sich daher oft Schilderbäume mit Hinweisen auf Dutzende große und kleine Firmen, die sich an das Raffinerie-Mutterschiff angedockt haben und über die Pipeline-Nabelschnur versorgt werden. Das dadurch entstehende Rohrgewirr erweckt den Eindruck, daß eigentlich niemand mehr einen vollständigen Durchblick haben kann.

Die Menschen, die das System durchschauen und kontrollieren, sitzen in einem bunkerartigen Leitstand in einer gewissen Entfernung von der eigentlichen Anlage. Diese Schaltwarten sind über das gesamte Gelände der Raffinerie verteilt und beherbergen die sogenannten Operators für eine Reihe von benachbarten

Anlagen. Sie sind meist voneinander abhängig, etwa die Haupt-destillerie und die Spezialdestillerien für die einzelnen Fraktionen.

Jeder Operator ist im Schnitt für zwei solcher Anlagen verantwortlich – die auch schon mal eine halbe Milliarde Euro teuer sein können. Das eigentliche Prozeßmanagement, also die Feinsteuerung der Pumpen, Heizbrenner, Wärmetauscher anhand von Druck, Temperatur, Durchflußmengen und vieler anderer Parameter, erledigen längst Computer. Der Operator ist primär dafür zuständig, sich anbahnende oder plötzlich auftretende abnorme Betriebszustände, die von der Software nicht vorhergesehen werden können, zu beobachten und im Zweifel einzuschreiten. Er ändert zudem die Anlagenkonfiguration, wenn andere Produktvarianten hergestellt oder andere Erdölqualitäten in die Anlage gepumpt werden sollen.

Fehler der Software oder der Operators können dabei enorm kostspielig sein: Einmal das falsche Ventil zur falschen Zeit geöffnet oder einen Prozeßparameter falsch eingestellt, erwachsen daraus leicht einige hunderttausend Euro Schaden. Und das auch nur, wenn lediglich das entstehende unerwünschte Reaktionsprodukt abgepumpt und der Prozeß neu gestartet werden muß. Wenn aber zum Beispiel die Paraffinproduktion ihre Wärmezufuhr verliert und das Wachs in den Leitungen erstarrt und dann aufwendig entfernt werden muß oder gar ein Teil der Anlage Schaden nimmt, können scheinbar kleine Fehler rasch viele Millionen Euro kosten. Entsprechend sorgfältig ist die Ausbildung der Anlagenfahrer.

Mindestens hundertzwanzig Operators müssen zu jedem Zeitpunkt auf dem unüberschaubaren Gelände der Anlage sein, damit die Produktion in sicheren Bahnen läuft. Sie arbeiten in einem System aus fünf überlappenden Schichten, meist um die zweihundert der Operators je Schicht. Da die menschliche Konzentrationsfähigkeit nach einigen Stunden stark nachläßt und dementsprechend die Fehlerhäufigkeit steigt, beobachten die Operators nur in einem Teil ihrer Schicht die Anzeige auf den Bildschirmen der Steuercomputer im Leitstandbunker. Andere Aufgaben wie das Konzipieren neuer Produktionsprozesse und die Planung und Planprüfung von Umbauten, Reparaturen und Erweiterungen müssen auch erledigt werden und gehören ebenfalls zur Schichtzeit.

Einen weiteren Teil der Arbeitszeit füllen Kontrollgänge durch die Anlage aus, um Probleme, die noch nicht von den Sensoren erfaßt werden können, zu erkennen oder kleinere Routinewartungsarbeiten vorzunehmen. Häufig kündigen sich größere Unfälle durch kleinere Leckagen an, die aber noch keinen signifikanten Druckabfall erzeugen, oder durch verdächtige Geräusche, die nur vor Ort, inmitten des Rohrlabyrinths, wahrzunehmen und damit zu verhindern sind.

Manchmal gibt es aber vorab keinerlei Anzeichen für eine platzende Leitung oder ein berstendes Ventil, bevor es zu spät ist. Alle Anlagen der Raffinerie sind daher so konstruiert, daß in möglichst allen denkbaren Fehlerfällen das Unglück einen vorgeplanten Verlauf nehmen kann. Platzt zum Beispiel eine Leitung, in der eine hochbrennbare Ölfraktion unter Druck zu einem Destillationsturm transportiert wird, erkennen Sensoren den Druckabfall und riegeln computergesteuert die Leitung beidseitig der Bruchstelle ab.

In allen Störfällen werden die in den betroffenen Anlagenteilen verbleibenden Mengen an brennbaren Stoffen durch ein separates, gelb gestrichenes Leitungssystem zu einem Abfackelturm geleitet – dem sogenannten Flare-Tower – und dort in einer Höhe von über einhundert Metern verbrannt. Früher wurde hier regelmäßig das Raffineriegas verbrannt, also unerwünschte Gasprodukte, die beim Destillieren und Cracken entstehen. Heute dienen sie jedoch zum Beheizen der Raffinerieanlagen.

Wer sich schon immer fragte, warum bei modernen Raffinerien auch heute noch an wenigstens einem Abfackelturm zu jeder Tages- und Nachtzeit eine kleine Flamme lodert: Diese dient mittlerweile für den Ernstfall einer Havarie dazu, das schwer vorhersagbare Gemisch aus Erdölprodukten, das aus dem vom Unfall betroffenen Anlagenteil in den Turm geleitet wird, auch zuverlässig und sofort zu entzünden. Normalerweise wird zusätzlich noch Wasserdampf in den Abfackelturm injiziert, um die Rußbildung zu vermindern.

Das Abfackeln großer Mengen Gas führt zu einem lauten, dröhnenden und zischenden Geräusch. Wann immer man also an einer Raffinerie eine laut dröhnende und weithin sichtbare Flamme auf dem Abfackelturm sieht, kann man folgern, daß irgendetwas schiefgegangen ist. Das muß nicht zwingend eine geplatzte Rohrleitung, ein Brand oder eine schwere Havarie sein. Die automatische Abfackelung wird auch dann eingeleitet, wenn in einer Anlage der zulässige Betriebsdruck überschritten wird oder andere Prozeßparameter unkontrollierbar werden.

Typischerweise muß danach die betroffene Anlage untersucht, repariert und langsam wieder angefahren werden. Das bleibt jedoch nicht ohne Folgen für andere Teile der Raffinerie. Alle Prozesse und Anlagen sind von mehreren anderen Bereichen abhängig. Der Grund für das enorme Rohrgewirr ist ja, daß praktisch jedes Haupt-, Neben- und Seitenprodukt zu einem Teil des Gesamtkomplexes gepumpt und dort weiterverarbeitet wird – und sei es nur entstehende Wärme, die in Dampfrohren von Verarbeitungsprozessen, die Wärme produzieren und gekühlt werden müssen, zu solchen geleitet wird, die Wärmezufuhr brauchen. Zum optischen Wirrwarr trägt zusätzlich bei, daß viele der Rohre nicht gerade verlaufen, sondern alle paar Meter Dehnungsausgleicher in typischer U-Form haben, da sich die Rohre sonst bei Erwärmung zu stark ausdehnten und bei Abkühlung wieder zusammenzögen.

Unfällen und Verschleiß rechtzeitig vorzubeugen ist die Aufgabe von Reparaturtrupps, die in ihren blauen Overalls tagsüber – in dringenden Fällen auch nachts im Schein der Flutlichter – permanent irgendwo in der Anlage bei der Arbeit sind. Im Gegensatz zu den Operators in ihren roten Overalls sind diese Mechaniker und Installateure keine Angestellten des Konzerns, der die Raffinerie betreibt. Sie gehören zu Vertragsunternehmen, die für die Errichtung und Wartung aller Anlagen der Raffinerie und ihrer Nebenwerke zuständig sind.

Diese Unternehmen sind meist hochspezialisierte Dienstleister, eine Arbeitsteilung, wie sie in der Ölindustrie sehr oft anzutreffen ist. Praktisch alle Anlagen und Maschinen werden nicht vom Ölkonzern selbst hergestellt und gewartet, sondern von Spezialunternehmen, mit denen man sehr eng zusammenarbeitet – vom Bohrkopf auf der Ölbohrinsel bis zum Hydrocracker in der Raffinerie. Einer der Gründe dafür – neben den offensichtlichen Vorteilen der Konzentration auf eine Spezialisierungsrichtung – ist, daß es zwar einen relativ gleichbleibenden Anfall an Reparaturaufträgen für die Routinewartung während des Betriebs der Anlage gibt. Doch bei den turnusmäßigen Generalwartungen, die alle fünf bis sieben Jahre durchgeführt werden müssen, um die Sicherheitszulassung zu behalten, werden plötzlich statt der üblichen im Schnitt etwa zweitausend Monteure und Wartungstechniker über siebentausend Menschen benötigt.

Da es ja nicht nur einen Ölkonzern mit wenigen Raffinerien in Europa gibt, zieht dieses kleine Heer von Spezialisten typischerweise von Anlage zu Anlage, je nachdem, wo gerade aufwendige Arbeiten durchgeführt werden müssen. Die Ölkonzerne koordinieren informell ihre Wartungs- und Bauzyklen, schon um zu vermeiden, daß sie zur gleichen Zeit händeringend auf der Suche nach den nötigen Experten sind und Mondpreise für sie zahlen müßten, weil diese gerade in großer Zahl bei der Konkurrenz eine Generalwartung durchführen oder eine neue Anlage errichten.

Der Konkurrenzkampf im Ölgewerbe ist dennoch hart, es herrscht ein ungewöhnliches Nebeneinander von erstaunlich alten Anlagen mit sehr langen Betriebszeiten. So kann ein Primärdestillationssystem einer Raffinerie bereits seit der Nachkriegszeit betrieben und immer wieder erweitert und modernisiert werden, umgeben von hochmodernen Neuanlagen, die durch ihren Technologievorsprung Konkurrenzvorteile ermöglichen. Meist geht es um höhere Energieeffizienz, bessere Ausnutzung des Rohöls, möglichst saubere Endprodukte oder die Erzeugung von völlig neuen Produkten, um neue Absatzmärkte zu eröffnen.

Die neuen Anlagen werden ausschließlich von spezialisierten Firmen errichtet, die diese dann mit Hilfe der Operators und Anlagenplaner des Raffinerieunternehmens in das Gesamtsystem der bestehenden Raffinerie einschleifen. Wenn alles reibungslos läuft – die Inbetriebnahme und Feineinstellung kann mehrere Monate dauern –, wird der Betrieb dann von den Operators übernommen. Wartung und Reparatur der Anlage bleiben aber auch danach Aufgabe der Mitarbeiter der Errichterfirma oder spezialisierter Wartungsdienstleister.

Das Gesamtkonstrukt Raffinerie wirkt trotz oder gerade wegen seiner extremen Verflochtenheit und Komplexität fragil, anfällig und verletzlich. Daß es überhaupt möglich ist, ein derart großes System aus Prozessen und Anlagen, die völlig voneinander abhängig sind, sicher zu betreiben, grenzt für den Betrachter an ein Wunder. Nur dank ausgefeilter Software und computerisierter Steuersysteme bleibt das Gesamtsystem stabil.

Wie dramatisch sich selbst kleine Fehler auswirken können, zeigte sich vor einigen Jahren in den Niederlanden. Die großen Raffinerien, die vom Rotterdamer Hafen versorgt werden, verfügen zwar über eigene Kraftwerke, um für den Eigenbedarf zu produzieren und normalerweise auch noch Strom ins öffentliche Netz abzugeben. Am 14. Juli 2005 kam es jedoch dort zu einem fatalen Problem, höchstwahrscheinlich durch einen Fehler im Umspannwerk, das die umliegenden Raffinerien der verschiedenen Konzerne mit dem öffentlichen Netz verbindet. Das Ergebnis war, daß nicht nur das öffentliche Stromnetz in der ganzen Region ausfiel, sondern auch die eigenen Kraftwerke der Ölunternehmen stromlos wurden und abschalteten. Gleich mehrere der größten Raffinerien Europas waren plötzlich ohne Strom.

Pufferbatterien konnten noch die Kontrollräume und die allerwichtigsten Ventile, Pumpen und Sensoren mit Strom versorgen. Doch alle Destillationstürme, Cracker und sonstigen Anlagen standen still. Es gab keine Dampfproduktion mehr, die Heizbrenner schalteten ab, es floß kein frisches Öl mehr in die Anlage. Der Druck aus allen Anlagen wurde über das Flare-System zu den Abfackeltürmen geleitet, über denen fast hundert Meter hohe, stark rußende Flammen loderten. Es muß ausgesehen haben wie die Apokalypse des Ölzeitalters – praktisch in Sicht- und Hörweite der Metropole Rotterdam. Die Apokalypse oder auch nur Explosionen und größere Leckagen blieben jedoch aus. Die wesentlichen Prozesse in der Anlage wieder anzufahren dauerte allerdings mehrere Tage, einige Seitenstränge der Produktion wieder in Betrieb zu nehmen dauerte sogar noch wesentlich länger, etwa weil beim Erkalten feste Erdölprodukte wie Paraffin mühsam aus den Rohren entfernt werden mußten.

Das Bild der Arbeit in der Raffinerie hat sich seit dem Ende des Zweiten Weltkriegs grundlegend geändert. Auf dem Höhepunkt der Beschäftigtenzahlen waren über siebentausend Arbeiter in einer großen Raffinerieanlage tätig. Die Automatisierung hat die für den Betrieb der Produktion nötigen Menschen drastisch reduziert: Waren früher acht bis zehn Operators erforderlich, um die Ventile an einer Destillation zu bedienen, überwacht heute ein einziger zwei dieser Anlagen gleichzeitig.

Die Ventile und Pumpen werden vom Computer gesteuert, die Manometer für Füllstände, Drücke, Durchflußmengen und Temperaturen müssen nicht mehr wie früher draußen im zugigen Rohrgewirr abgelesen und interpretiert werden, sondern sind jederzeit elektronisch in den Leitstandbunkern verfügbar. Interessant ist, daß die Veränderungen auch hier in mehreren Schritten geschahen. Zuerst wurden Methoden ersonnen, um die Meßinstrumente und die Bedienung der Ventile und Pumpen in einem Raum zusammenführen zu können. Das war, lange bevor Industriecomputer als ubiquitäres Steuerelement verfügbar wurden. Gesteuert wurde durch Öffnen und Schließen von Druckluftventilen in der Steuerzentrale. Mit der Druckluft wurden dann Ventile und Pumpensteuerungen bewegt.

Die Ölleute sprechen von »pneumatischen Signalen«, wenn sie die gezielte Druckänderung in solchen Steuerleitungen meinen. Die Steuerzentralen damals sahen so aus, wie man es noch aus heroischen Fabrikfilmen aus den fünfziger und sechziger Jahren kennt: lange Reihen von Schalttafeln mit Zeigerinstrumenten, Papiermeßwertschreibern sowie Drehrädern und Hebeln für die Druckluftventile. Gesteuert wurde auf Zuruf. Wenn etwa der Druck in einem Kessel einen bestimmten Wert überschritt, rief ein Operator dem anderen zu, welches Ventil er schließen oder öffnen sollte.

In vielen Teilen der Raffinerie werden immer noch diese Druckluftsteuerungen verwendet, nur daß heute die elektronischen Steuerimpulse aus den Computern kleine Magnetventile an den Druckluftleitungen ansteuern, deren Druckluft dann wiederum das eigentliche große Ventil oder die Pumpe an der Raffinerieanlage betätigt. Der Grund dafür ist, daß es teuer und aufwendig ist, direkt elektrisch betriebene Ventile und Pumpensteuerungen in die existierenden komplexen Anlagen einzubauen, nicht zuletzt, weil jedes Bauteil in einer Raffinerie speziellen Normen aufgrund des Explosionsschutzes oder der Funkenfreiheit genügen muß.

Einfach computergesteuerte Druckluftventile in die bereits

vorhandenen Steuerrohre im Keller der Kontrollbunker einzubauen war sicherer, preiswerter und bot die insbesondere in der
Anfangszeit der Steuercomputer noch häufiger notwendige Option, bei einem Ausfall des Systems wesentliche Steuerungen nach
einem beherzten Sprint in den Keller und mit dem Griff an das
Handrad der Druckluftleitung manuell betätigen zu können.
Heutzutage sind dies nur noch für den äußersten Notfall vorgesehene Optionen für das Herunterfahren der Anlage, wenn alle
mehrstufigen Automatiken versagt haben sollten.

Die computerisierten Steuersysteme der Raffinerieteile sind
sehr ähnlich denen, wie wir sie in der Getreidemühle bereits gesehen haben. Auf großen Bildschirmen werden Füllstände, Temperatur, Druck, Ventilstände, Pumpenleistungen, Durchflußmengen und alle sonstigen relevanten Parameter für den jeweiligen
Verarbeitungsschritt visualisiert. Automatische Regelprogramme
halten diese Prozeßparameter im Rahmen der vorgesehenen
Werte und schlagen Alarm, sobald Abweichungen auftreten. Die
Einstellungen für den jeweiligen chemischen Prozeß mit allen
Parametern werden zumeist aus vorbereiteten Programmen ab-
gerufen und gegebenenfalls angepaßt.

Dazu gehört auch die korrekte Verschaltung des Rohrsystems,
so daß Eingangs- und Ausgangsprodukte den richtigen Weg nehmen und die notwendigen Mengen auch an Strom, Dampf und
Wärme immer zur Verfügung stehen. Diese Konfigurationen der
Anlage kann man sich so vorstellen wie ein Set von Weichenstel-
lungen auf einer Modelleisenbahnanlage. Erst wenn alle Weichen und Signale korrekt stehen, kann der Zug richtig fahren.
Genauso nehmen das Öl und seine Abkömmlinge den Weg durch
die verschiedenen Teile der Raffinerie. Die Aufgabe der Operators
ist es primär, die richtigen Konfigurationen auszuwählen und zu
modifizieren und auf Unvorhersehbares zu reagieren, etwa wenn
ein chemischer Prozeß durch eine unerwartet andere Zusammensetzung der Ausgangsstoffe oder einen Anlagenfehler nicht

wie gewünscht funktioniert, ein Rohr platzt, eine Pumpe gestört ist, ein Ventil klemmt oder ein Sensor fehlerhafte Werte liefert oder ausfällt.

Daß nicht noch weiter automatisiert wird, was technisch ohne weiteres ginge, ist also in erster Linie der Sicherheit geschuldet. Jede Anlage soll weiterhin einem Menschen zugeordnet sein, der im Zweifel eingreifen kann. Etliche Vorgänge, wie etwa das Entladen des Rohöls aus einem Tankschiff oder das Beladen von Tank-Lkws und -güterwagen, folgen komplexen mehrstufigen Sicherheitsprozeduren, bei denen Arbeiter mit entsprechender Ausbildung eine Vielzahl von individuellen Faktoren beachten müssen, damit es nicht zu einem Unfall kommt.

Diese sind nicht ohne weiteres zu ersetzen, solange es nicht Robotersysteme mit einem die heute möglichen Komplexitätsgrade weit übersteigenden Niveau gibt. Es geht dabei insbesondere um Prozeduren, wie die Funkenbildung zu vermeiden, die Gasreste aus den Tanks sauber abzupumpen, Leckagen oder schlecht zusammengesetzte Kopplungen an den Rohren zu erkennen – bis bin zur sensiblen Steuerung der Pumpen. Anfangs soll nur wenig Öl fließen, damit im Fehlerfall der Schaden nicht zu groß ist. Wenn alles läuft, muß der Druck möglichst konstant gehalten und gleichzeitig dafür gesorgt werden, daß die riesigen Tankschiffe jeweils gleichmäßig entladen werden, damit sie keine Schieflage bekommen. Außerdem muß das Öl in die dafür vorgesehenen richtigen Tanklager gepumpt werden, da ein Fehler bei der Mischung von Ölsorten schnell zu einem Millionenverlust führen kann.

Die Menschen, die mit Öl arbeiten, unterscheiden sich auf subtile Art von den meisten anderen, die wir auf unserer Reise durch die Maschinenwelt getroffen haben. Zu wissen, daß in Steinwurfweite ihres Arbeitsplatzes Millionen Liter hochentflammbarer Flüssigkeiten und Gase schwappen, daß jeder Fehler, jede Unaufmerksamkeit zu einer erheblichen Katastrophe führen kann, verändert das Denken und Handeln. Ein anderer Aspekt ist das Wissen und auch der Stolz, daß an ihrer Arbeit quasi die gesamte moderne Welt hängt.

Ohne die Produkte aus Erdöl und Erdgas wäre praktisch nichts denkbar von dem, was wir in diesem Buch beschreiben. Kein Mineraldünger für den Acker, kein Treibstoff für Traktoren, Mähdrescher, Lkws und Schiffe, kein Schmierfett und kein Plastik für die Motoren, Maschinen und Roboter, kein Paraffin und keine Folien für Lebensmittelverpackungen – unsere Abhängigkeit vom Öl ist derzeit faktisch total. Die Jobs in der Ölindustrie sind dementsprechend gut bezahlt und vergleichsweise attraktiv. Niemand, mit dem wir hier sprachen, konnte sich auch nur vorstellen, woanders zu arbeiten.

Die großen Konzerne bieten neben permanenter Aus- und Weiterbildung auf Wunsch oft auch an, ein paar Jahre im Ausland zu arbeiten oder auf einen anderen Beruf innerhalb der Branche umzuschulen – keine Selbstverständlichkeit im heutigen Arbeitsleben. Die schieren Geldmengen, die durch die Ströme des flüssigen Goldes bewegt werden, machen vieles möglich. Selbst die zweite Reihe der Ölindustrie, die spezialisierten Vertragsunternehmen, bieten attraktive Arbeitsbedingungen, wenn auch oft für eher anstrengende und kraftraubende Aufgaben in der Reparatur und Montage. Die bestbezahlten, aber auch härtesten Arbeitsplätze in der Industrie sind auf den Ölbohrinseln, wo oft am Rande des heute technisch Machbaren unter drastischen Umweltbedingungen geschuftet wird.

Die Rohre in der Raffinerie würden aneinandergelegt mehrere Male um den Planeten reichen – 160 000 Kilometer ist die Gesamtlänge. Dieses unüberschaubare Gewirr in Funktion zu halten ist die Aufgabe von zwei verschiedenen Gruppen: Planer und Wartungstechniker. Die Planer versuchen – zunehmend mit Unterstützung von intelligenter Software –, anhand großer Daten-

banken der Anlagenteile, ihres Alters und der letzten Wartungs-
maßnahmen abzuschätzen, wann eine bestimmte Anlage, wann
welches Rohrsegment geprüft und gegebenenfalls ausgetauscht
werden muß.

Die Aufgabe ist hochkomplex: Wird die Wartung zu früh angesetzt, ist häufig noch nicht viel zu reparieren, und die entsprechende Teilanlage wurde unnötigerweise für die Prüf- und Repa-
raturzeit außer Betrieb genommen. Da alle Teile der Raffinerie
mit anderen Teilen zusammenhängen, können Kosten dafür in
die Millionen gehen. Setzt man die Prüfung und Wartung hingegen zu spät an, können leicht Schäden und daraus resultierende
Folgeschäden entstehen, die gegebenenfalls noch teurer sind und
vor allem zu einem unvorhersagbaren Zeitpunkt entstehen. Die
Planer sind in der Regel erfahrene Operators, die schon viele Jahre in Raffinerien gearbeitet haben und die Anlagen sehr gut kennen. Oft entscheidet man sich dafür, die Inspektionsdichte im
laufenden Betrieb bei alten Rohren und Anlagen zu erhöhen. Es
geht einfach öfter jemand vorbei als sonst üblich und schaut, ob
es Anzeichen von Korrosion, Lecks oder maroden Schweißnäh-
ten gibt und ob sich Ventile und Pumpen normal verhalten.

Die Wartungen und Reparaturen werden, wie schon erwähnt,
zumeist von spezialisierten Vertragsunternehmen ausgeführt.
Die Arbeit ist komplex, teilweise gefährlich und anstrengend. Oft
müssen Rohrleitungen ausgetauscht oder gereinigt werden, die
direkt neben anderen Rohren liegen, die mit heißen, brennbaren
Flüssigkeiten und Gasen gefüllt sind. Fehler beim Schweißen
oder Trennschneiden können in Sekundenbruchteilen zu Explosionen und Bränden führen. Es gibt zwar eine zunehmende
Zahl von immer besseren Diagnosesystemen für Schweißnähte
und Materialermüdungen, Roboter zum Leitungsreinigen und
Schweißroboter, die selbsttätig perfekte Schweißnähte an Rohren
ausführen. Der Hauptteil der Arbeit ist jedoch immer noch, bei
Wind und Wetter in Gerüsten voller Rohrbündel herumzuklet-

tern, sich in dem komplexen Gewirr zurechtzufinden und mit äußerster Sorgfalt tonnenschwere Stahlkonstrukte zu handhaben.

Bei den großen Wartungen für die Sicherheitsüberprüfungen müssen einige der Reaktionsgefäße in den Destillerien und Crakkern auch per Hand von innen gereinigt werden. Dazu muß man im Schutzanzug mit Sauerstoffversorgung in das Innere der Stahltürme klettern und mit einem Gemisch von Dampf und Lösungsmitteln den über Jahre angesammelten Gunk von den Wänden und Kondensatablagen kärchern – kein Job für zartbesaitete Gemüter. Einige dieser Arbeiten werden in absehbarer Zeit automatisierbar, etwa die Innenreinigung von Behältern und Reaktoren oder die Inspektion von Über-Land-Pipelines. Für den größten Teil der Arbeit der etwa zweitausend Wartungstechnikerjobs in einer großen Raffinerie ist das jedoch schwer vorstellbar.

Ähnlich wie schon an anderen Orten unserer Reise ist auch in der Raffinerie eine nicht unerhebliche Zahl Mitarbeiter im Labor tätig. Die Öllaboranten untersuchen permanent die Qualität und Eigenschaften des hereinkommenden Öls und der daraus hergestellten Produkte. Für verschiedene Lösungsmittel und Treibstoffe ist es sogar üblich, daß für den jeweiligen Batch ein Laborprotokoll an den Käufer geschickt wird, damit dieser sich auf die Reinheit und Zusammensetzung wirklich verlassen kann.

Wie schon in der Mühle beobachtet, ist auch hier in den nächsten Jahren nochmals ein Automatisierungsschub zu erwarten. Automatische Sensoren für komplexe Untersuchungen werden gerade preiswerter, so daß in absehbarer Zeit damit zu rechnen ist, daß man an allen Stellen der Anlage, wo es sinnvoll erscheint, die chemischen Analysen, die bisher weitgehend im Labor geschehen, direkt in den Rohren durchführen und in die Steuercomputer einspeisen kann. So sind es ironischerweise auch hier eher qualifizierte Arbeitsplätze im Labor, die noch wegautomatisiert werden könnten, als die harte und gefährliche Arbeit der Wartungstechniker.

9. Transport-logistiker und automatische Lageristen

Bevor das Brot zum Kunden kommt und das Getreide zum Bäcker, das Saatgut und die Pestizide zum Bauern und die Ersatzteile zum Mähdrescherfahrer, durchlaufen sie eine Reihe von Transportschritten und gliedern sich in Transport- und Lagerlogistiken ein.

Früher machten das Lager und die darin beschäftigten Lagerarbeiter einen signifikanten Anteil der Kosten und des Platzbedarfs einer Fabrik aus. Die Lager- und Transportarbeiter waren zumeist wenig oder gar nicht qualifizierte Menschen, die nicht mehr können mußten, als mit der Handkarre oder dem Gabelstapler die auf einem Lagerzettel aufgeschriebenen Produkte zu finden und zum richtigen Empfänger zu befördern beziehungsweise im richtigen Regalfach einzulagern.

Heutzutage sind Lager oft hochautomatisierte, durchtechnisierte Einrichtungen, in denen Software, Computer und Roboter in ihrem Zusammenspiel eine viel größere Rolle spielen als Menschen. Die logistische Herausforderung, die Lager für eine Supermarktkette einer Großstadt zu betreiben, ist jedoch gewaltig. Denn das Zusammenspiel will erst mal beherrscht sein.

Lager erfüllen heute verschiedene miteinander verwobene Aufgaben. In einer Fabrik dient das Lager einerseits der Aufnahme von Fertigwaren, bevor sie abgeholt und transportiert werden, und andererseits der Bevorratung von Rohmaterial und Vorprodukten für die Produktion ebendieser Waren. Zunehmend wird versucht, beide Lagerbereiche klein zu halten und insbesondere auf der Rohmaterialseite die Bestände zu minimieren.

Das Konzept heißt »just in time« und bedeutet, daß Materialien und Teile möglichst genau zu dem Zeitpunkt angeliefert werden sollen, zu dem sie benötigt werden. In der Praxis bedeutet dies meist, daß es Sache des Vorproduktherstellers oder Warenlieferanten ist, für hinreichende Lagerbestände bei sich oder in einem spezialisierten Logistiklager zu sorgen, um jederzeit den Materialabruf seines Kunden – zum Beispiel eines Autoherstellers, der Reifen ordert – bedienen zu können. Manche bewerten das Just-in-time-Konzept allerdings so, daß es in Wahrheit »out of stock« genannt werden müßte – denn tatsächlich sind die Teile und Materialien eben nicht am Lager, sondern müssen erst angeliefert werden.

Die Prozesse in den verschiedenen an einem fertigen Produkt beteiligten Unternehmen sind oft so stark verflochten, daß direkt, wenn beim Autohersteller das Logistiksystem einen Bedarf von beispielsweise Lenkrädern in einer Woche prognostiziert, beim Lenkradhersteller der entsprechende Auftrag in die Fertigungsstraße geht. Weil es immer wieder zu Problemen und Schwierigkeiten in den miteinander verbundenen Fertigungsschritten in den verschiedenen beteiligten Betrieben – also in der sogenannten Lieferkette – kommt, sind die meisten Branchen wieder davon abgerückt, gar keine Lagerbestände mehr vorzuhalten. Trotzdem befindet sich nach wie vor ein Großteil des Lagers der Industrie an einem ungewöhnlichen Ort: auf der Straße, in den Lkws, die Teile und Material durch halb Europa karren.

Wenn ein Produkt – zum Beispiel eine Dose Dauerbrot – einmal fertig ist, landet es in der Regel zuerst im Auslieferungslager der Backfabrik auf einer Europalette, zusammen mit einigen hundert oder tausend weiteren Dosen gleichen Inhalts. Die Basiseinheit der Massengüterabfertigung ist ebenjene Europalette. Denn die Paletten sind streng genormt – exakt 1200 mal 800 mal 144 Millimeter groß – und können daher relativ problemlos gegen andere Paletten getauscht werden.

Für den Export außerhalb der EU gibt es noch andere Palettenformate, da die Europalette bizarrerweise nicht zu den gängigen Übersee-Schiffscontainern paßt, wenn man den Stauraum im Container optimal ausnutzen will. Das Containerformat ist unter starkem US-amerikanischen Einfluß zum internationalen Standard geworden, während die Europalette primär an den Standardmaßen der europäischen Lkws und Eisenbahnen orientiert ist. Natürlich gibt es auch Container, die auf die Europalettenma-ße optimiert sind, diese werden jedoch primär im EU-Binnen-handel eingesetzt.

Eine der Aufgaben eines Logistiklagers ist es daher auch, Güter zwischen verschiedenen Palettenformaten umzupacken. Beim Im- und Export, also an der Schnittstelle zwischen den verschiede-nen Transportsystemstandards, müssen auch Zollabfertigungen vorgenommen und gegebenenfalls Qualitäts- und Schadstoffkon-trollen bei den verschickten Gütern vorgenommen werden. Auch das gehört zu den typischen Aufgaben in der Transportlogistik.

Die Einführung der standardisierten Paletten für den Trans-port von Gütern, die steigenden Preise für Grund und Boden und die Anforderung, eine Vielzahl von Produkten zur schnellen Aus-lieferung bereitzuhalten, führten zu einer Entwicklung, die viele Gabelstaplerfahrer überflüssig machte. Anfangs wurden immer höhere Regale gebaut, um die Paletten mittels ebenso immer hö-her reichender Gabelstapler einzulagern.

Heute baut man große Lager meist direkt als automatisierte Hochregallager, gut erkennbar als fensterlose Klötze neben den Fabrik- und Fertigungshallen vieler Unternehmen. Ein solches La-ger besteht im wesentlichen aus langen Reihen bis zu vierzig Me-ter hoher massiver Stahlgerüstregale, zwischen denen sich Gänge befinden, die nur etwas breiter als eine Palette sind. In diesen Gän-gen fahren sogenannte Regalbediengeräte hin und her: auf Schie-nen am Boden und unter der Decke als eine dicke, hohle Alumini-umschiene, die so hoch ist wie das Lager in diesen Gängen.

Das etwas altertümlich anmutende Wort »Regalbediengerät« sollte nicht darüber hinwegtäuschen, daß moderne Technik zum Einsatz kommt. Denn auf den Schienen befinden sich automati-sche Minigabelstapler, die nach links oder rechts in die Regalrei-hen direkt neben dem Gang hineinlangen können, um Paletten ins Regal zu stellen oder sie herauszuholen. Zumeist in jeder zweiten Regalreihe befindet sich ein Gang, so daß jedes dieser

Regalbediengeräte auf der vollen Länge und Höhe des Lagerklotzes jeweils links und rechts Paletten abstellen kann.

Die Dimensionen dieser Lager sind atemberaubend. Einige tausend Paletten Fassungsvermögen sind normal, zehn- oder zwanzigtausend Paletten aber auch problemlos machbar. Man stelle sich ein Fußballfeld vor, das vierzig Meter hoch mit Regalen bebaut ist – das sind die Ausmaße eines durchaus üblichen großen Hochregallagers. Kleinere Lager dieser Art finden sich überall bei größeren Fabriken, aber auch bei Logistikzentren, die auf Paletten verpackbare Waren aller Art handhaben.

Bevor eine Palette in das automatische Lager wandert, wird sie in sogenannte Shrinkwrap-Folie eingewickelt, damit nicht durch ein etwas zu flottes Anfahren des Regalbediengerätes der Inhalt einer Palette in dreißig Meter Höhe umkippt und sich in der Anlage verkeilt oder herabstürzt. Gleichzeitig werden in diesem Schritt im Wareneingang Barcode-Aufkleber an der Folie aufgebracht, die jede Palette präzise identifizieren.

Die Geschwindigkeit, mit der der Wagen mit einer Palette losheizt, um sie irgendwo weit hinten ganz oben zu verstauen, ist ungemütlich flott. Nicht umsonst sind die automatischen Lagerbereiche mit Zäunen vor dem Betreten durch Menschen gesichert – es wäre viel zu gefährlich. Gesteuert wird die Ein- und Auslagerung ausschließlich durch Software, das Lagermanagementsystem, das aufgrund programmierter Kriterien entscheidet, wo welche Palette eingelagert wird.

Im einfachsten Fall wird schlicht der nächste freie Platz genommen. Kompliziertere Strategien ziehen noch die Häufigkeit in Betracht, mit der die auf der Palette liegenden Güter wieder ausgelagert werden müssen, und verteilen häufig benötigte Waren näher am Rand, so daß die Fahrwege im Schnitt sinken. Auch die Gewichtsverteilung kann eine Rolle spielen, gerade bei schweren Gütern wie beispielsweise Mehl will man nicht riskieren, daß zu viel Masse an einem Punkt oder zu weit oben konzentriert wird. Die

Lager sind oft freitragend gebaut, die Außenwände werden einfach an die zuerst errichtete Gitterstruktur der Regale angeschraubt.

Den Überblick, welche Waren wo liegen, erlaubt die Lagerdatenbank. Ohne das Computersystem steht das Lager entsprechend still, weswegen die Wartung möglichst in minimaler Zeit vollzogen wird. Es gibt meist noch Notfallsysteme, mit denen man einzelne Paletten auch ohne Computerhilfe per Handsteuerung aus dem Lager holen kann, jedoch ist das ein zeitraubendes und umständliches Verfahren, das nicht mit dem Takt der Produktion mithalten kann.

Jede Palette hat einen aufgeklebten Barcode bekommen, anhand dessen sich ihr Inhalt und ihre Position in den Hochregalen in der Lagerdatenbank wiederfinden läßt. Bei jedem Schritt des gesamten Lagervorgangs wird der Code immer wieder gescannt, so daß jederzeit klar ist, wo sich eine Palette befindet. Die physische Einheit Palette hat immer ihr digitales Äquivalent in der Lagerdatenbank. Eine Inventur läßt sich jederzeit auf Knopfdruck generieren, die Lagersoftware kann präzise Auskunft über Warenbestand, Verfallsdatum der Ware, Lieferanten und Kunden, Zeitpunkt der Einlagerung und den Durchsatz jedes Artikels in der Vergangenheit geben.

Kleinteilelager für Produkte, die nicht in solchen Mengen bewegt werden, daß eine ganze Palette voll davon im Lagerbestand sein muß, funktionieren nach dem gleichen Prinzip. Statt Paletten werden hier kleinere Plastikkisten verwendet, Regale, Gänge und Regalbediengeräte sind dementsprechend kleiner. Wenn ein Teil aus einer Kiste benötigt wird, wird die ganze Box zum Kommissionierarbeitsplatz gefahren, das gewünschte Teil entnommen und die Kiste wieder ins Lager zurückbewegt.

Lagerarbeiter sind in solchen Lagern nur noch an den Ein- und Ausgabepunkten tätig. Für sie funktioniert das vollautomatische Lager wie eine undurchsichtige Black Box, das selbsttätig dafür sorgt, daß die richtige Palette oder Kiste auf dem Förderband erscheint, wenn sie gebraucht wird.

Die Technologierevolution, die in den industriellen Hochregallagern längst stattgefunden hat, rollt in den Versandlagern gerade erst an. Bisher wird gerade für kleinere und aus sehr vielen verschiedenen Waren bestehende Lagerbestände noch ein System verwendet, bei dem sehr viel manuelle Arbeit vonnöten ist. Die Waren werden in lange Regalreihen einsortiert, zwischen denen sich die Kommissionierungsarbeiter meist zu Fuß bewegen. Je nach Organisation des Lagers schieben sie dabei einen Wagen mit den Paketen vor sich her, in die sie bei ihrem Weg durch die Regalreihen entsprechend der computergenerierten Packlisten die Waren einsortieren. Andere Arbeiter fahren mit Paletten oder Wagen voller neu eingetroffener Produkte durch die gleichen Regalreihen und sortieren diese in die entsprechenden Regalfächer.

Eine andere Variante des Prinzips ist, daß die sogenannten Pickworker im Laufschritt durch die Regalreihen eilen, zwei oder drei Produkte greifen, die zum jeweils aktuellen Paket gehören, danach zu ihrem Packtisch zurücklaufen, um das Paket zu packen, und dann wieder loseilen, um die nächsten Waren einzusammeln. Diese Arbeitsstrukturen mit leicht abweichenden Formen der Arbeitsorganisation findet man noch vielerorts: bei Amazon und im sonstigen Onlinehandel, bei Ersatzteillieferanten und überall sonst, wo relativ leichte, kleinteilige Waren verschickt werden.

Die Technologieumwälzung, die viele dieser Arbeitsplätze überflüssig machen wird, geschieht gerade. Eine zentrale Rolle spielen dabei sogenannte Automated Guided Vehicles, kurz AGV. Diese Roboter kommen in den verschiedensten Größen und Bauformen vor. Im Fahrzeugbau und anderen Bereichen der Metallindustrie sind ihre Vorläufer schon seit Jahren im Einsatz, etwa um Karosserien und Motoren von einem Teil der Fabrik zum anderen zu fahren. Die typische Bauform der AGV im Lagerbereich ist der fahrerlose Gabelstapler.

VOM BAUERN ZUM BROT

Die fahrerlosen Gabelstapler werden genauso eingesetzt, wie zuvor die menschlichen Fahrer auf dem Gabelstapler vorgingen. Paletten mit Waren werden an vordefinierten Stellen abgeholt und an anderen Orten wieder abgelegt. Das Zentrallager-Managementsystem steuert dabei die Gabelstapler so, daß die jeweils benötigte Palette anhand ihrer Position aufgefunden wird. Zusätzlich verifiziert oft ein Barcodesystem oder ähnliches Identifizierungsmerkmal, daß es sich um die richtigen Waren handelt. Der unbemannte Gabelstapler fährt die Palette dann zum Ladedock, wo sie entweder ausgepackt und in die Regale des Kommissionierungslagers verteilt oder in einen Lkw verladen wird.

Interessanterweise lohnt die Anschaffung fahrerloser Gabelstapler nur, wenn das gesamte Lager oder ein Teilbereich darauf umgestellt wird. Denn die Gabelstaplerroboter sind darauf angewiesen, daß die Paletten korrekt, im richtigen Winkel und nur in zulässiger Weise übereinandergestapelt abgestellt werden. Diese gründliche Disziplin und Ordnung im Lager verträgt sich häufig nicht mit den Gewohnheiten von arbeitenden Menschen, denen ein halber Meter, den die Palette neben der Markierung steht, keine Arbeitsstörungen verursachte.

Außerdem benötigen die Roboterwagen permanent Informationen darüber, wo sich die anderen automatischen Gabelstapler gerade im Lager befinden, um Zusammenstöße und Kollisionen zu verhindern. Ein Mischbetrieb von automatischen und von Menschen gesteuerten Gabelstaplern erzeugt daher zu viele zumindest potentiell kostspielige Probleme und Gefahren. Menschen neigen eben zu Fehlern beim Auffinden des richtigen Abstellortes, fahren nicht immer vorhersagbare, effiziente Wege, stellen Paletten wissentlich oder unwissentlich nicht dort ab, wo das Lagerkontrollsystem es von ihnen erwartet, und brettern auch schon mal mit Höchstgeschwindigkeit hupend mit dem Gabelstapler die Lagergänge entlang, wenn gerade Hektik und Streß angesagt ist. Sie sind unvorhersehbar und unberechenbar.

Typischerweise werden daher solche automatisierten Lager mit definierten Übergabepunkten organisiert, wo die Paletten zwischen automatischem und menschenbetriebenem Teil übergeben werden können. Es ist natürlich für Menschen weiterhin möglich, das automatische Lager zu betreten, da die Robo-Stapler über Lasersensoren verfügen, um Hindernisse zu erkennen und entsprechend rechtzeitig abzubremsen. Deswegen fahren die Roboter auch anders als Menschen nicht mit den Zinken der Staplergabel und der Palette darauf nach vorn, sondern »rückwärts«, also mit der Gabel und der Palette nach hinten. Die Sensoren befinden sich nämlich im Korpus des Staplers, direkt neben Motor, Batterien und Kontrollcomputer.

Ihren Weg finden die Staplerroboter über eine Kombination von farbigen Linien auf dem Boden, Signalspulen im Boden, die Positionsinformationen aussenden, Barcodes und Funketiketten an Regalen und Paletten oder seit kurzem auch über funkbasierte Positionierungssysteme, die ähnlich wie eine Satellitenortung funktionieren, nur eben innerhalb von Hallen und Gebäuden. Außerdem verfügen die Roboter meist zusätzlich über Laserscanner, Beschleunigungssensoren und einen digitalen Kompaß.

Über ein WLAN-Netzwerk werden sie mit den Aufträgen aus der Lagersteuersoftware versorgt und melden ihre Position und etwaige Störungen, etwa Motorschäden oder Paletten, die nicht am vorgesehenen Ort stehen. Der Personalbedarf in einem mit solchen Staplerrobotern betriebenen Lager reduziert sich typischerweise um etwa siebzig Prozent. Die verbliebenen Arbeiter haben primär mit den administrativen Aufgaben des Lagermanagements, der Platz- und Bedarfsplanung sowie mit der Wartung der Roboter zu tun. Lediglich für komplizierte Fälle, etwa das Be- und Entladen von Lkws, geöffnete, beschädigte oder umgestürzte Paletten und sonstige Unvorhersehbarkeiten und Unstrukturiertheiten werden noch einige wenige Staplerfahrer und Lagerarbeiter beschäftigt.

Meist bekommen wir als Kunde unsere Waren jedoch nicht auf Paletten wie beispielsweise der Supermarkt, sondern in kleinen Paketen an die Haustür geliefert. Dieser letzte Schritt zum für Kunden zusammengestellten Paket löst sich auch bereits von menschlicher Arbeit. Bisher wurde er noch von den Packarbeitern erledigt, die durch die Regalgänge mit den von den Paletten ausgepackten Waren eilen. Doch seit kurzem sind auch hier immer weniger Menschen beschäftigt. Das Paketepacken ist einer der kostspieligsten Schritte in der Lieferkette zum Kunden, ungleich viel teurer, als wenn derselbe Kunde beim Discounter vorbeischaut und sich seinen Liter Milch aus der Palette oder sein Brot aus dem Regal nimmt und nach Hause trägt. Trotzdem haben Onlinehändler den Anspruch, billiger zu sein als ihre Konkurrenz mit Ladengeschäften und Fachverkäufern.

Den teuren Schritt in der Lieferkette, das Paketepacken für den einzelnen Kunden, billiger zu machen ist eine auf den ersten Blick schwierige Aufgabe für eine Maschine. Wie soll ein Roboter die Tausende verschiedenen Waren aus den Regalreihen finden, greifen, sammeln und in sinnvoller Reihenfolge in Pakete reihen? Die Probleme sind immens: Sicheres, schnelles Greifen von äußerst verschiedenartigen Objekten, die zudem nicht alle hart und steif und damit gut greifbar sind, ist ein bisher ungelöstes Problem der Robotik.

Ein genialer Gedanke machte es jedoch möglich, einen unerwarteten Durchbruch zu erzielen: Was, wenn der Mensch nicht zum Regal laufen muß, sondern das Regal zum Menschen kommt? Pionier dieser Idee ist die amerikanische Firma Kiva, die kürzlich von Amazon aufgekauft wurde. Kivas Grundprinzip besteht aus drei Elementen: allumfassende Lagermanagement-Software, bewegliche Regale, deren unterste Etage etwa in Kniehöhe über dem Boden ist, und Roboter, die aussehen wie große grellorangefarbene Eishockeypucks für Elefanten. Ihre Funktion: Sie fahren unter den Regalen hindurch, bis sie unter der gewünschten Einheit angekommen sind. Dort schraubt der Roboter eine dicke Säule aus der Mitte seines puckförmigen Körpers nach oben, bis das Regal angehoben ist und auf der Säule ruht. Nun kann der Roboter das Regal zuerst vorsichtig – damit es nicht umkippt – und dann durchaus flott durch das Lager fahren. Sein Ziel: der sogenannte Pickplatz.

Dort steht einer der wenigen verbliebenen Lagerarbeiter vor einer Reihe von Paketen, die gerade zu packen sind. Neben ihm reiht sich eine vom Computer vorberechnete und dorthin dirigierte kleine Schlange von Regalen auf, in deren Fächern sich Waren befinden, die in diese Pakete sollen. Ein Laser über seinem Kopf markiert ihm an dem herangerollten Regal mit einem rot scheinenden Leuchtpunkt, in welchem Fach sich das gesuchte Produkt befindet. Der weitere Arbeitsablauf ist so einfach wie monoton: die Ware dem vom Roboter herangefahrenen Regal entnehmen, dann den Barcode scannen – es erinnert an die Supermarktkasse. Danach legt er das Produkt, das durch das blinkende Licht markiert wurde, ins Paket.

Die Pakete werden dann nur noch auf ein Fließband geschoben. In anderen Lagern liegen auch bereits die Versandpakete auf von Robotern bewegten Regalen. Das Regal mit den fertiggepackten Paketen wird dann in die Versandzone gefahren, wo Verpackungsmaterial und Lieferort hinzugefügt werden.

Kiva schätzt, daß seine robotergefahrenen Regale bis zum Vierfachen der Produktivität pro Packarbeiter erzielen. Das Optimierungsziel: Die verbliebenen Arbeiter sollen zu neunundneunzig Prozent ausgelastet werden, schließlich kosten sie jede Stunde Geld. Das bedeutet in der Praxis: Wann immer der Mensch an der Packstation vom Bildschirm hochblickt, auf dem er gerade die Fertigstellung eines Pakets bestätigt hat, steht schon eine kleine Schlange Roboterregale mit den Waren für die nächsten Pakete neben seinem Tisch an. Verschnauft werden kann nur in den regulären Arbeitspausen.

Die Optimierungsalgorithmen für die Roboterlager sind kleine mathematische Kunstwerke. Eine Fülle von Faktoren und Zielen gilt es zu berücksichtigen. Die Menschen an den Packplätzen sollen weitgehend ausgelastet werden. Die Roboter sollen möglichst kurze Wege fahren, um den Verschleiß der Maschinen gering zu halten und die Zeit zu minimieren, bis eine Bestellung das Lager verlassen kann. Dabei gilt es auch, die Prioritäten von Bestellungen zu beachten.

Die Algorithmen sind so konstruiert, daß Regale mit häufig georderten Waren nahe an den Packplätzen abgelegt werden. Je seltener ein Produkt das Lager verläßt, desto weiter hinten landen die Regale damit. Dinge, die oft zusammen geordert werden«, landen im selben Regal, damit der Roboter möglichst oft nur einmal fahren muß. Diese Prinzipien wurden natürlich schon früher in Lagern beachtet, der Unterschied liegt in der permanenten Optimierung: Das Ablagesystem ändert sich permanent je nach den sich ändernden Inhalten der das Lager verlassenden Pakete. Es gibt keine festgelegte Ordnung oder Ablagesystematiken mehr. Einzig die Lagerdatenbank weiß noch, welche Produkte gerade in welchen Regalen zu finden sind – und wo sich diese Regale aktuell im Lager aufhalten.

Das Nachfüllen der Regale geschieht in der Regel an einer Stirnseite der Halle, an der Schnittstelle zu den Palettenlagern. Hier stehen lange Reihen der mobilen Regale und warten darauf, wieder befüllt zu werden. Arbeiter reißen die Verpackungen der Paletten und Großpakete auf, sortieren die kleinen Packungen in die Regalfächer und vermerken in ihren Handcomputern mit Hilfe von Barcode-Scans, wieviel Stück sie in welches Regal gelegt haben. Auf diese Weise kann das Lagerdatenbanksystem einen stets aktuellen Überblick behalten, von welcher Ware sich wie viele Stücke in welchem Teil des Lagers befinden. Ist ein Regal befüllt, rollt auch schon einer der »Hockeypuckroboter« heran und fährt es in den ihm gerade zugewiesenen Teil des Lagers.

Je nach Struktur des Lagers werden verschiedene Lagerstrate-
gien verwendet. Ausgangspunkt dafür sind Fragen wie: Wo befinden sich wie viele Packplätze, wie groß ist das verschickte Volumen, wo ist die Schnittstelle zu den großvolumigeren Palettenlagern und wie groß der Anteil an saisonal verschiedener Ware?
Die berechnete Optimierung wird dabei immer ausgefeilter. Bereits eingegangene, aber noch nicht für die Ausführung vorberei-
tete Bestellungen werden genutzt, um die Plazierung von Regalen zu beeinflussen, so daß für diese in naher Zukunft auszufüh-
renden Orders die Fahrwege kurz sind.

Die Position eines Regals wird dabei oft nicht ganz genau vom
System vorherbestimmt, die Roboter und ihre Steuersysteme
agieren eher wie ein Insektenschwarm. Für ein bestimmtes Regal
schreibt das übergreifende Steuersystem zum Beispiel nur vor, in
welcher Entfernungszone vom Packzentrum es abgestellt werden
soll. Welcher konkrete Platz es dann wird, entscheidet sich erst in
dem Moment, in dem der Roboter mit dem Regal losfährt: Sein
Steuersystem wählt den von ihm nächstgelegenen Abstellort in
der vorgeschriebenen Zone und reserviert diesen per Funk, so
daß kein anderes Regal dort abgestellt wird, während der Roboter
noch auf dem Weg ist.

Die Roboter agieren in einer faszinierenden Mischung aus Autonomie und zentraler Kontrolle. Ihre Bewegungen mit und unter den Regalen muten wie ein abstraktes mathematisches Ballett
an – und genau das ist es auch. Die Kiva-Maschinen orientieren
sich anhand von kleinen Barcode-Aufklebern auf dem Boden, die
im Abstand von etwa einem Meter in einem Raster auf der gesamten Lagerfläche verklebt sind. Dadurch bekommt der Roboter
in sehr kurzen Intervallen die präzise Information, wo er sich gerade befindet. Über die Koordination im Funknetz und Sensoren
in den Robotern werden so Kollisionen verhindert.

Dadurch, daß die Roboter mit eingefahrener Tragesäule auch
problemlos unter den Regalen durchfahren können – solange

sich dort kein anderer Roboter befindet –, sind die Leerfahrten zum nächsten abzuholenden Regal kurz und effizient. Bis zu acht Stunden können die orangefarbenen Maschinen mit einer Akkuladung fahren. Wenn die Ladung zur Neige geht oder gerade relativ wenig zu tun ist, suchen sie sich automatisch die nächstgelegene Ladestation. Je nach Lagergröße, Anzahl der Produkte im Lager und Optimierbarkeit der Lageranordnung werden pro Packarbeiter fünf bis zehn Roboter benötigt.

Ein Aspekt, mit dem Kiva gern wirbt, ist die Fähigkeit, Aufträge mit Waren, die sehr teuer und klein sind, etwa Smartphones oder andere teure Elektronikprodukte, nur zu bestimmten Packstationen zu leiten. Dort arbeiten dann besonders »vertrauenswürdige« Lagerarbeiter. Von ihnen nimmt man an, daß sie trotz ihres minimalen Lohns nicht der Versuchung erliegen, ein teures Gerät im Wert eines Wochenlohns in die Tasche zu stecken. Typischerweise werden solche »High-value«-Packarbeitsplätze zusätzlich kameraüberwacht. Außerdem werden die Regale mit diesen diebstahlgefährdeten Gütern häufigeren Stichprobeninventarisierungen unterzogen, um Soll- und Istbestand zu prüfen.

Die Kosten für ein »Einsteigerpaket«, bestehend aus fünfundzwanzig Robotern, den dazugehörigen Spezialregalen, die auf die Umherfahrbarkeit optimiert sind, den Aufklebern auf dem Boden zur Orientierung, dem Funknetz, vier Packstationen mit Lasern und Tasten und vor allem der Integration der Steuersoftware in das vorhandene Warenwirtschaftssystem liegen derzeit bei ein bis zwei Millionen Dollar. Wenn so ein System zwölf Packarbeiter überflüssig macht und das Lager im Dreischichtbetrieb betrieben wird, hat sich die Investition in weniger als zwei Jahren bezahlt gemacht – bei gestiegenem Durchsatz, weniger Fehlern und Inventurdifferenzen und sogar etwas weniger Flächenbedarf.

Die Arbeitsplätze, die durch solche Systeme wie die von Kiva wegfallen, zählen sicher nicht zu den besten und begehrtesten, erst recht nicht zu den fair bezahlten. Lagerarbeiter sind schon lange am untersten Ende der Jobskala, nur kurz über Reinigungs-kräften. Die mit einem Kiva-System verbleibenden Jobs sind kör-perlich etwas weniger anstrengend als die alten mit den endlosen Rennereien durch die Regalreihen. Sie können also auch von kör-perlich etwas weniger fitten Menschen erledigt werden.

Interessanterweise fällt bei dieser Form der Roboterisierung aber nicht nur ein Großteil der Packerjobs weg. Auch im Lager-management werden diverse Tätigkeiten nicht mehr benötigt – zum Beispiel die Planung der Einlagerungsorte und die Optimie-rung der Wegstrecken für die Packer. Das alles erledigt nun die Software in einem Abwasch. Ob aber in der Lagerverwaltung tat-sächlich Arbeitsplätze wegfallen, ist schwer herauszubekommen. Oft werden die Talente der Lagermanager dafür genutzt, noch mehr Durchsatzoptimierungsmöglichkeiten zu finden, also die Lagerkosten weiter zu senken und die Geschwindigkeit der Abar-beitung zu erhöhen, indem noch mehr Faktoren in die Bestands-planung und die Algorithmen zur Vorhersage von bald gefragten Gütern einfließen.

Außerdem bedeutet mehr Lagerdurchsatz auch, daß es mehr Unvorhersehbarkeiten und nichtstandardisierbare Situationen gibt, um die sich Menschen kümmern müssen. Das kann von unzureichender Qualität eingehender Waren über Probleme mit den komplexen Softwaresystemen, den Kiva-Robotern oder den Packarbeitern bis zu umgefallenen oder geplatzten Paletten oder witterungsbedingten Transportproblemen reichen.

Wenn auch diese Probleme gelöst sind und die Waren endlich das Lager verlassen, müssen sie natürlich irgendwie zum Kun-den gelangen. Meist geschieht dies per Lkw, seltener per Eisen-bahn. Hunderttausende Menschen sind in Deutschland damit beschäftigt, die gigantischen Materialströme zu bewältigen, die unsere Wirtschaft am Laufen halten. Doch wie sicher sind ihre Arbeitsplätze in Zukunft, werden sie, wie die Lagerarbeiter, auch bald von Robotern und Software ersetzt?

II. IN DIE ZUKUNFT

DER ARBEIT

10. Autos
ohne Fahrer

Wir sitzen in einem Auto, dessen Fahrer, während er stolz die Technik seines Fahrzeugs erklärt, mit beiden Händen wild durch die Luft gestikuliert, ohne das Lenkrad zwischendurch auch nur zu berühren. Wir befinden uns auf der Heerstraße in Berlin und steuern auf einen Kreisverkehr zu. Links und rechts von uns fahren andere Autos, Mopeds, Lkws, an der Ampel vor uns queren Fußgänger die Straße. Wie von Geisterhand bremst das Auto sanft ab, der quer zu uns fahrende Verkehr passiert unbehelligt. Wir sitzen in einem Versuchsfahrzeug für autonomes Fahren, dessen Fahrer nur noch einzugreifen braucht, wenn der Computer versagt.

Seit der Mensch das Rad erfand und lernte, seine Nutztiere vor den Karren zu spannen, gibt es den Beruf des Fahrzeuglenkers. Ob nun Antreiber am Ochsen- oder Eselskarren, Pferdekutscher, Lkw-Fernfahrer oder Limousinenchauffeur: Stets gibt der Mensch vor, in welche Richtung und mit welchem Tempo sich das Fahrzeug bewegt. Angesichts der Geschwindigkeiten und der Komplexität von Verkehrssituationen ist er damit regelmäßig überfordert. Früher gingen manchmal die Pferde durch, heute kann ein Lkw-Fahrer hinter dem Lenkrad einschlafen und in ein Stauende rasen.

Die Ära des Menschen als Fahrzeuglenker scheint sich unweigerlich dem Ende zuzuneigen. Sensoren und die Kameraaugen von Computern sind schnell und hochauflösend genug geworden, um die technischen Hürden beim Ziel, den Menschen hinter dem Steuer überflüssig zu machen, überschaubarer aussehen zu lassen.

In verschiedenen Labors überall auf der Welt gibt es Fahrzeuge, die vollständig autonom auch in komplexen Verkehrssituationen fahren können. Regelmäßig durchqueren Forschungsteams mit ihren Versuchsfahrzeugen ganze Kontinente, ohne daß der noch hinter dem Steuer sitzende Aufsichtsfahrer eingreifen muß.

Ist man zu Gast bei einem dieser Forschungsteams, werden die zu überwindenden Schwierigkeiten deutlich. Die Teams arbeiten schon seit etlichen Jahren daran, selbstfahrende Fahrzeuge zu bauen, die auch im unübersichtlichen Stadtverkehr klarkommen. Die Herausforderungen dafür sind enorm: Der Steuercomputer des Autos muß permanent ein kohärentes Lagebild über den Verkehrszustand in seinem Umfeld erzeugen. Dazu müssen die Daten aus verschiedensten Sensoren permanent miteinander verknüpft werden.

Der wichtigste Sensor der derzeitigen Selbstfahrer-Prototypen ist ein sogenannter Laserscanner. Äußerlich wirkt er wie ein kleiner schmaler Blechmülleimer, der auf einem einfachen Gestell rotiert, das auf dem Dachgepäckträger montiert ist. Wie der Name schon vermuten läßt, ist das Herzstück dieses Sensors ein für das menschliche Auge nicht sichtbarer Laserstrahl, der durch die Rotation und eine sich ständig wiederholende Ablenkung des Laserstrahls nach oben und unten die Umgebung des Autos scannt.

Der Laser ist dabei gepulst, wird also ständig an- und ausgeschaltet. Jeder einzelne, nur Millisekunden kurze Puls wird von einer Kamera erkannt, die parallel zum Laser in die rotierende Trommel montiert ist, wenn sein Licht von einem Objekt reflektiert und zurück zur Kamera geworfen wird. Aus der Zeit zwischen dem Aussenden des Laserpulses und dem Eintreffen des reflektierten Lichts an der Kamera kann die Entfernung berechnet werden, die das Laserlicht zurückgelegt hat. Man kann sich das so vorstellen, als würde man ununterbrochen mit einem Maßband die Entfernung zu jedem einzelnen Gegenstand in der Umgebung des Autos messen, auch wenn es sich fortbewegt. Trüge man die Entfernungen auf Millimeterpapier auf, entstünde ein dreidimensionales Abbild der Umgebung. Die Laserscanner – bei den autonomen Fahrzeugen handelt sich meist um Geräte der Firma Velodyne – schaffen es, ein solches Abbild mehrere Male pro Sekunde zu erzeugen.

Zusätzlich zum Laserscanner ist in dem Versuchsfahrzeug eine große Zahl weiterer Sensoren verbaut. Mit Hilfe eines präzi-

sen GPS-Empfängers, eines digitalen Kompasses, Beschleunigungssensoren, verschiedener Rotationssensoren in den Rädern
und Informationen aus einem guten Dutzend Kameras, die rings
um das Fahrzeug montiert sind, kann es sich detailgetreu im
Raum orientieren. Dazu gehört nicht nur, auf welcher Straße und
auf welcher Höhe sich das Fahrzeug befindet, sondern auch, in
welche Richtung und in welchem Winkel zur Straßenlage es sich
fortbewegt.

Die Kameras dienen jedoch nicht nur dem Einhalten der korrekten Fahrspur, sondern auch als zusätzliche Sensoren, um Kollisionen mit Objekten aller Art zu vermeiden. Bei den sogenannten stereooptischen Verfahren wird aus dem Bildunterschied von
zwei horizontal versetzten Kameras eine räumliche Information
über die Entfernung zu Objekten errechnet. Das geschieht vergleichbar mit der menschlichen Tiefenwahrnehmung mittels des
Stereosehens unserer Augen. Vorteil der Computeraugen gegenüber denen des Menschen ist allerdings, daß der Rechner keinen
blinden Fleck hat und über das gesamte Blickfeld scharf sieht.

Die Rechenverfahren für diese stereooptische Sicht sind seit
langem bekannt, jedoch sind erst in den letzten Jahren die Kameras hochauflösend genug und die Computer ausreichend schnell
geworden, daß der praktische Einsatz in komplexen Situationen
im Straßenverkehr möglich geworden ist. In die Weiterentwick-
lung der stereooptischen Verfahren setzen die Forscher große
Hoffnungen. Ausgehend davon, daß ein Mensch mit seinem vergleichsweise äußerst dürftigen Sensorium aus zwei nicht eben
für alle Lichtsituationen optimierten Augen und zwei ebenfalls
funktional beschränkten Ohren meistens in der Lage ist, sich im
Verkehr gut zu orientieren, hoffen die Forscher, in Zukunft auf
den teuren und empfindlichen Laserscanner auf dem Autodach
verzichten zu können. Sie wollen künftig alle Information darüber, wie die unmittelbare Umgebung des Autos aussieht, aus
weniger kostspieligen Sensoren gewinnen. Außer dem guten

Dutzend Kameras, die heutzutage ohnehin in Oberklassefahrzeugen verbaut werden, sind dies vor allem Radarsensoren und Ultraschallabstandswarner, die erkennen, wenn sich ein anderes Fahrzeug, ein Radfahrer, ein feststehendes Objekt oder ein Mensch in unmittelbarer Nähe des Fahrzeugs befindet.

Die Aufgabe, aus den verschiedenen Sensordaten ein konsistentes Lagebild zu erzeugen, ist nicht trivial. Während der Versuchsfahrt mit dem Auto, das an der Freien Universität Berlin entwickelt wird, hat der Beifahrer einen Laptop auf dem Schoß, dessen Bildschirm erkennen läßt, wie das Auto die Umgebung sieht. Autos, Motorräder, Radfahrer, Fußgänger erscheinen als sich ständig verändernde Punktwolken, um die eine Mustererkennungssoftware dreidimensionale Würfel malt. Die Position dieser Würfel wird permanent aktualisiert. Aus dem Positionsunterschied zwischen zwei Messungen errechnen die Algorithmen Richtung und Geschwindigkeit der umgebenden Fahrzeuge und Menschen.

Die Fahrtroute des autonomen Autos wird anhand dieser Lagedaten fortwährend aktualisiert und korrigiert, um Kollisionen zu vermeiden. Aus Hunderten von Versuchsfahrten, bei denen anfangs noch ein Mensch das Lenkrad bediente, wurden Daten darüber gewonnen, welche Änderung von Richtung und Geschwindigkeit zu welchem zukünftigen Verhalten der anderen Fahrzeuge passen. So läßt sich etwa algorithmisch schließen, daß ein Auto, das von der mittleren Spur auf die linke Spur wechselt und dabei seine Geschwindigkeit verringert, wahrscheinlich an der nächsten Kreuzung links abbiegen wird.

Diese Voraussicht auf das wahrscheinliche künftige Verhalten der anderen Verkehrsteilnehmer, also die Intention der umgebenden Fahrer vorherzusagen, ist eine der schwierigsten Aufgaben bei der Entwicklung autonomer Fahrzeuge. Jeder halbwegs erfahrene menschliche Fahrer hat damit wenig Probleme. Sein Gespür dafür, wie sich die Fahrer der anderen Fahrzeuge in seiner nächsten Umgebung verhalten werden, ist weitgehend intuitiv, er weiß, wie sich Menschen in bestimmten Verkehrssituationen entscheiden und was zu erwarten ist.

Für das menschliche Auge ist es viel einfacher, zum Beispiel durch einen beiläufigen Blick zum benachbarten Fahrer zu erkennen, was dieser wohl vorhat. Blickrichtung, Gestik und Mimik geben uns – ohne viel Nachdenken – viele Informationen, die der autonomen Steuersoftware derzeit noch nicht einmal im Ansatz zur Verfügung stehen. Menschen wissen aus Erfahrung oft schon aufgrund vordergründig unwichtiger Fakten, die nebenher wahrgenommen werden, wie ein anderer Verkehrsteilnehmer einzuschätzen ist. Fahrzeugtyp, Kennzeichen oder Geschlecht des Fahrers sowie simple Dinge wie Frisur, Kopfbedeckung, Aufkleber oder tiefergelegte Breitreifen signalisieren eben auch ein typisches wahrscheinliches Fahrverhalten.

Die Forscher arbeiten jedoch derzeit erst mal daran, die Lichtsignale, die uns die Orientierung im Straßenverkehr erleichtern, für den Computer zu erschließen. Das sind zum einen die Blinker an Autos, Lkws und Motorrädern. Wiederum ist es für den Menschen ein Leichtes, ein blinkendes Licht auf der rechten Seite eines Fahrzeugs als Abbiegesignal zu erkennen. Generell sind die Lichtzeichen im Verkehr für den menschlichen Betrachter optimiert, sie sollen warnen, hinweisen und aufmerksam machen. Für die Bildauswertungssoftware gelingt das Erkennen bereits gut bei normalen, relativ standardmäßig aussehenden Autos und Lkws, die mit äquidistantem Rhythmus und gleichbleibender Helligkeit blinken.

Schwierig wird es etwa bei blinkenden Mopeds und Motorrädern oder gar, wenn ein Radfahrer per Armschwenken sein Abbiegen signalisiert – falls er es überhaupt für nötig hält. Zu unterscheiden, ob es sich bei einer Lichtquelle mit sich verändernder Lichtintensität an der Ecke eines Objekts, das vielleicht ein anderes Fahrzeug ist, um einen Blinker oder eine bloße Reflexion von

Sonnenlicht handelt, fällt Software deutlich schwerer als einem Menschen, ebenso das Auseinanderhalten der Blinker von dicht hintereinanderstehenden Autos. Dadurch, daß Größe, Form und Anbringungsort von Blinkern nicht in einer Art und Weise standardisiert sind, die eine maschinelle Erkennung einfach machen, besteht viel Raum für algorithmische Fehlinterpretationen.

Ein ähnlich gelagertes Problem ist die Erkennung von Ampeln und ihren jeweiligen Schaltzuständen. Unter optimalen Bedingungen ist es für dafür konzipierte Software relativ einfach, die typische Form einer Ampel und ihre aktuelle Lichtfarbe zu erkennen. Unglücklicherweise herrschen auf der Straße des öfteren suboptimale Bedingungen: Eine Ampel kann durch vorausfahrende Fahrzeuge ganz oder halb verdeckt sein, tiefstehende Sonne kann die Kameras direkt blenden oder das Ampellicht so sehr überstrahlen, daß es für die Kameras nicht zu erkennen ist, Schneeverwehungen oder Schmutz können die typische Form der Ampel verändern, oder starker Niederschlag kann die Sicht beeinträchtigen. Die europäischen Automobilforscher witzeln gern, daß alles viel einfacher wäre, wenn ihre Prototypen nur in Kalifornien und Nevada zu fahren bräuchten, wo dergleichen Witterungsunbill eher selten auftritt. Dahinter steht natürlich ein gewisser Neid über die schier endlosen Ressourcen und die Aufmerksamkeit, die Google seinen dort selbstfahrenden Fahrzeugen angedeihen läßt. Allerdings: Ob Kalifornien, Norwegen oder Schwäbische Alb – die Sonne geht überall irgendwann unter. Mit inhomogenen Lichtsituationen müssen also auch die hippen Google-Autoausstatter klarkommen.

Google hat mittlerweile eine ganze Flotte selbstfahrender Autos in Kalifornien im durch die Medien liebevoll begleiteten Feldversuch. Über siebenhunderttausend Meilen haben diese Versuchsfahrzeuge in den letzten Monaten zurückgelegt und dabei Datenmengen und algorithmische Erfahrungen gewonnen, welche die aller anderen Projekte weit übertreffen. Googles Ansatz zum autonomen Fahren unterscheidet sich jedoch nicht nur in puncto Aufwand und den zur Verfügung gestellten Mitteln von den deutschen oder anderen europäischen Projekten. Während bei Google mehrere Dutzend der angesehensten Forscher aus den besten Teams weltweit zusammengekauft und mit Ressourcen ausgestattet wurden, die jenseits des militärischen Bereichs für Robotikprojekte so noch nicht aufgewendet wurden, hangeln sich die universitären Teams von Förderantrag zu Drittmittelprojekt und verschwenden einen nicht unbeträchtlichen Teil ihrer Zeit damit, Geld für die Weiterführung ihrer Forschung zu beschaffen.

Die Forschungsansätze sind entsprechend geprägt von den Bedürfnissen der Industriepartner, dies sind zumeist die bekannten großen Autohersteller. Sie sind derzeit noch verstärkt daran interessiert, die Fahrassistenzsysteme für ihre Serienautos zu verbessern. Sie sehen die Forschung am autonomen Fahren als den Anfang eines langen Weges, bei dem durch Hinzufügen von immer mehr und immer intelligenteren Sensoren und Assistenzsystemen irgendwann in ferner Zukunft der Fahrer überflüssig wird. Dementsprechend liegt das Augenmerk vielmehr auf der Verbesserung und Kostensenkung von solchen Systemen wie ABS, ESP, Brems-, Abstands- und Spurassistenten, Tempomat, automatischem Eintragsystem, Erkennung von Ausfällen des Fahrers sowie Erkennung von Verkehrszeichen.

Hintergrund des methodischen, aber langsamen Herangehens ist, daß zum einen der Preisdruck in der Automobilbranche nicht viel Spielraum für die Entwicklung teurer, aber wenig populärer Zusatzsysteme läßt. Zum anderen zielt die derzeitige Verkaufspropaganda der Autobauer vielfach noch immer auf den »Spaß am Fahren«. Daher hat man sich in der Branche und mit den Regulierungsbehörden auf eine Vision mit zugehöriger Terminologie für die schrittweise Einführung von immer intelligenteren Assistenten geeinigt, die irgendwann einmal in das vollständig selbstfahrende Auto münden soll.

Der erste Schritt ist das sogenannte teilautomatische Fahren, das im wesentlichen aus einer Kombination von Spurassistent, Tempomat, Überhol- und Abstandsassistent besteht. Damit ist schon an heutigen Fahrzeugen der oberen Mittelklasse, etwa auf der Autobahn in monotonen Fahrsituationen, eine Übernahme der Kontrolle durch den Computer möglich. Man stellt den Tempomat auf die gewünschte Reisegeschwindigkeit, aktiviert die Assistenzsysteme wie Spurhalte- und Abstandsassistent, und das Auto bewegt sich wie von Geisterhand gesteuert über die Piste. Der Fahrer muß jedoch seine Aufmerksamkeit permanent weiter auf die Straße richten, da der Computer in Situationen, mit denen er überfordert ist, die Kontrolle innerhalb von Sekunden an den Fahrer zurückgibt.

Durch verschiedene Sensoren im Lenkrad und Kameras im Innenraum des Autos wird permanent überprüft, daß der Fahrer jederzeit zur Übernahme der Kontrolle in der Lage ist. Nimmt er die Hände für längere Zeit vom Lenkrad oder schließt er die Augen zu einem Nickerchen, schlägt das Auto Alarm. Erfolgt auch dann keine Reaktion vom Fahrer, wird ein weiteres Assistenzsystem aktiviert, welches das Auto automatisch abbremst, auf die Standspur fährt und den Warnblinker einschaltet. Ursprünglich wurde dieses System entwickelt, um Situationen zu entschärfen, in denen der Fahrer sein Fahrzeug nicht mehr kontrollieren kann, etwa wenn er ohnmächtig wird oder wegen Übermüdung einschläft.

Der nächste Schritt zum selbstfahrenden Auto auf der Roadmap der deutschen Autoindustrie ist das sogenannte hochautomatische Fahren. Hier soll durch die Integration der Sensordaten von vorausfahrenden Fahrzeugen, Baustelleninformationen, Verkehrslagedaten und einer weiteren Steigerung der Reaktionsgeschwindigkeit und Möglichkeiten zur Bewältigung komplexer Situationen die Vorwarnzeit, bis der Fahrer wieder in der Lage sein muß, die Kontrolle über das Fahrzeug zu übernehmen, auf eine halbe Minute ausgedehnt werden. Die Vision erstreckt sich dabei auf Autobahnen und Landstraßen, nicht jedoch auf den Stadtverkehr. In der Stadt soll der Besitzer eines hochautomatikfähigen Autos weiterhin selbst lenken. Auf der Autobahn jedoch soll er zwischendurch mal in seinen Akten oder – wohl wahrscheinlicher – im Internet blättern können und seine Aufmerksamkeit nicht mehr permanent auf die Straße richten müssen.

Beim letzten Schritt, dem vollautomatischen Fahren, soll das Fahrzeug automatisch mit allen denkbaren Verkehrssituationen klarkommen, solange es genügend gute Sensordaten bekommt. In extremen Situationen, etwa bei Schneetreiben, das die Sicht dramatisch einschränkt und das Erkennen der korrekten Fahrspur unmöglich macht, soll der Fahrer immer noch selbst lenken müssen. Inwieweit das automatische Fahren sich in dieser Phase auf den Stadtverkehr erstrecken soll, ist umstritten. Einige Hersteller und Forschungsteams sehen darin im Prinzip kein Problem, andere halten das Fahren in der Stadt ohne menschlichen Eingriff für zu futuristisch und nicht realisierbar.

Im Gegensatz zur Autobahn gibt es im Stadtverkehr eine viel größere Zahl von unvorhersehbaren Ereignissen. Fußgänger treten zwischen parkenden Autos auf die Straße, Mopedfahrer schlängeln sich zwischen den Spuren hindurch, Radler bewegen sich auch schon mal komplett außerhalb jeglicher Verkehrsregeln. Tiere, Fußbälle oder kleine Kinder können plötzlich und ohne Vorwarnzeit vor dem Auto auftauchen, Fahrradfahrer sich kurz vor dem Abbiegen neben das Auto quetschen. Zudem ist eine Vielzahl von Verkehrsschildern zu befolgen, und etliche der schwer zu erkennenden Ampeln sind korrekt zu beachten. Vorfahrtregeln, insbesondere an Kreisverkehren und gleichberechtigten Einmündungen, erschweren zudem die ungestörte Fahrt.

Die meisten dieser Probleme lassen sich in einem Satz zusammenfassen: Das autonome Fahrzeug muß mit komplexen Regeln und einer Fülle von Ereignissen klarkommen, die auf die Unberechenbarkeit menschlichen Verhaltens zurückgehen. In einer Umgebung, in der ausschließlich computergesteuerte Fahrzeuge unterwegs sind, die womöglich sogar noch miteinander kommunizieren, wäre das vollautomatische Fahren sehr viel einfacher denkbar. Solche Idealzustände gibt es jedoch heute nur in Computersimulationen, im Labor oder auf Werksgeländen, die extra Spuren für automatische Fahrzeuge vorgesehen haben.

In der Industrie sind dennoch quasiautonome Fahrzeuge mit adaptiven Systemen, die zum Beispiel Karosserieteile oder andere unhandliche Gegenstände durch Werkshallen fahren, vielerorts schon lange üblich. Diese unbemannten rollenden Roboter können problemlos automatisch abbremsen, wenn sich ein Hindernis in ihren Weg bewegt, und sie können sogar anderen Fahrzeugen, die zum Beispiel ein Teil transportieren, das eiliger benötigt wird, den Vortritt auf ihrer Fahrspur lassen. Die Steuerung und Positionsermittlung dieser Roboterfahrzeuge in den Werkshallen findet in der Regel durch in den Boden eingelassene Magnetspuren oder optische Markierungen sowie Laserscanner statt. Dadurch ist zum einen ein Abkommen von der vorgesehenen Fahrspur praktisch unmöglich, zum anderen weiß der Roboter immer präzise, wo er sich gerade befindet.

Die Befürworter automatischen Fahrens spielen natürlich schon seit langer Zeit mit dem Gedanken, eine ähnliche Infrastruktur aus Magnetschleifen, Ampeln, die ihren Schaltzustand auch per Funk übertragen, Radarreflektoren in Straßen, Begrenzungspfosten und elektronischen Fahrspurmarkierungen auch auf öffentlichen Straßen zu installieren. Dies scheitert jedoch vor allem an zwei Hürden: Zum einen müßten sich die Hersteller mehr oder minder weltweit oder zumindest doch innerhalb der Europäischen Union auf einen Standard einigen, welche Modifikationen und Zusatzeinrichtungen die Straßen zugänglicher für automatische Fahrzeuge machen würden. Zum anderen müßte der nötige Investitions- und Installationsaufwand so gering sein, daß er nebenbei mit den normalen Straßenreparaturmaßnahmen erledigt werden kann. Derzeit sieht es jedoch nicht so aus, als ob diese beiden Voraussetzungen in absehbarer Zeit erfüllt werden könnten.

Google, auf dessen Projekt zum autonomen Fahren die Forscher aus der Autoindustrie und den Universitäten mit Neid schauen, geht einen anderen Weg. Was lange als halber Witz in der Branche kursierte, wird methodisch und effizient umgesetzt: die Erfassung der Welt in einer Form, die zu den Algorithmen paßt, damit künftig autonome Google-Autos durch sie hindurchfahren können.

Die Street-View-Autos, die in den letzten Jahren alle Straßen der westlichen Welt und darüber hinaus befuhren, um Hausfassaden und Straßenbilder zu erfassen, dienten ursprünglich einem ganz anderen Zweck. Zusätzlich zu den Kameras waren auf den Autos 3-D-Scanner montiert, welche die gesamte Umgebung mit Laserscannern abtasteten, um die Google-Karten mit 3-D-Modellen der Gebäude anzureichern. Sie erfaßten dafür die Straßen und Häuser, allerdings anders als der Laserscanner auf Googles selbstfahrendem Auto.

Deshalb reichen die Street-View-Daten allein nicht aus, die Datenart und -qualität genügt nur zur Verdichtung und initialen Planung der eigentlichen Meßfahrten, die dann mit Googles autonomen Fahrzeugen selbst vorgenommen werden. Die verbauten Sensoren, insbesondere der Laserscanner, sind zu verschieden. Nutzbar sind jedoch die Kamerabilder der Street-View-Erfassungsfahrten. Denn die Kameras, welche die Bilder für Street View aufnehmen, erfassen auch die Straße vor und hinter dem Google-Auto.

Aus diesen Bildern lassen sich die Informationen über die Anzahl der Spuren, die Fahrbahnmarkierung, vorhandene Abbiegespuren, kreuzende Schienenwege oder Ampeln und vieles mehr extrahieren. Während einige deutschen Autobauer noch darauf beharren, daß ihre Fahrzeuge unter allen Umständen ohne einen weltumspannenden Datensatz der Verkehrswege klarkommen sollen, hat Google für sich entschieden, daß wir alle im Datenzeitalter leben und demzufolge auch unsere Autos davon profitieren können. Die sich daraus ergebende Einschränkung, daß Googles autonome Autos nur dort funktionieren, wo entsprechende Daten vorhanden sind, ficht den Datenkonzern nicht an. Der postulierte Geschäftszweck für die autonomen Fahrzeuge ist schließlich nicht in erster Linie, Autos zu verkaufen. Vielmehr geht es darum, das Zeitbudget für die Internetnutzung zu vergrößern.

Die Zeit, die ein Nutzer mit Googles Angeboten verbringen kann, ist notwendigerweise limitiert: Beim Schlafen und Autofahren sind wenig Werbeklicks zu erzielen. Gelingt es jedoch, die zum Teil beträchtlichen Fahrzeiten in Autos als Internetnutzungszeit zu erschließen, kann der Werbekonzern mit angeschlossener Suchmaschine seine Umsätze noch ein wenig steigern. Google zielt daher – anders als die Autobauer mit ihren Projekten – nicht auf eine schrittweise Einführung von immer intelligenteren Fahrerassistenten, sondern gleich auf das ganz große Ziel: das sich von Anfang an autonom bewegende Fahrzeug. Google es ist dabei egal, ob seine Autos auch noch auf dem letzten Feldweg autonom fahren können. Viel interessanter sind Straßen, auf denen viele Menschen möglichst oft unterwegs sind.

Ein Auslöser für den Boom der Forschung an selbstfahrenden Autos war die sogenannte DARPA-Challenge. Die DARPA (Defense Advanced Research Projects Agency), eine Behörde des US-Militärs, kümmert sich um besondere Forschungsprojekte, die ein hohes Risiko aufweisen, aber im Erfolgsfall Kräfteverhältnisse grundlegend ändern können. Die Wettbewerbe, die diese Institution veranstaltet, stehen neben den militärischen auch zivilen Teams offen.

Der rapide Fortschritt bei autonomen Autos wurde bei den Testfahrten der DARPA-Challenge deutlich. Innerhalb von vier Jahren änderte sich das Bild vom unbeholfenen und wenig erfolgreich durch einen Wüstenkurs irrenden Roboterfahrzeug zu einem breiten Wettbewerberfeld von fast serienreif wirkenden Projekten, die relativ souverän durch einen simulierten Stadtverkehr mit einigen Hindernissen und Überraschungen navigieren. Um sein Autoprojekt möglichst schnell voranzutreiben, heuerte Google die besten Forscher aus den Gewinnerteams der DARPA-Challenge an. Besonderes Augenmerk lag dabei auf denen, die ihre Fahrzeuge mit Hilfe möglichst detaillierter Datensätze der Umgebung über den Testkurs steuerten.

Das Ziel beider Ansätze – Googles datenzentriertes Modell und das eher langsame und konservative Vorgehen der traditionellen Autobauer – ist es in erster Linie, Autos zu bauen, denen der Nutzer Vertrauen entgegenbringt. Bei der Probefahrt im Universitätstestwagen stellt sich dieses Vertrauen erstaunlich rasch ein. Nachdem der für das Projekt umgebaute VW Passat mehrere Minuten lang auf öffentlichen Straßen kein anderes Auto gerammt, keinen Radfahrer gestreift, sogar den tollkühnen Pizzaboten auf dem Moped hat leben lassen, lockert sich die anfangs etwas verkrampfte Hand der neugierigen Mitfahrer am Haltegriff.

So wie man sich beruhigt, sobald man als Beifahrer bei jemand Unbekanntem ins Auto gestiegen ist und sich nach kurzer Zeit an dessen Fahrstil gewöhnt, so gewöhnt man sich auch an die Fahrweise des autonomen Fahrzeugs. Es gibt jedoch durchaus Momente, in denen eine gewisse Unsicherheit zurückkehrt. Die Radarsensoren lassen sich etwa von Pflanzen am Fahrbahnrand verwirren, manchmal werden sie auch von anderen Funksendern – zum Beispiel Radarbewegungsmeldern – gestört. Dann steht das autonome Fahrzeug beispielsweise an der roten Ampel an einer Kreuzung und ruppelt wild mit dem Lenkrad. Auf dem Laptop des Beifahrers kann man erkennen, warum es das tut: Die Vorausplanung der Fahrtroute, für die sich die Algorithmen entschieden haben, sobald die Ampel auf Grün springt, ändert sich permanent, weil die Radarsensoren das Auftauchen und Verschwinden eines Hindernisses in schneller Folge melden. Da die Algorithmen das Auto möglichst effizient bewegen sollen, wird das Lenkrad in der Rotphase der Ampel schon in die Stellung gebracht, die es beim Losfahren haben soll. Solche Effekte sind jedoch eher Kleinigkeiten, die im Laufe der Entwicklung nach und nach ausgemerzt werden.

Es bleibt jedoch die spannende Frage, wie sicher selbstfahrende Autos sein werden. Im Prinzip sollten sie durch die Datenfusion weitaus sicherer und vorausschauender als Menschen fahren können: Radar, Nachtsichtkameras und Laserscanner in Kombination mit all den anderen Sensoren übertreffen die Möglichkeiten des Menschen bereits deutlich. Kombiniert mit zusätzlichen Informationen aus GPS-Navigation und hochauflösenden digitalen Straßenkarten, entsteht im Computer ein virtuelles Lagebild über die präzise Position des Fahrzeugs, die Verkehrssituation, den Straßenzustand und etwaige Hindernisse in der Umgebung des Fahrzeugs.

Dies übertrifft bei weitem die typische überblickshafte Situationswahrnehmung eines menschlichen Fahrers. Und die Reaktionszeiten moderner Echtzeit-Computersysteme sind ohnehin viel schneller als die des Menschen. Was bisher fehlte, ist ein lernendes Maschinensystem, das all die Informationen integriert und danach handelt. Die Computer waren bis vor wenigen Jahren schlicht zu langsam und speicherarm, um diesen Aufgaben gewachsen zu sein. Das hat sich nun grundlegend geändert. Wir nähern uns, wie das Uni-Versuchsfahrzeug und Googles Autos anschaulich demonstrieren, rapide dem Punkt, an dem es keine nennenswerten technischen Hürden für autonome Straßenfahrzeuge mehr gibt.

Die Kernfrage bleibt jedoch: Wer ist verantwortlich, wenn ein solches Auto einen Unfall verursacht hat, ohne daß der Fahrer unmittelbar kontrollierend oder überwachend eingegriffen hat? Ist die Software des Herstellers schuld? Trifft den Fahrer mindestens eine Teilschuld, etwa wenn er versäumt hat, auf die aktuelle Version upzudaten, oder wenn er andere Wartungsroutinen vernachlässigt hat? Können vielleicht gar mangelhaft verarbeitete Sensoren oder Programmierer fehlerhafter Routinen verantwortlich gemacht werden?

Die Wiener Straßenverkehrskonvention von 1968, die unter vielen weiteren Ländern auch Deutschland ratifiziert hat, legt fest: »Jeder Führer muß dauernd sein Fahrzeug beherrschen oder seine Tiere führen können.« Grundsätzlich liegt also bisher die Verantwortung für die Herrschaft über das Fahrzeug und die damit einhergehende Haftung für Schäden immer beim Fahrer oder Kutscher. Er muß sich davon überzeugen, daß sein Fahrzeug verkehrstüchtig ist, also nicht durch technisches Versagen zur Gefahrenquelle wird. Der Rest des Risikos, das, was in den Unfallberichten »menschliches Versagen« heißt, wird mit Hilfe der Haftpflichtversicherung gesellschaftlich irgendwie akzeptabel geregelt. Die Logik des Wiener Straßenverkehrsabkommens legt nahe, daß zukünftig automatische Fahrzeuge und Fahrassistenzsysteme wie Pferde betrachtet werden: Der Fahrer ist weiter verantwortlich für sein Fahrzeug – so wie der Kutscher für seine Pferde.

Wir leben in Deutschland mit sechshundert Verkehrstoten auf Autobahnen pro Jahr. Etwa sechzig Prozent der tödlichen Verkehrsunfälle geschehen allerdings auf Landstraßen, knapp dreißig Prozent innerorts, so daß insgesamt mehr als fünftausend Menschen jedes Jahr im Verkehr sterben. Der Mensch ist eben nicht perfekt, Unfälle passieren, so die gängige Auffassung. Doch ist zu erwarten, daß auch bei selbstfahrenden Autos tödliche Fehler akzeptiert werden?

Was, wenn sich in wenigen Jahren unwiderlegbar herauskristallisiert, daß die Unfallwahrscheinlichkeit autonomer Fahrzeuge weitaus geringer ist als die der von Menschen gesteuerten? Was, wenn sich gerade für die besonders schweren Unfälle, bei denen Lkws auf Stauenden auffahren oder mit Gefahrgut verunglücken, herausstellt, daß die Computer statistisch die besseren Fahrer sind? Würden wir tolerieren, daß Maschinen vielleicht nicht perfekt, aber doch immerhin weitaus besser als Menschen reagieren und daher im Schnitt weniger Unfalltote erzeugen als ein Berufskraftfahrer? Wie lange werden uns nichtperfekte Maschinen noch so unheimlich sein, daß wir lieber mehr menschengemachte Verkehrsopfer in Kauf nehmen als zahlenmäßig weniger maschinenverursachte Tote?

Die Autoproduzenten verfügen über detaillierte Datenbanken aller Unfälle, in die aktuelle Fahrzeuge seit ihrer Herstellung verwickelt sind. Zusätzlich zu den sogenannten Black Boxes, die in vielen Autos installiert sind und in denen die Daten aus allen Autosensoren jeweils zehn Sekunden vor einem Unfall gespeichert sind, haben die meisten großen Hersteller Projekte, um bei Unfällen in einem gewissen Umkreis des Autowerks durch eigene Teams vor Ort das Unfallgeschehen zu rekonstruieren und eine etwaige Beteiligung von Fahrassistenzsystemen oder anderes technisches Versagen zu ermitteln. Aus diesen Datenbanken und umfangreichen Simulationen ergibt sich das Bild, daß zwischen vier und fünf von zehn Unfällen durch automatische Systeme hätten vermieden werden können.

Gleichzeitig jedoch kommen neue Unfalltypen hinzu, die sich aus Unzulänglichkeiten der Sensoren und der Software der Autos ergeben. Diese sind jedoch in ihrer Gesamtzahl und Schwere sehr viel weniger als die durch die Automatik, Sensorik und Assistenzsysteme vermiedenen Unfälle. Aus einer rein utilitaristischen Betrachtung heraus sind autonome Fahrzeuge also klar vorzuziehen. Die Frage ist jedoch, ob dies in der gesellschaftlichen Realität auch so eingeschätzt werden wird.

Was etwa, wenn in den Medien breit über einen Unfall berichtet wird, bei dem durch die Unzulänglichkeit der Software ein Kind zu Tode kommt, und alle wissen, daß sich auf den Straßen noch Hunderttausende Fahrzeuge mit gleichartiger Software befinden? Müssen diese dann stillgelegt werden, bis der Softwarefehler behoben ist? Muß man Lösungen finden, mit denen die Hersteller der Fahrzeuge Rückstellungen für Haftpflichtprozesse aufbauen können, um Fehler in ihrer Software zu regulieren? Was ist mit der Sicherheit der Autosteuersoftware gegen bösartige Angriffe?

Wie eine solche Ergänzung des Wiener Kraftverkehrsabkommens für autonome Fahrzeuge aussehen wird, ist nicht nur für Juristen ein spannendes Thema. Im Kern wird hier verhandelt, ob der Grundsatz, daß in jedem Fall ein Mensch am Steuer sitzen muß, weiterhin gilt. In vielen anderen Bereichen, etwa bei Flugzeugen, ist der Pilot im wesentlichen für das Management von Ausnahmesituationen zuständig. Der Autopilot ist technisch gesehen problemlos in der Lage, den gesamten Flug allein zu bewältigen. Kritisch wird es nur in Fällen, in denen die Sensoren des Flugzeugs durch besondere Witterungssituationen irregeführt werden oder eine Kombination von Umständen vorliegt, mit der die Software nicht klarkommt.

Ist es vorstellbar, daß sich zukünftig unsere Autos ähnlich bewegen? Die Entwickler autonomer Fahrzeuge gehen noch einen Schritt weiter: Die Software für das Auto fährt meist äußerst defensiv. Ein Überschreiten der Höchstgeschwindigkeit ist schlicht nicht möglich. Verkehrszeichen werden automatisch erkannt, und die entsprechenden Vorschriften werden bedingungslos eingehalten. Wäre das gar der Sieg der Vernunft gegen die alltäglichen Raser? Fühlen sich Fahrer dann von der Technik über die Maßen bevormundet? Oder ist der Gewinn an Komfort und Sicherheit ausreichend, um die »Freude am Fahren« in den Hintergrund treten zu lassen?

Dies und die ungeklärten Fragen, insbesondere was Schuld und Haftung angeht, sind für die deutschen Autobauer ein weiterer Grund, den Weg zur vollen Autonomie des Autos geruhsam anzugehen. In den beiden geplanten Zwischenstufen bis zum vollautomatischen Fahren ist der Mensch hinter dem Lenkrad weiterhin verantwortlich für sein Fahrzeug, auch wenn de facto die Software lenkt. Dementsprechend viel Aufwand stecken die Hersteller in die Überwachung des Fahrers und seiner Reaktionsfähigkeit. Wie immer bei technischen Systemen, die dem Nutzer eine Funktionalität vorenthalten, finden sich schnell Wege zur Umgehung der Überwachung und der vorgesehenen Restriktionen und Sperren. So lassen sich heute schon der Tempomat und abstandhaltende Systeme aktueller Oberklassefahrzeuge mit einfachen Tricks davon überzeugen, daß der Fahrer seine Hände noch am Lenkrad hat, während er eigentlich mit seinem Mobiltelefon spielt.

Die Frage, welche Auswirkungen autonome Fahrzeuge auf die Arbeitswelt haben werden, ist indes nicht leicht zu beantworten. Gerade Autos und Lkws sind auch emotional besetzte Themen, bei denen gesellschaftliche Diskussionsprozesse überraschend ausgehen können. So hat etwa das Nachtfahrverbot für Lkws nicht nur den Aspekt des Arbeitsschutzes, der sicherstellen soll, daß nicht übermüdete Fahrer am Lenkrad sitzen. Ebenso wichtig ist der Lärmschutz: Das Nachtfahrverbot soll dafür sorgen, daß geplagte Anrainer wenigstens ein paar Stunden Ruhe haben. Mit der Nachtruhe könnte es aber nicht nur aufgrund des Verkehrs automatisch fahrender Lkws vorbei sein. Eine Fahrzeugklasse, die geradezu prädestiniert für den Einbau automatischer Fahrfunktionen ist, sind auch Wohn- und Reisemobile. Sich einfach für die Nacht aufs Ohr legen zu können, während das Fahrzeug allein seinen Weg zum Ziel findet, wird für Camper ausgesprochen attraktiv sein.

Die bessere Steuerung des Lkw- und Kleintransporter-Lieferverkehrs mit Hilfe von Optimierungen der Routen – vor allem in den Städten – könnte den Fahrer schon in naher Zukunft zum reinen Befehlsempfänger degradieren. Systeme, die Routen optimieren, sind zwar seit langem bekannt und mit der verbreiteten Nutzung von GPS geradezu alltäglich geworden. Was neue Lieferverkehrsoptimierer aber bereits testen, dreht sich nicht mehr nur um den kürzesten Weg oder den mit den wenigsten Staus. Den Fahrern wird vielmehr schon heute in Echtzeit je nach Fracht und deren Reihenfolge der Stapelung in ihren Lkws oder Lieferwagen, den Anforderungen der Kunden und der Situation der Lagerbestände vorgegeben, wie genau sie zu fahren haben. Selbstverständlich sind die Verkehrssituation und die Spritpreise bereits mitberechnet.

Sind diese und noch weitere Parameter in der Optimierung der Route einkalkuliert, kann auch der erfahrenste Disponent oder Lastwagenfahrer mit dem Algorithmus nicht mehr mithalten. Ihm fehlt ein Teil der Informationen, die in die maschinelle Berechnung einfließen, und er könnte auch nicht in der Schnelligkeit reagieren, wie es der Computer auf sein Display in der Fahrerkabine sendet. Denn bei jeder Änderung der Parameter wird die zu fahrende Route angepaßt.

Bevor solche Systeme verbreitet im Einsatz sind, werden heute schon automatische Assistenzsysteme, die typische schwere Unfälle verhindern können, nach und nach für Lkws und Busse verpflichtend werden. Ab Ende 2013 müssen Spurhalteassistenten und automatische Notbremssysteme in allen neuen Lkws verbaut werden, um die »klassischen« Katastrophenunfälle zu verhindern, wenn etwa der Fahrer durch Gesundheitsprobleme oder Übermüdung nicht mehr in der Lage ist, ein Abkommen von der Spur oder ein Auffahren auf ein Stauende oder bremsende Fahrzeuge vor ihm zu verhindern. Studien schätzen, daß damit bis zu einem Drittel dieser Unfälle vermieden werden könnten. Wenn die Schätzungen auch nur annähernd eintreffen, wäre damit der

Weg für die flächendeckende verpflichtende Einführung von intelligenten Fahrassistenten geebnet.

Die nächsten Jahre werden in der Branche deshalb mit Spannung beobachtet. Solange auf europäischen Straßen noch jede Menge alter Lkws und Busse unterwegs sind, wird sich an den Unfallzahlen zunächst wenig ändern. Der Druck aus der Öffentlichkeit, solche intelligenten Unfallverhinderer für alle Lkws vorzuschreiben, wird jedoch wachsen, sobald klar wird, daß und wie gut sie funktionieren. Die spannende Frage ist, wie schnell dann neue Technologien, die offensichtlich das Leben aller Fahrenden sicherer machen, zur Pflicht werden.

Es ist absehbar, daß die Rolle des Menschen als Risikofaktor im Straßenverkehr weiter und weiter reduziert wird. Daß in Zukunft niemand mehr hinter dem Lenkrad eines Lkws sitzt, ist dabei durchaus vorstellbar. Ungefähr achthunderttausend Menschen arbeiten in Deutschland als Fernfahrer, mithin ein gigantisches Heer von potentiellen Arbeitslosen. Allerdings scheint diese Vision noch eine Weile auf sich warten zu lassen, noch zu viele Unwägbarkeiten lauern im rauhen Straßenalltag auf die Algorithmen. Die Spurassistenten etwa sind kaum zu gebrauchen, wenn Neuschnee gefallen ist. Pannen, Reifenplatzer und Unfälle auf der Route erzeugen eine große Zahl potentieller Unvorhersehbarkeiten, bei denen der Mensch mit seinem angeborenen Improvisationstalent und seiner Fähigkeit, komplexe Situationen einzuschätzen und, wenn nötig, auch zu beherrschen, noch unersetzbar ist.

Doch wäre es falsch, sich zurückzulehnen und die Fernfahrer in die Kategorie der nicht »wegautomatisierbaren« Jobs zu verbuchen. Eine mögliche und wahrscheinliche Entwicklung ist, daß sie zwar noch eine ganze Weile weiter hinter dem Lenkrad sitzen, aber dabei weniger und weniger zu tun haben. Einen entsprechenden Ausbau der Infrastruktur vorausgesetzt, wäre es durchaus denkbar, daß zuerst mit Road-Train-Konzepten ein Fahrer für mehr als ein Fahrzeug verantwortlich ist. Er würde dann im ersten Fahrzeug einer ganzen Schlange von elektronisch gekoppelten Lkws sitzen, die führerlos fahren. Wenn ein Problem auftritt und das automatische Fahren versagt, kann er immer noch eingreifen.

Denkbar ist auch, daß im Fehlerfall die Computer den Lkw rechts ranfahren und ein Operator sich per Mobildatennetz auf das Fahrzeug aufschaltet. Oder ein mobiles Störungsbehebungsteam bringt einen Fahrer zum liegengebliebenen autonomen Lkw und behebt Pannen und Steuerungsprobleme. Technisch möglich und denkbar sind viele Optionen, die sich durchsetzen können, das hängt in der Transport- und Logistikbranche so stark wie nur in wenigen anderen Wirtschaftszweigen von politischen Regulierungen und gesellschaftlicher Akzeptanz ab.

Ein heute noch wesentlicher Teil des Arbeitsbildes der Fernfahrer ist auch, die Logistik beim Be- und Entladen zu managen, also dafür zu sorgen, daß die richtigen Paletten und Container an den richtigen Empfänger gelangen und eventuelle Fehler, Mißverständnisse, Fehladressierungen und ähnliches bemerkt und dabei auftauchende Probleme gelöst werden. Auch hier ist es jedoch nicht undenkbar, daß durch weitere Standardisierung von Verpackungseinheiten – etwa in Form von leichten Minicontainern mit elektronischem Tracking und Diebstahlschutzsystemen – nochmals eine grundlegende Änderung der Transportlogistik geschieht, ähnlich wie sie die Einführung des Überseecontainers in der Schiffahrt war.

Die Praktiker aus der Branche halten eine derartige Entwicklung heute allerdings nur theoretisch für durchsetzbar. Genauso argumentierten allerdings auch die Hafenarbeiter und Schiffseigner, bevor die ökonomischen Vorteile der Standardcontainer die gesamte Branche revolutioniert und Hunderttausende für unersetzbar gehaltene Arbeitsplätze in den Ladedocks rund um die Welt innerhalb relativ kurzer Zeit überflüssig gemacht hatten.

Wenn die ökomischen Vorteile hinreichend groß und die Technologien ausgereift genug sind, ist – wie wir gesehen haben – der Druck überraschend groß, auch umfangreiche Veränderungen durch globale Standardisierung möglich zu machen. Dadurch, daß gerade schwere Nutzfahrzeuge im reicheren Teil Europas schon aus Gründen der Wirtschaftlichkeit – Spritverbrauch und Pannenstatistiken treiben dazu – meist nicht viel älter als fünf Jahre sind, es also eine relativ schnelle kontinuierliche Erneuerung der Flotten gibt, können sich technologische Änderungen vergleichsweise schnell durchsetzen. Leichte Lkws, die überwiegend im regionalen und Stadtverkehr eingesetzt werden, sind demgegenüber eher älter und werden nicht so oft erneuert. Hier dauern Änderungen länger, wenn man sie denn nicht durch Subventionen oder Vorschriften beschleunigt.

Ein wesentliches Detail, das uns auch an anderen Orten unserer Erkundungen begegnete, ist der demographische Wandel. Fernfahrer ist ein anstrengender Beruf, der nicht als sehr familienfreundlich gilt und kein besonders hohes Prestige genießt. Die Industrieverbände unken jetzt schon, daß in zehn bis fünfzehn Jahren ein Arbeitskräftemangel eintreten wird, insbesondere in Deutschland, wenn die heutigen Generationen von Fahrern in Rente gehen und das Berufsbild bis dahin nicht interessanter wird. Nun sind solche Alarmmeldungen immer mit Vorsicht zu genießen, gerade angesichts der hohen Jugendarbeitslosigkeit in Spanien und Griechenland und der inhärent hohen Mobilität des Gewerbes ist es durchaus möglich, daß die Katastrophenszenarien einigermaßen überzogen sind. Es ist jedoch genauso gut denkbar, daß der Druck, die Arbeit attraktiver zu machen und im Schnitt mit weniger Menschen auszukommen, kombiniert mit den durch Digitalisierung und Vernetzung möglich werdenden Technologieschüben dazu führt, daß in Zukunft nicht mehr hinter jedem Lenkrad ein Mensch sitzt.

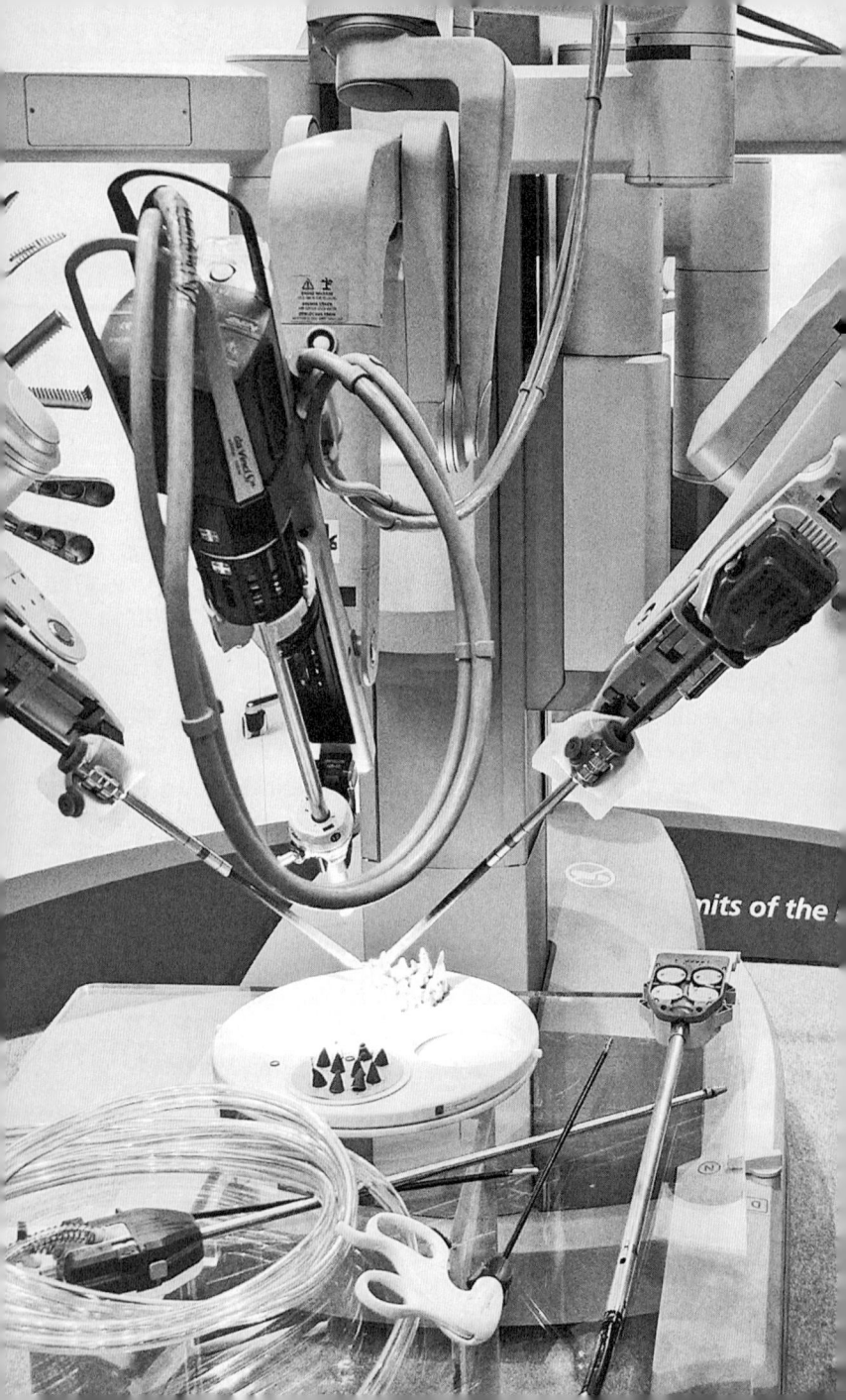

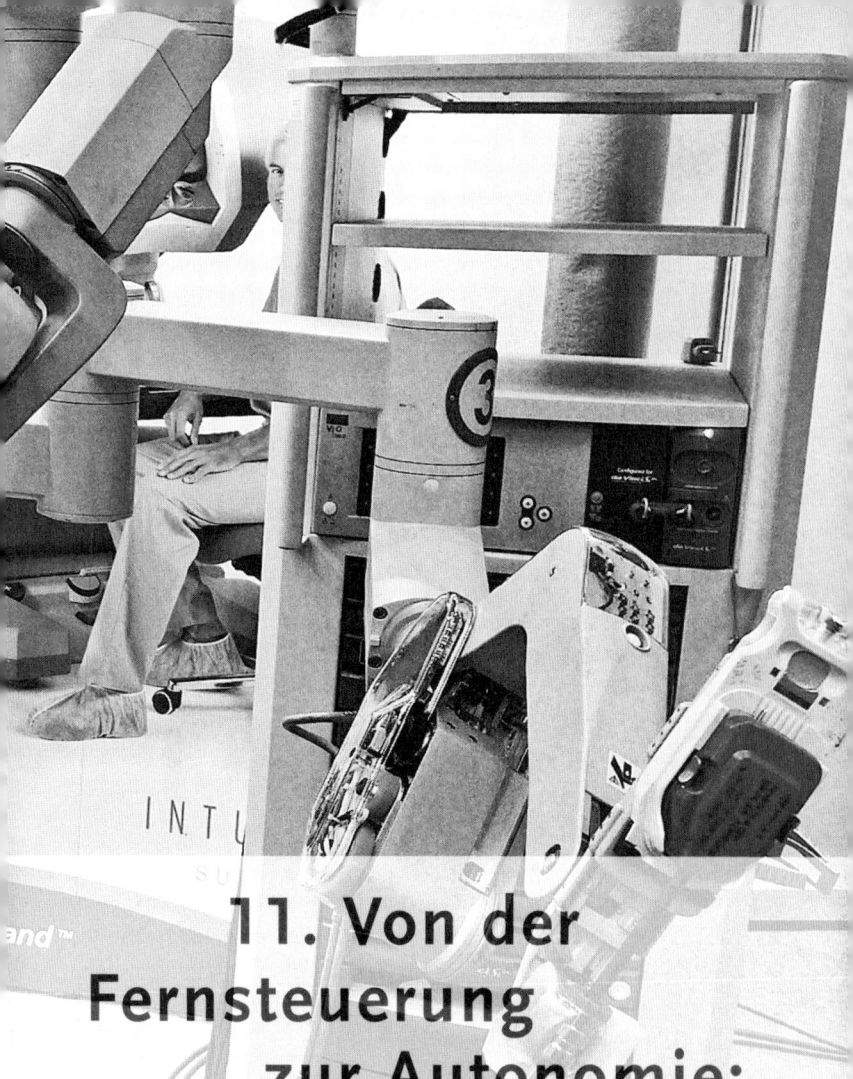

11. Von der Fernsteuerung zur Autonomie: Telepräsenz und Drohnen

Eine gern übersehene, aber immer wichtigere und insbesondere für die zukünftige Arbeitsplatzentwicklung wahrscheinlich wesentliche Spielart der Robotik und Automatisierung ist die sogenannte Telepräsenz. Dabei wird ein Roboter von einem Menschen ferngesteuert, wobei ein Teil der Funktionen durch Automatismen und Algorithmen übernommen wird, die dem Menschen die Steuerung erleichtern.

Ein bekanntes Beispiel ist der DaVinci-Chirurgieroboter. Das System ähnelt einer großen vierarmigen Spinne, deren Beine in dünnen Stäben mit sehr kleinen, aber sehr präzisen chirurgischen Werkzeugen und Greifern enden. Diese werden durch kleine Schnitte in der Haut des Patienten ins Körperinnere geführt. Durch weitere, kleinere Schnitte werden hochauflösende 3-D-Kameras mit Lichtquellen zum Operationsgebiet gebracht.

In der konventionellen minimalinvasiven Chirurgie führt ein Chirurg diese Operationswerkzeuge per Hand und betrachtet das Kamerabild auf einem Monitor. Da die Orientierung des Kamerabildes und der Werkzeuge oft nicht intuitiv, zum Teil gespiegelt oder auf dem Kopf stehend ist und der Chirurg die Stäbe mit den Greifern per Hand führt, ist diese Operationstechnik kompliziert zu erlernen und nicht immer komplikationsärmer als eine konventionelle Operation.

Das DaVinci-System bietet dem Chirurgen eine Übersetzung seiner Handbewegungen, die er nicht direkt in den Operationswerkzeugen, sondern an einem System mit digital abgetasteten Manipulatoren durchführt. Typisch menschliche Probleme wie das Händezittern oder versehentliches Abrutschen mit dem Skalpell werden so verhindert oder ausgefiltert. Die Skalierung von Bewegungen ermöglicht es, relativ große Hand- und Fingerbewegungen in eine minimale Bewegung der Chirurgiewerkzeuge des Roboters zu übersetzen.

Mit solch einem DaVinci-Roboter zu arbeiten ist erstaunlich intuitiv. Für die Ausbildung und das Marketing hat die Firma Simulatoren entwickelt, mit dem Chirurgen den Umgang mit der Technik quasi als eine Art Computerspiel erlernen können. Zusätzlich gibt es Trainingsmodelle aus flexiblem Silikon, an denen man die Bedienung der verschiedenen Greifer und Chirurgiewerkzeuge üben kann. So können auch Nichtchirurgen das System erproben, ohne dabei Patienten zu gefährden.

Die Chirurgenkonsole besteht aus einer fest montierten 3-D-Brille, in der das stereoskopische Kamerabild aus dem Operationsgebiet zu sehen ist. Die Unterarme des Arztes liegen entspannt auf breiten Polstern, mit Daumen, Zeigefinger und Mittelfinger umfaßt er leichtgängig aufgehängte Stifte, an denen sich Tasten befinden. Die Handbewegungen werden nur dann auf die Operationswerkzeuge übertragen, wenn man die mittlere Taste drückt. Dadurch kann der Chirurg Arm und Hand ohne Verkrampfung in eine bequeme, präzise kontrollierbare Position bewegen, bevor er die eigentliche Bewegung ausführt.

Die Greifer des Roboters öffnen und schließen sich durch Druck auf weitere Tasten an den Stiften. Nach einer kurzen Eingewöhnungszeit, die für das Training der Hand-Auge-Koordination benötigt wird, fängt der Nutzer an, die winzigen Robotergreifer ganz selbstverständlich zu benutzen. Weitere Funktionen, wie die Veränderung der Kameraposition, werden gleichzeitig mit Fußtasten gesteuert. Man merkt dem System die diversen Jahre kontinuierlicher Verbesserung und den starken Fokus auf die Ermöglichung benutzerfreundlichen, ermüdungsarmen Arbeitens deutlich an. Im Vergleich zu vielen anderen Telepräsenz- und Fernsteuersystemen wirkt es elegant, zuverlässig und ausgereift.

Es werden bereits Erweiterungen getestet, in denen im Operationsgebiet bestimmte besonders sensible Bereiche, wie etwa Adern oder Nervenstränge, markiert werden können. Der Computer blockiert dann Bewegungen, die zu Verletzungen dieser Areale führen können. Ein nächster Schritt ist es, Routineaufgaben, wie etwa das Vernähen von Wunden, direkt von Computerprogrammen ausführen zu lassen. Das Kernprinzip von Telepräsenzrobotern ist es also, zuerst das menschliche Handeln von algorithmengesteuerten Sensoren und Aktoren, aber noch unter Kontrolle des Menschen ausführen und nach und nach bestimmte Aktivitäten vom Computer übernehmen zu lassen.

Ein häufiger Kritikpunkt an solchen Chirurgierobotern ist, daß bedingt durch die hohen Kosten des Systems viele Operationen durchgeführt werden müssen, damit sich ein solches System amortisiert. Dies führt je nach Struktur des Gesundheitssystems offenbar in der Praxis tatsächlich dazu, daß es zu möglichst vielen chirurgischen Eingriffen kommt, selbst wenn möglicherweise ein anderes Operationsverfahren fachlich geeigneter wäre.

Zum anderen gibt es auch Hinweise darauf, daß pro Chirurg mehr Operationen als ohne Roboter angesetzt werden, da das System ein ermüdungsärmeres Arbeiten erlaubt. Hier wie an vielen anderen Stellen der derzeitigen Automatisierungswelle führt die Technik also nicht dazu, daß die Arbeitsbelastung für den hochqualifizierten Menschen sinkt. Vielmehr wird es möglich, die »Ressource Mensch« effektiver auszulasten. Der Technik an sich ist das natürlich nicht anzukreiden, sondern wie immer den Umständen ihres Einsatzes und im konkreten Fall der Struktur und Incentivierung im Gesundheitssystem.

Prinzipiell ist es auch möglich, die Steuerkonsole des Chirurgen nicht direkt im Operationssaal aufzustellen, sondern an einem anderen, auch weit entfernten Ort. Die Idee dabei ist, daß ein hochqualifizierter Spezialist für bestimmte Operationen aus der Ferne arbeiten kann, so daß es nicht notwendig ist, den Patienten zu ihm zu bewegen. Bedingung ist natürlich eine latenzarme und sichere Netzverbindung.

Vorangetrieben wird diese Forschung vor allem vom Militär, das darauf hofft, Verwundete auch in Feldhospitälern, in denen kein Spezialist für bestimmte besonders komplizierte Erkrankungen vor Ort ist, von weit entfernten Spezialisten operieren zu lassen.

Auch für Krankenhäuser in entlegenen Gegenden oder in anderen Fällen, wo der Transport des Patienten in spezialisierte Kliniken nicht möglich ist, könnte diese Technologie Menschen helfen.

Typische Beispiele für weitere Telepräsenzsysteme ganz anderer Art sind die verschiedenen Militär»roboter«, mit denen der Hersteller der Roomba-Staubsaugerroboter iRobot einen nicht unerheblichen Teil seines Umsatzes macht. Eingesetzt werden sie zur Untersuchung verdächtiger Gegenstände, zur Bombenentschärfung und zur Erkundung von Gebäuden und Höhlen, in denen Feinde und Sprengfallen vermutet werden. Die »FirstLook«, »PackBot« oder »Warrior« getauften Maschinen bewegen sich auf Gummiraupenketten fort und tragen je nach Variante Kameras, Mikrophone, diverse Sensoren, bewegliche Arme mit Greifern oder auch Waffen – vom Wasserdruckschußgerät zur Bombenentschärfung bis zum Maschinengewehr.

Der Operator sitzt vor einer koffergroßen Fernsteuerkonsole in einiger Entfernung zum Roboter. Auf dieser sind die Bilder der Kameras, die Daten der Sensoren, eine Computersimulation der momentanen Lage sowie die Orientierung des Roboters und eine Karte der Umgebung mit der Position des Operators selbst und der des Roboters zu sehen. Der Roboter verlängert sein Sehen, sein gesamtes optisches Spektrum, sein Fühlen und seine Arme und Hände, zudem liefert er zusätzliche Sensordaten, die sich ein Mensch nicht selbst erschließen könnte.

Die Steuerung solcher Roboter kann je nach Situation per Funk oder Kabel erfolgen. Diese Art der technologischen Verlängerung menschlicher Sinne und Kraft gibt es im Prinzip schon lange. Bei den Aufräumarbeiten nach nuklearen Unfällen und in anderen für den Menschen extrem gefährlichen oder unmittelbar tödlichen Umgebungen werden schon seit den sechziger Jahren ferngesteuerte Fahrzeuge zur Manipulation eingesetzt.

Im Unterschied zu den damaligen Systemen verfügen die heutigen Telepräsenzroboter jedoch über Systeme, die die Arbeit mit dem Roboter erheblich erleichtern. Nicht nur sind die Kameraauflösungen gestiegen und die Leistung von Batterien und Motoren dramatisch gewachsen, Computer im Inneren des Roboters übernehmen mehr und mehr auch selbständig Teilaufgaben. Aktuelle Systeme können zum Beispiel eine vom Operator vorgegebene Fahrstrecke selbsttätig zurücklegen, auch wenn sie durch Hindernisse, Trümmerteile oder über Treppen führt. Bilderkennungssoftware, die das Signal einer Infrarotkamera überwacht, verhindert beispielsweise automatisch, daß Bereiche befahren werden, die zu heiß für die Gummiketten des Roboters sind.

Die zukünftigen Entwicklungen sind relativ klar vorgezeichnet: Mehr und mehr Funktionen und Routineaufgaben der ferngesteuerten Systeme werden von Algorithmen und Software übernommen, der Mensch kümmert sich um Fehler, Ausnahmen, um die Aufsicht und darum, die Aufgaben und Missionen des Roboters vorzugeben.

Gut beobachten läßt sich dieser Trend bei militärischen Flugdrohnen. Im Kern handelt es sich dabei um ferngesteuerte, also unbemannte Flugzeuge. Alle Steuersignale werden jedoch durch Computer vermittelt. Die Drohnen verfügen über verschiedene Systeme zur Positionsermittlung, Dutzende Sensoren für Fluglage, Geschwindigkeit, Treibstoff, Motordrehzahl und oft über etliche Kameras. Während frühere Systeme ähnlich wie Modellflugzeuge noch direkt von einem weit entfernten Piloten gesteuert wurden, wird den aktuellen Flugdrohnen eine Reihe von Wegpunkten vorgegeben, die sie dann automatisch anfliegen. Der Computer steuert die gesamte Bordelektronik, die Klappen und Ruder, die Motordrehzahl und die Stellung des Propellers. Der Pilot, selbst wenn er die direkte Kontrolle über die Drohnen übernimmt, beeinflußt nur noch die Parameter.

Aus Sicht des Militärs sind die beiden großen Probleme der derzeitigen Drohnentechnologie vor allem die nötige Bandbreite der Satellitenverbindung für die Übertragung der Video- und Steuersignale von der Drohne zum Piloten sowie die Zuverlässigkeit der Verbindung. Wenn Dutzende Drohnen im Einsatz sind, wird der Platz auf den Satelliten knapp. Die neuen Drohnengenerationen verfügen zum Teil über Dutzende Kameras und andere optische und elektronische Systeme mit entsprechenden Anforderungen an die Bandbreite der Bild- und Sensordatenübertragung.

Während die meisten heutigen Drohnen eher langsam und behäbig fliegen, werden bereits neue Modelle getestet, die es an Geschwindigkeit und Agilität mit modernen Jagdflugzeugen aufnehmen können. Da auf die körperliche Verfassung eines Piloten keine Rücksicht mehr genommen werden muß, sind auch Flugmanöver möglich, die Menschen durch die entstehenden Beschleunigungen, etwa in engen Kurven, überfordern würden. Die Zeitverzögerung, die durch die Laufzeit des Funksignals vom fernsteuernden Piloten ins Weltall zum Satelliten und von dort zur Drohne und den dazwischengeschalteten digitalen Systemen für Verschlüsselung und Kompression entsteht, kann ein bis zwei Sekunden oder mehr betragen. In einer kriegerischen Auseinandersetzung, zum Beispiel mit einem bemannten Jagdflugzeug, hätte der Drohnenpilot mit den heutigen Flugrobotern keine Chance, da seine Reaktion viel zu spät erfolgt. Die logische Konsequenz: mehr Automatisierung und Autonomie.

Dabei geht es natürlich zuerst darum, die Zeit zu reduzieren, in der ein Pilot seine Aufmerksamkeit der Drohne zuwenden muß. Mehr und komplexere Flugmanöver finden automatisch statt, eingebaute Musterkennungssysteme sollen in den Kamerasignalen und Radardaten noch an Bord der Drohnen nach vorgegebenen oder generell verdächtigen Mustern suchen. Nur wenn etwas Interessantes zu sehen ist, soll die kostbare Satellitenübertragungsbandbreite und die knappe Aufmerksamkeitszeit der Fernsteuerpiloten in Anspruch genommen werden. Die Militärs hätten zum Beispiel gern Drohnen, die tagelang über einem Gebiet kreisen und nach verdächtigen Bewegungsmustern von Menschen oder Fahrzeugen Ausschau halten, etwa wenn diese ein bestimmtes Gebiet betreten oder befahren.

Schon wenn es sich dabei nur um unbewaffnete Aufklärungsdrohnen handelt, entsteht eine Fülle von grundsätzlichen Problemen. Die Frage, wie sich ferngesteuerte oder auch vollautomatische Systeme in die komplexen Regeln des zivilen Luftverkehrs einfügen, ist ähnlich schwierig zu beantworten wie die Frage nach den richtigen Regeln für autonom fahrende Autos auf der Straße. Der qualitative Unterschied in diesen Regulierungsbereichen ist natürlich die Unfallhäufigkeit, die im Luftverkehr weit unter den Unfallzahlen im Straßenverkehr liegt. Allerdings haben Unfälle bei Flugzeugen erheblich mehr Katastrophenpotential.

Prinzipiell sollten die technischen Probleme in der Luft einfacher zu lösen sein, zumindest in den höheren Flugregionen. Andere Flugzeuge, die üblicherweise ihre Position per Funk ausstrahlen, und gelegentliche Unwetter sind dort die einzigen Hindernisse, denen es auszuweichen gilt. Technisch ist dieses Problem der automatischen Kollisionsvermeidung in der Luft weitgehend gelöst. In der Praxis stellt sich die Sachlage jedoch komplizierter dar als im Labor.

Im Rahmen der deutschen Diskussion um den »Euro Hawk«, eine riesige Spionagedrohne, deren Anschaffung die Bundeswehr plante, spielte die ganz praktische Umsetzung eines solchen Systems zur Vermeidung von Kollisionen eine erhebliche Rolle. Eine Drohne, die sich im normalen, von vielen zivilen Flugzeugen benutzten Luftraum bewegen soll, muß auch dann zuverlässig anderen Flugzeugen ausweichen, wenn sie keine Verbindung zum fernsteuernden Piloten hat oder wenn das fliegende Gegenüber seine Position und Flugroute per Funk nicht aussendet. In größeren militärischen Drohnen könnte man dazu, ähnlich wie in Jagdflugzeugen, ein eigenes Radar verbauen, das den Luftraum in der Umgebung im Auge behält. Die Algorithmen und Methoden, um im Notfall die richtigen automatischen Ausweichflugbewegungen zu machen und auch damit klarzukommen, daß Triebwerk oder Steuerungssysteme zum Teil ausgefallen sind, sind zwar in der Theorie schon fertig. Sie jedoch so zuverlässig zu machen und so sicher in die Drohne zu integrieren, daß die Luftfahrtkontrollbehörden sie als vollwertigen Pilotenersatz im Notfall akzeptieren, ist eine ähnlich große Herausforderung wie die Algorithmenentwicklung selbst.

Wenn die Drohnen dann auch noch bewaffnet, also zumindest im Prinzip ein Roboter sind, der die Macht hat, Menschen mit Kriegswaffen zu töten, werden die Probleme nochmals eine Größenordnung schwieriger. Die ethisch heikelste Frage ist zweifellos, ob es sein darf, daß ein Algorithmus im Inneren des bewaffneten Roboters die letztgültige Entscheidung fällen kann, mit Hilfe seiner Bewaffnung jemanden zu töten.

Aus Sicht der Militärs gäbe es etliche Gründe, die Entscheidung über Ziele und Zeitpunkt der Waffenanwendung den Algorithmen zu überlassen. Das wichtigste Argument neben den schon erwähnten Limitationen von Bandbreite und menschlicher Aufmerksamkeit ist dabei die Geschwindigkeit. Schon heute gibt es einige Systeme, bei denen der Mensch entscheidet, ab wann sie scharfgeschaltet sind, die eigentliche Entscheidung über Zielerfassung und Vernichtung trifft jedoch der Computer. Ein typisches Beispiel dafür sind die sogenannten Nahfeld-Verteidigungssysteme von Kriegsschiffen.

Schon seit Jahrzehnten sind die Raketen, mit denen sich moderne Kriegsschiffe überwiegend bekämpfen, so schnell und aufgrund ihres Fluges dicht über der Wasseroberfläche so spät vom Radar zu erkennen, daß sie nur noch mit vollautomatischen Schnellfeuerkanonen abgewehrt werden können. Wenn eine entsprechende Gefahrensituation angenommen wird, wird das System am Schiff scharfgeschaltet und schießt ab diesem Zeitpunkt vollautomatisch auf alle im Radar auftauchenden Ziele im programmierten Sektor. Die Arbeit des zuständigen Soldaten ist nicht mehr, die Maschinenkanone auf das Ziel zu richten und auszulösen, sondern vielmehr, der selbständigen Waffe Aufgaben zuzuweisen, das technische System insgesamt funktionierend zu halten und es an- und auszuschalten. Auch beim Militär hat der technische Fortschritt also schon den Personalbedarf reduziert.

Was nun aber, wenn man die Logik solcher automatisierten Verteidigungssysteme auf tödliche autonome Drohnen überträgt? Die Szenarien, mit denen die Verfechter bewaffneter autonomer Systeme argumentieren, lesen sich etwa so: Wenn ein Angreifer, der sich bei seinen militärischen Operationen keinen ethischen Beschränkungen unterworfen sieht, extrem schnelle und wendige autonome Drohnen verwendet, deren Geschwindigkeit einen menschlichen Operator überfordert, wäre es dann nicht angemessen, ebenfalls eigene autonome Drohnen zu bauen, die vollautomatisch unter Waffeneinsatz diese gegnerischen Drohnen bekämpfen können?

Beispiele für die drastischen Folgen dieser militärischen Logik gibt es einige. Im kalten Krieg bauten beide Seiten Computersysteme, die einen gegnerischen Nuklearschlag erkennen und ohne Zeitverzug den atomaren Gegenschlag auslösen sollten. Die künstlerische Verarbeitung dieser Ideen und ihrer offensichtlichen Risiken spiegelte sich unter anderem im Film »War Games«, in dem ein Supercomputer mit beschränkter künstlicher Intelligenz die Mannschaften in den Abschußsilos der Interkontinentalraketen ersetzt hatte und aus spieltheoretischen Erwägungen den Atomkrieg zu beginnen drohte.

Erst nach dem Ende des kalten Krieges wurde bekannt, daß neben dem US-amerikanischen, von IBM gelieferten SAGE-Computer auch die Sowjetunion tatsächlich ein System entwickelt und scharfgeschaltet hatte, das im Falle eines amerikanischen Angriffs vollautomatisch den atomaren Gegenschlag auslösen sollte. Aus noch nicht ganz geklärten Gründen hatte die Sowjetunion die

USA davon nicht in Kenntnis gesetzt. Durch eine Fehlinterpretation von Sensordaten und andere Fehlfunktionen hätte das »Tote Hand« getaufte System beinah von sich aus den Start der sowjetischen Interkontinentalraketen mit Atomsprengköpfen Richtung USA ausgelöst. Einzig dem diensthabenden Offizier, der trotz der Sensordaten auf den Bildschirmen der Computer in seinem Kommandobunker zu der Erkenntnis gelangte, daß ein unprovozierter amerikanischer Atomschlag extrem unwahrscheinlich war, und den automatischen Ablauf des »Gegenschlags« unterbrach, ist es zu verdanken, daß es nicht zur atomaren Katastrophe kam und wir alle heute noch leben. Dieser einzelne Mensch hatte durch das komplexe Computer- und Steuerungssystem unter seinem Kommando buchstäblich die Macht, das enorme Atomwaffenarsenal seines Landes zu befehligen und damit indirekt über das Fortbestehen der Menschheit zu entscheiden.

Die Lehre aus ähnlichen Vorfällen kann nur sein, tödliche autonome Systeme mittels Verzicht, internationaler Abkommen und weltweiter Ächtung zu verhindern. Derzeit ist es dazu noch nicht zu spät: Aufgrund der intensiven öffentlichen Diskussion ist momentan zumindest bei den Militärs der technisch fortgeschrittenen Nationen eine Reihe von Direktiven in Kraft, die grundsätzlich erfordern, daß ein Mensch die Entscheidung über Angriff, Waffeneinsatz und Tötung trifft. Die Frage ist angesichts der fortschreitenden technischen Entwicklung jedoch, wie lange diese Vorsätze halten. Die Entwicklung geht nahezu unweigerlich dahin, daß Menschen ihre Entscheidungen auf der Basis von softwaregefilterten Bild- und Sensordaten treffen und die letztendliche Entscheidung, den Auslöser zu drücken, zu einer eher zeremoniellen Handlung degeneriert. Denn der Nachteil der Langsamkeit menschlicher Fähigkeiten im Vergleich zu computerisierter Berechnung und Optimierung wird immer größer werden.

Besorgniserregend an der immer weitergehenden Automatisierung des Waffeneinsatzes ist auch, daß immer weniger Menschen für die Kriegshandlungen benötigt werden. Was auf den ersten Blick wie ein großer Vorteil erscheint, bei den Kampfhandlungen werden so schließlich weniger Menschenleben riskiert, kann auf längere Sicht zu grundlegenden Änderungen führen. Wenn sich die Macht, Gewalt in großem Umfang auszuüben, in sehr wenigen Händen konzentriert, die die Kontrolle über Polizei- und Militärroboter haben, entfällt die Notwendigkeit, über demokratische Legitimierung und das Einhalten moralischer Grundsätze den Gewalteinsatz zu rechtfertigen.

Wenn die individuelle Gewissensentscheidung und das typisch menschliche Einschätzen einer Situation aus dem Bauch heraus der durch Roboter ersetzten Soldaten und Polizisten als Korrektiv wegfällt, ist ein Abgleiten in Strukturen möglich, die eher einem Raubrittertum als modernen demokratischen Gesellschaften ähneln. Mit Roboterarmeen ausgestattete Warlords und Diktatoren müßten sich nur noch der Loyalität ihrer Techniker und des Zugriffs auf die nötigen Produktions- und Kapitalressourcen sicher sein. Mittels unmarkierter, nicht ohne weiteres zu ihrem Auftraggeber rückverfolgbarer Kriegsroboter könnten sie eine Art anonymen Krieg führen, der das Schlagwort der asymmetrischen Kriege neu definieren würde. Die Grenze zwischen Krieg und Frieden würde endgültig verwischt. Eine wesentliche Forderung zur Verhinderung dieser Bedrohung ist daher, daß alle autonomen Systeme, egal, ob sie fliegen, fahren oder schwimmen, eine eindeutige, schwer fälschbare elektronische Kennung tragen müssen, die per Funk in einem standardisierten Verfahren ihre Identität, ihre Mission, den Eigentümer und die Kontaktkoordinaten aussendet, unter denen ihr verantwortlicher Betreiber zu erreichen ist. Alle Handlungen müssen in kryptographisch gesicherten Black Boxes gespeichert werden, so daß jederzeit nachvollziehbar ist, was das System wann, wo und in wessen Auftrag getan hat.

Das Problem der Konzentration von Verantwortung und damit auch Macht durch die immer weitergehende Automatisierung und algorithmische Steuerung und die Fähigkeit zur Telepräsenz über die weltweit verfügbaren digitalen Netze stellt sich an vielen Orten, jedoch nicht überall so existentiell wie beim Militär. Schaut man sich etwa die Energieversorgung einer modernen Großstadt wie Berlin an, sieht man ein gewaltiges, komplexes Netzwerk aus Kraftwerken, Stromleitungen, Umspannwerken, Fernwärme- und Kälteleitungen und den dazugehörigen Steuerzentralen. Tatsächlich vor Ort sind nur noch wenige Menschen.

Die Umspannwerke und Transformatoren sind bereits vollständig automatisiert und werden über Datenleitungen aus der Ferne überwacht. Auch in den Kraftwerken sind für die eigentliche Erzeugung von Strom und Wärme noch wenige Menschen in der physischen Nähe der Maschinen. Wenn nicht gerade Reparaturen und Wartungsarbeiten anstehen, sind zum Beispiel in einem großen Kraftwerk in Berlin-Mitte pro Schicht nur noch vier Mitarbeiter auf dem Gelände.

In der Schaltzentrale überwachen zwei Anlagenfahrer den Betriebsablauf, alle Tätigkeiten werden an Bildschirmen ausgeführt, auf denen Schaubilder die Situation der Anlage visualisieren. Die Strichzeichnungen, mit denen der Zustand der komplexen Anordnung dargestellt wird, sehen auf allen Leitständen sehr ähnlich aus – egal, ob im Kraftwerk, in der Mühle oder in der Ölraffinerie. Die Steuerungstechnik folgt prinzipiell der gleichen Logik und kommt oft von denselben Herstellern.

Videokameras erfassen jeden Winkel der Gebäude und des Geländes, Algorithmen beobachten die Videoströme und schalten automatisch die Kameras auf den Schirm, die gerade eine Bewegung erfassen. Die wesentliche Aufgabe der Anlagenfahrer ist es, auf Anforderung der Netzzentrale, je nach momentanem Energiebedarf die Leistung der Generatoren zu regeln, indem sie etwas mehr oder weniger Brennstoffe zu den Turbinen leiten.

Oberflächlich betrachtet, macht ihr Arbeitsplatz einen entspannten, geradezu luxuriösen Eindruck. In großen, bequemen Sesseln sitzen sie vor den Monitorbänken und haben ein Auge darauf, ob irgendwo in der komplexen Grafik auf den Anzeigen ein Symbol zu blinken anfängt, was einen Fehler oder ein Problem symbolisiert. Denkt man darüber nach, lastet auf ihnen jedoch eine erhebliche Verantwortung: Wird das Kraftwerk fehlgesteuert, sind etwa die hausgroßen Generatoren und Turbinen, die pro Stück Dutzende Millionen Euro kosten, nicht schnell genug auf der richtigen Drehzahl, kann es zu erheblichen Problemen im Stromnetz kommen, die im Extremfall bis zu einem gebietsweisen Stromausfall reichen. Natürlich ist auch das Vermeiden von Unfällen die Aufgabe der Anlagenfahrer. Eine grobe Fehlsteuerung oder auch ein mechanischer Defekt kann durchaus zur Katastrophe führen, etwa wenn sich Turbine oder Generator festfressen und das jeweils andere Teil noch weiterdreht. Die entstehenden Kräfte können den viele Tonnen schweren Rotor problemlos einmal quer durch die Halle schleudern – weshalb die Kraftwerker sich bei Explosions- oder Berstgeräuschen schnell auf den Boden werfen und erst dann schauen, was eigentlich defekt ist.

Den Strombedarf der Millionen von Kunden in einer Großstadt wie Berlin richtig einzuschätzen ist keine triviale Aufgabe. Viele Dutzend veränderliche Größen gilt es zu berücksichtigen: von der Wettervorhersage über den Spielplan großer Fußballereignisse, die Lage von Schulferien und Feiertagen bis zu den täglichen Rhythmen der Gewohnheiten der Städter beim morgendlichen Einschalten von Licht und Kaffeemaschine oder dem zusätzlichen Bedarf der riesigen Pumpen der Wasserwerke, die den Wasserdruck für die Millionen von Toilettenspülungen aufrechterhalten müssen, wenn beim Fußball gerade Halbzeit ist.

All diese Abläufe und die dazugehörigen Parameter für die Steuerung der Kraftwerke sind in detaillierten, mit Algorithmenhilfe erstellten Tagesplänen im Viertelstundentakt für die Kraftwerksfahrer vorgezeichnet. Wenn sich Ereignisse ergeben, die plötzliche Korrekturen und Abweichungen vom Plan notwendig machen, klingelt aber im Leitstand noch das Telefon.

Der mögliche Grad an Automatisierung und Telepräsenz geht jedoch über das hinaus, was im bereits enorm fortgeschrittenen Heizkraftwerk in Berlin-Mitte zu beobachten ist. Die Technik dort ist der Stand vom Ende der neunziger Jahre, als das Kraftwerk errichtet wurde. Doch selbst das wenige Personal im Leitstand wäre mit der heute üblichen Automatisierungstechnik überflüssig zu machen. In verschiedenen Weltgegenden wurden schon Gaskraftwerke errichtet, die vollkommen automatisch funktionieren. Ihre Leistung wird aus der Ferne vom zentralen Netzmanagement gesteuert, das die Leistung im gesamten Stromnetz eines Anbieters kontrolliert. Menschen sind lediglich für Wartung und Reparatur noch ab und an vor Ort nötig.

Die Arbeit, die früher von sechzig Anlagenfahrern pro Schicht ausgeführt wurde, das gefühlvolle Anfahren und Regeln der Turbinen und Generatoren, die Einhaltung komplexer Schaltprozesse und das Überwachen der richtigen Frequenz im Stromnetz kann heute von Software und Computern erledigt werden. Die Möglichkeit der vollständigen Kontrolle aus der Ferne auch bei sehr komplexen technischen Anlagen, die tagein, tagaus im wesentlichen auf die gleiche Weise produzieren, hat ein Niveau erreicht, das die Menschen nur noch für übergeordnete Entscheidungen und die Bearbeitung von Unvorhersehbarem nötig macht.

Mit dem Fortschreiten der Entwicklung in der Robotik und bei den Technologien für Telepräsenz bleiben in immer mehr Arbeitsfeldern nur noch zwei wesentliche Tätigkeitsbereiche: Management und Verwaltung sowie Kontrolle aus der Ferne zuzüglich Wartung und Fehlerbehebung vor Ort. Sobald es jedoch mobile Roboter gibt, die auch aufwendige mechanische Aufgaben erledigen können, etwa beim Austausch von Teilen in einer Industrieanlage, werden zumindest Routinereparaturen von kleineren Teilen auch von weit her erledigbar. Die Reparaturroboter verbleiben dann einfach in der Anlage, bis sie benötigt werden. Bei Bedarf schaltet sich ein qualifizierter Techniker aus der Zentrale auf den Roboter und überwacht und steuert ihn für die Dauer der Arbeiten. Die Methoden, die bei der Steuerung militärischer Drohnen zum Einsatz kommen, halten also auch im zivilen Leben mehr und mehr Einzug. Je mehr Autonomie und eigenständiges Verhalten die Roboter aufweisen, desto seltener muß sich der Mensch zum Eingreifen aufschalten.

Ein Anwendungsfeld, in dem die Telepräsenz schon in nächster Zeit einen großen Aufschwung erleben wird, ist die Telemedizin, nicht im Sinne der Telechirurgie à la DaVinci, sondern in der Patienten- und Altenpflege. Bedeutsamer nicht nur wegen des demographischen Wandels in einigen westlichen Gesellschaften werden solche Telepräsenzsysteme sein, die neben medizinischen auch soziale Bedürfnisse adressieren. Pflegeroboter gehören dazu oder Systeme mit dem Ziel, einsamen Menschen oder Kindern als Interaktionspartner zur Verfügung zu stehen. Sie sollen zum einen selbständig agieren können, aber zum anderen auch als Hand oder Mund von entfernten Personen fungieren. Hier löst sich die klare Trennung auf, die zwischen Telepräsenzsystemen und autonom agierenden Robotern oft noch gezogen werden kann.

Weit mehr als bei den medizinischen Einsatzszenarien oder Robotern in Kraftwerken kommt es hier auf psychologische Faktoren an, die durch die Maschinen ausgelöst werden: Wie wirkt eine solche Maschine auf den Menschen, dem sie helfen soll? Erscheint sie freundlich, vielleicht gar charmant, und wie kann man eine solche freundliche Erscheinung als Roboterplaner entwerfen? Fühlt man sich wohl, wenn ein solcher interaktionsfähiger Roboter permanent im eigenen Haus anwesend ist?

All diese Fragen und viele mehr sind ganz andere Akzeptanzfragen, als sie für frühere und auch heutige Industrieroboter gestellt wurden, aber denen nicht ganz unähnlich, die Roboterentwickler für solche Systeme beantworten müssen, die direkt mit Menschen zusammenarbeiten. Geht es um Fragen der Patientenpflege oder Roboter im häuslichen Einsatz, kommt die Diskussion schnell auf aus rein technischer Sicht nebensächliche Fragen wie die Mimik, die Imitation typisch menschlichen Verhaltens, ganz allgemein auch die Ansehnlichkeit. Auch ob roboterhafte Bewegungen vermieden werden sollen, steht dann zur Disposition.

Schon vor vierzig Jahren, als an die heutigen technischen Möglichkeiten noch nicht zu denken war, wurde diskutiert, ob Menschenähnlichkeit bei Robotern die Akzeptanz erhöhen würde oder eher abschreckend wirkt. Unter den Robotikforschern läuft die Debatte unter dem Stichwort »uncanny valley«. Gemeint ist der Effekt, daß etwa Puppen, deren Gesichter und Körper zu menschenähnlich wirken und sich zu sehr wie Menschen bewegen, gruselig und irgendwie untot wirken, es sei denn, sie sind absolut perfekt in ihrer Nachahmung des Menschen. Das »Tal« bezieht sich auf eine hypothetische Kurve, bei der die Akzeptanz auf der einen und die Menschenähnlichkeit auf der anderen Achse abgetragen ist. In der Mitte, zwischen geringer Menschenähnlichkeit und perfekter Imitation des Menschen, weist die Kurve ein Tal auf – das »uncanny valley«. Der Trend, die uns innewohnende Tendenz zur Anthropomorphisierung unserer Maschinen durch Verwendung menschenähnlicher Formen zu unterstützen, kollidiert mit diesem Effekt. Die derzeitigen humanoiden Roboterprojekte versuchen daher, durch Verwendung von eher comicartigem Aussehen und von Formen aus dem Fundus der frühen Visionen von Robotern im Science-fiction-Genre die Akzeptanz zu erhöhen und nicht möglichst menschenähnlich auszusehen. Bevor es jedoch zu den freundlichen Maschinen der Zukunft geht, führt die Reise weiter zu den Robotern, die heute schon in großer Zahl im Einsatz sind und so gar nicht aussehen wie Menschen: den klassischen Industrierobotern.

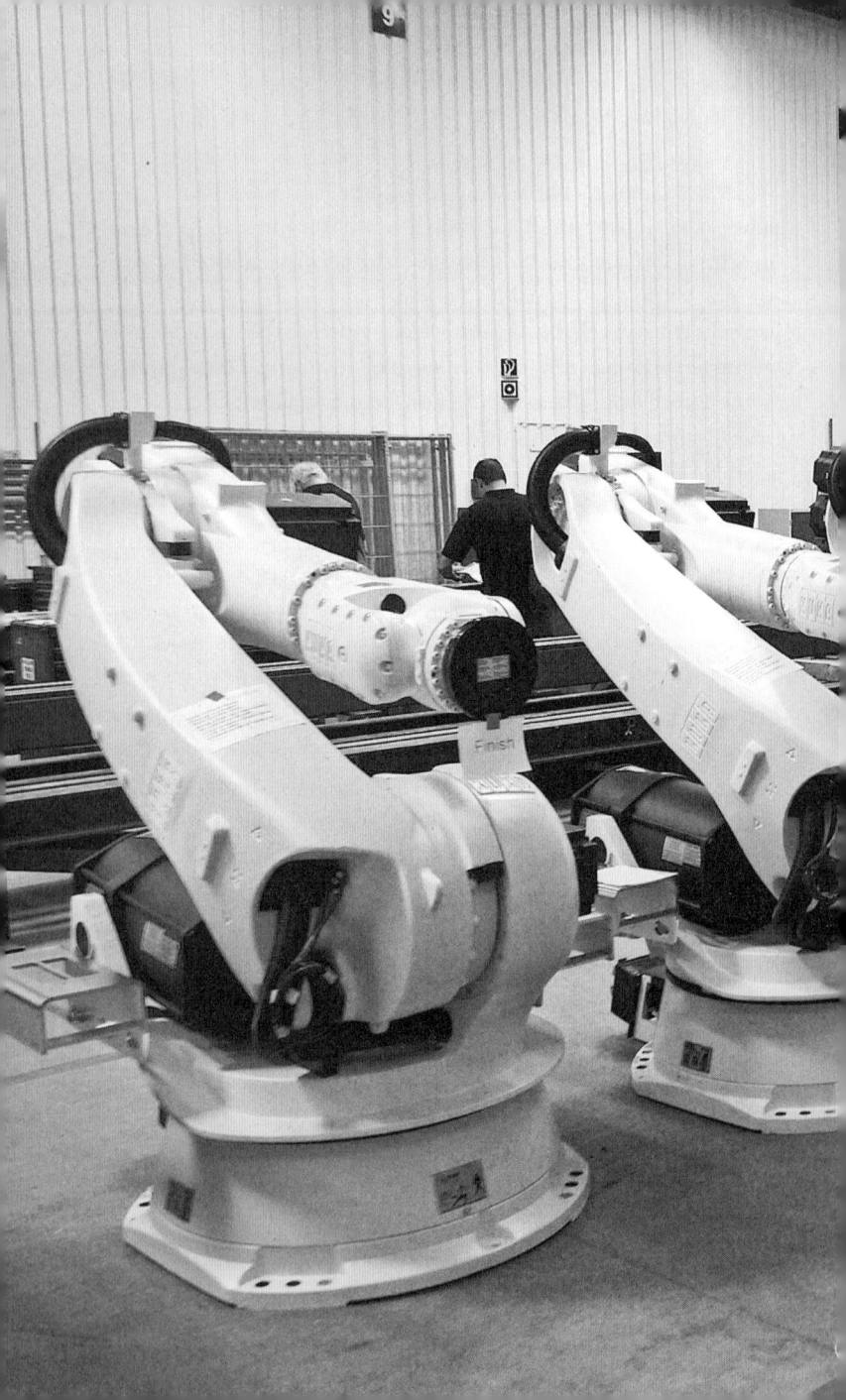

12. Roboter
bauen Roboter?

Die Ikone der Automatisierung, quasi das Sinnbild des Rennens zwischen Mensch und Maschine, ist der Industrieroboter. Jeder kennt die Bilder: anfangs als beeindruckende Ausstellungsstücke auf Industriemessen zu sehen, heute meist dann, wenn in der Tagesschau über die allgemeinen Konjunkturaussichten oder die Absatzzahlen der Automobilhersteller berichtet wird. Einem sorgfältig choreographierten Ballett ähnlich, bewegt sich ein halbes Dutzend grellorangefarbener Roboterarme um eine Autokarosserie, Schweißpunkte blitzen, Funken fliegen, surrende Geräusche sind zu hören. Kein Mensch ist zu sehen, nirgends.

Dieses Bild der Automatisierung ist fest in unseren Köpfen verankert, implizit gehen wir davon aus, daß es fast überall in der Industrie so aussieht, wenn Roboter im Einsatz sind. Interessanterweise ist dies jedoch nur zum Teil richtig. Immer wenn Blech gebogen, gestanzt, gefalzt und geschweißt wird, sieht es tatsächlich meist so aus, wie die Fernsehbilder suggerieren. In den »dreckigen« Teilen der Werkshallen gehören Roboter seit zwanzig Jahren zum festen Inventar.

Pioniere der Entwicklung und des Einsatzes waren die Autoproduzenten und ihre Zulieferer. Einer der weltweit führenden Hersteller von Industrierobotern ist daher nicht zufällig die Augsburger Firma Kuka. Mit einem Jahresumsatz von 1,7 Milliarden Euro und etwa siebentausend Mitarbeitern weltweit ist es wieder einmal ein großes mittelständisches Unternehmen, das große Teile seines Gewinns in Forschung und Entwicklung investiert und für sich die Technologieführerschaft beanspruchen kann.

Die Geschichte der Firma Kuka ist wechselvoll und beginnt lange vor der Erschaffung der ersten Industrieroboter. Der Name geht auf die Initialen der ursprünglichen Unternehmensgründer zurück: die Familien Keller und Knappich aus Augsburg. Das Geschäft begann mit der Herstellung von Acetylenlampen, die nach dem Siegeszug des elektrischen Lichts durch Acetylenschweißgeräte abgelöst wurden. Die Schweißgeräte waren der Beginn der bis heute andauernden Entwicklung von Maschinen. Zwischenzeitlich widmete sich die Firma so unterschiedlichen Produkten wie Strick- und Schreibmaschinen, Hochdruckstahlflaschen und Müllautos. Immer blieb jedoch die Herstellung von Schweißgeräten Teil des Portfolios: Die ersten elektrischen Punktschweißzangen in Deutschland wurden in Augsburg entwickelt und gebaut.

Die Schweißgeräte führten schließlich zu den Produkten der heutigen Roboterfirma, nicht zuletzt, da der Mikroprozessor und billigere Regelungstechnik verfügbar wurden. Bevor Roboter das Schweißen der Automobilkarossen übernahmen, wurde viel von Hand geschweißt, aber auch mit Hilfe von festen mechanischen Vorrichtungen, die speziell für das jeweilige Automodell (oder auch Waschmaschinen und Kühlschränke) konstruiert wurden. In der metallverarbeitenden Industrie – mit Ausnahme der Rüstungssparte, in der die Entwicklung bereits ein Jahrzehnt früher einsetzte – begann die Welle der Automatisierung und Roboterisierung Mitte der siebziger Jahre des zwanzigsten Jahrhunderts in großem Umfang.

Kukas Experimente mit einem der ersten Industrieroboter aus den USA, um eine Schweißanlage zu schaffen, die sich durch einfache Programmierung auf ein neues Auto umstellen ließ, verliefen eher unerfreulich. Man lernte daraus aber genug, um einerseits zu erkennen, daß Roboter die Zukunft der Schweißtechnik sein würden, und sich zum anderen durchaus in der Lage zu sehen, einen auf die spezifischen Anforderungen des Karosserieschweißens zugeschnittenen Roboter selbst zu bauen.

Im Jahr 1976 war das erste Modell marktreif: ein orangefarbenes Ungetüm, das seine sechzig Kilogramm schwere Schweißzange computergesteuert bewegen konnte. Schon zwei Jahre später wagte Daimler den großen Schritt ins industrielle Robotikzeitalter und nahm die ersten roboterbetriebenen Schweißstraßen in Betrieb.

Die Umstellung der Karosserieproduktionsstraßen auf Schweiß-roboter in den folgenden Jahren verlief rapide und nahezu voll-ständig. Eine Reihe von Gründen kam zusammen, die diese Um-stellung begünstigten: Die Autohersteller wollten mit kürzeren Produktzyklen und einer größeren Vielfalt von Modellen ihren Absatz erhöhen, die durch die Roboter wegrationalisierten Ar-beitsplätze waren schmutzig, gefährlich und anstrengend, und das heraufdämmernde Computerzeitalter mit seinen andauern-den Buzzword-Predigten von computergestütztem (»computer-aided«) Design (CAD) und computergestütztem Manufacturing (CAM) machte die Roboter zu einem Sinnbild für die Zukunft, das man jetzt kaufen und einsetzen konnte.

Für Kuka wurde die Roboterherstellung über die Jahre immer wichtiger, der Geschäftszweig entwickelte sich zur dominieren-den Wachstumssparte. Andere unternehmerische Aktivitäten wurden nach und nach ausgegliedert oder abgestoßen: Die Kuka-Müllautos etwa sind heute unter der Marke Faun bekannt. Selbst die Schweißtechnik, die einst den Ursprung der Firma und ihren Aufstieg ermöglichte, kommt heute bis auf einige technologisch interessante Ausnahmen von spezialisierten externen Anbietern, wird aber von Kuka mit viel Akribie in die Mechanik und Steue-rungstechnik der Roboter integriert.

Bei einer dieser Ausnahmen handelt es sich um ein sehr spe-zialisiertes Schweißverfahren, das sogenannte Reibschweißen. Am häufigsten wird es verwendet, um Autofelgen herzustellen. Wer sich einmal eine Autofelge angesehen hat, wird wissen, daß diese eigentlich aus zwei flachen Blechschüsseln besteht, die mit dem Boden zueinander verschweißt sind. Diese Verschweißung wird bei hochwertigen Felgen, die für starke Belastungen ausge-legt sind, dadurch erzeugt, daß man die beiden Blechschüsseln sehr fest einspannt und eine davon in Rotation versetzt. Wenn ei-ne ausreichend hohe Drehzahl erreicht ist, fährt die Maschine die beiden Schüsseln aufeinander zu, bis sich ihre Böden berühren.

Die durch die Rotation entstehende enorme Reibungshitze ver-
flüssigt das Metall der untersten Schicht der beiden Blechschüs-
selböden, so daß diese flächig miteinander verschmelzen.

Was nach einem eher brutalen und primitiven Fertigungsver-
fahren klingt, erfordert in der Realität die hohe Schule des Ma-
schinenbaus, um zuverlässig zu funktionieren. Enorme Kräfte
müssen sicher und präzise beherrscht, gemessen und gesteuert
werden. Die Güte der entstehenden Schweißverbindung hängt
nicht nur von der Drehzahl und dem Drehmoment ab, sondern
auch von der an das Material angepaßten Geschwindigkeit und
Kraft des Zusammendrückens der beiden Hälften der Felge. Starke Motoren müssen akkurat gesteuert werden, reaktionsschnelle
Software alle Maschinenteile mit enormer Genauigkeit und milli-
sekundenschnell überwachen und kontrollieren. Dennoch bleibt
es ein repetitives Vorgehen, das sich für die Automatisierung eignet. All diese Fähigkeiten benötigt Kuka auch für die Konstruktion anderer Roboter, unter anderem deswegen blieb das ein wenig
esoterisch wirkende Schweißmaschinengeschäft weiterhin im
Unternehmen.

Ein moderner Industrieroboter besteht aus vielen hundert Ein-
zelteilen. Die Konstruktion ist ein aufwendiger Prozeß, bei dem
das präzise Zusammenspiel der Komponenten des Roboterarms
mit seinen Motoren, Getrieben, Gelenken, Sensoren, Verkabe-
lungen, Steuerungsalgorithmen und die Stabilität gebende mechanische Struktur mit Hilfe fortgeschrittener Software simuliert
werden. Die genaue Errechnung der Kräfte, die bei den möglichen Bewegungen auf die einzelnen Teile wirken, kombiniert mit
der optimalen Ansteuerung der Motoren und der gleichzeitigen
Auswertung der in dem Roboterarm verbauten Sensoren für
Kraft und Drehung nennt man »mechatronische Konstruktion«.
Das Prinzip läßt sich vielleicht am ehesten mit asiatischen
Kampfsportarten vergleichen, bei denen der Gegner nicht durch

reine Kraft und Schnelligkeit, sondern durch geschicktes Ausnutzen von Winkeln, Hebeln, Masseträgheit und der Kraft seiner eigenen Bewegung manipuliert wird.

Durch diese Art der Konstruktion ist eine signifikante Einsparung an Gewicht und Motorleistung möglich. Das Prunkstück von Kuka, ein furchteinflößend großer Roboterarm, der den Namen »Titan« trägt, kann bis zu eintausend Kilogramm beeindruckend schnell und auf den Punkt gebracht bewegen. Bis zu einem halben Millimeter genau können derartige Lasten von ihm positioniert werden. Der Roboterarm ist so präzise und zuverlässig, daß eine Variante davon für Rummelplatzattraktionen verwendet wird, bei denen man anstelle der sonst üblichen Greifer Sitze für Passagiere anbringt, die dann in halsbrecherisch anmutenden Kurven herumgeschwenkt werden. Die Kuka-Modellpalette ist umfangreich, mehr als ein Dutzend Modelle in Hunderten von Versionen werden jeweils auf die Anforderungen des Kunden hin optimiert und angeboten.

Die Montage der Roboter erfolgt deshalb – für den uneingeweihten Beobachter ein wenig enttäuschend – per Hand und eben nicht durch Roboter. An verschiedenen Montagestationen, die entlang eines Schienensystems im Boden einer großen Werkshalle angeordnet sind, setzen stattdessen Industriemechaniker die komplexen Gebilde zusammen. Kleine Kräne und Hebevorrichtungen erleichtern die Handhabung der oft Dutzende Kilo schweren Einzelteile. Gerade die großen Schwerlastroboter bestehen aus enorm wuchtigen Stahl- oder Aluminiumgußteilen, die per Hand nur schwer zu bewegen sind.

Die Gußteile wurden zuvor mit computergesteuerten Präzisionsfräsen bearbeitet, um die Passungen für die Gelenke, Getriebe und Lager, die Führungen für Kabel, Achsen, Druckluftschläuche und Sensoren und alles, was sonst noch in einem Roboter nötig ist, absolut präzise auszuarbeiten. Bevor die bearbeiteten Teile in die Montage wandern, durchlaufen sie noch eine große Waschanlage, um alle Reste von Kühlmitteln, Schmierstoffen und Metallsplittern zu entfernen.

Wenn der Roboterarm mechanisch fertig zusammengebaut ist, werden alle empfindlichen Teile abgeklebt, und der Arm wird in die Lackierkammer gerollt. Auch hier steht überraschenderweise noch ein Mensch mit der Lackierpistole. Gerade für Lackierarbeiten sind vor allem in der Autoindustrie Roboter schon seit vielen Jahren fast flächendeckend im Einsatz, um zum einen gesundheitlich problematische Arbeitsplätze zu ersetzen und zum anderen konsistentere Lackierergebnisse zu erhalten. Daß ausgerechnet hier, im Herzen der Automatisierung, noch ein Mensch die Roboter lackiert, ist aber einfach zu erklären: Die Stückzahlen sind zu klein, die Anzahl der Varianten zu hoch, daß sich ein Roboter lohnen würde.

Einen Lackierroboter zu programmieren, damit er die richtigen Bewegungen vollführt, um einen gleichmäßigen Farbauftrag zu erzielen und dabei möglichst wenig Farbe zu verschwenden, ist immer noch ein relativ hoher Aufwand, der sich allerdings definitiv lohnt, wenn man Zehn- oder Hunderttausende gleichartige Karosserien zu lackieren hat. Für die wenigen hundert Exemplare jeweils eines Robotertyps, die jedes Jahr die Kuka-Werkshallen verlassen, rechnet sich das aber noch nicht.

Etliche weitere Montageschritte folgen, bevor der Roboter als lieferfertig gilt. Am Schluß wird jede Maschine vor der Auslieferung eingefahren und kalibriert. Dies geschieht in einer separaten Halle, die an ein Fitneßstudio für Roboter erinnert. Große gelbe Stahlhanteln liegen an den Rändern von Maschendrahtkäfigen, in denen jeweils ein Roboterarm montiert ist. Surrend vollführt der Arm präzise Bewegungen, eine gelbe Hantel in eleganten Kurven durch die Luft schwenkend, mit beeindruckender Geschwindigkeit.

Es gibt zusätzlich einen Teststand für Roboterarme, die unter der Decke hängen. Denn Menschen ziehen zwar das Arbeiten auf dem Boden stehend vor, für Roboter aber besteht dazu keine Notwendigkeit. Die hängenden Maschinen sind konstruktiv nicht viel anders als ihre stehenden Kollegen, müssen jedoch aufgrund der anderen Ausrichtung der Gravitation genau umgekehrt kalibriert und vermessen werden. Das Ergebnis der Tests, die jeweils rund eine dreiviertel Stunde dauern, ist ein sogenannter Kalibrationsdatensatz, der in die Elektronik des Arms eingebrannt wird.

Die beschriebene mechatronische Konstruktionsweise erlaubt es, Toleranzen und Abweichungen von der Norm, insbesondere bei der Positioniergenauigkeit, in der Software nachzuregeln. Alle Bauteile haben gewisse Fertigungstoleranzen, die sich bei einem derart riesigen Gerät wie etwa dem »Titan«-Roboterarm, das aus so vielen Komponenten besteht, zu nicht mehr akzeptablen Fehlern addieren können. Wenn etwa jeder Sensor in einem der sechs oder sieben Gelenke des Roboters nur ein Grad Winkelabweichung hätte, würde sich der Fehler schlimmstenfalls in einigen Bewegungsrichtungen auf sechs oder sieben Grad addieren – der Roboter würde danebengreifen.

In der Praxis sind die Abweichungen kleiner, aber auch sie müssen korrigiert werden. Wenn sie sich bei der Messung innerhalb enger Toleranzen befinden, wird bei den Testfahrten ermittelt, mit welchen Korrekturparametern für Sensorausgaben und Motoransteuerung in welcher Kombination die gewünschte Zielpräzision trotzdem erreicht werden kann. Wiederholgenauigkeit, also wie präzise der Roboter einen Punkt immer und immer wieder anfahren kann, ist ein für die Massenfertigung entscheidender Wert bei der Beschaffung von Industrierobotern. Andere sind Tragkraft, nach der die verschiedenen Modelle konzipiert werden, außerdem Geschwindigkeit, Energieverbrauch und Ausfallraten.

Gerade in der Autoherstellung, wo die Kosten- und Effizienzoptimierung bis hinunter zu einzelnen Cents geht, die pro Auto eingespart werden, wird sehr genau darauf geachtet, welche Garantien der Hersteller über die Dauerbetriebszeiten machen kann und wieviel Strom die Geräte verbrauchen. Wenn man ein paar tausend Roboter in seinen Produktionsanlagen im Einsatz hat, summieren sich Stillstandszeiten durch Ausfälle und die Energiekosten schnell zu beträchtlichen Summen. Wenn man hingegen die Produktionsstraße schneller laufen lassen kann, weil die Roboter sich zügig bewegen können und Arbeitsschritte weniger lange dauern, werden Kosten eingespart.

Organisiert werden die Roboter in sogenannten Fertigungszellen, in denen jeweils ein relativ umfangreicher Arbeitsgang, etwa das Zusammenschweißen eines Karosserierahmenteils, erledigt wird. Ein Roboterarm positioniert das anzuschweißende Teil, vier oder fünf andere Arme setzen die zugehörigen Schweißpunkte. Die dazu nötige Koordination und Synchronisation der Roboter nimmt einen großen Teil der Forschungs- und Entwicklungsarbeiten ein.

Die Steuerelektronik der Roboter zu optimieren, um etwa mehrere Arme aus einer einzelnen Steuerung zu betreiben, diese einfacher programmierbar zu machen und auch den Energieverbrauch zu senken, ist das Ziel. In der heute noch fast überall verbreiteten Steuerungstechnik wird jeder Roboterarm von seinem eigenen Computer kontrolliert, der über das beim jeweiligen Werk verwendete Netzwerk für die Maschinenkommunikation mit den anderen Steuerungsrechnern kommuniziert und seine Handlungen abstimmt.

Dabei kommt es bedingt durch Unzulänglichkeiten der Technik immer wieder zu Problemen und Komplikationen. Alle Roboter einer Fertigungszelle aus einem einzigen Computer zu steuern, anstatt die Abläufe in mühsamer Kleinarbeit zwischen mehreren Systemen zu koordinieren, würde nicht nur zu deutlichen Einsparungen bei den Investitionen führen, sondern auch die Geschwindigkeit und Zuverlässigkeit weiter steigern. Zwei Arme parallel, so wie bei einem menschlichen Arbeiter, aus einer Steuerung zu koordinieren und als Standardprodukt zu vertreiben, ist daher eines der nahen Entwicklungsziele bei Kuka.

Um die Roboter und ihre Arbeitskraft möglichst effizient auszunutzen, werden sie in der Produktion oft auf Schienen montiert, mit denen sie zügig zwischen zwei oder drei Produktionsmaschinen wechseln können. Auch diese Schienen werden bei Kuka gefertigt und zusammen mit den Robotern getestet und ausgeliefert. Relativ neu im Sortiment sind Bewegungsplattformen mit sogenannten Omniwheels, die Roboterarme in Werkhallen frei umherfahren lassen.

Diese Omniwheels sehen ein wenig aus wie die Räder von Mondfahrzeugen, um den Umfang des Rades sind schräg angeordnete Walzen verteilt. Der Effekt ist, daß die Plattform sich auch ohne komplexes Lenkgestänge steuern läßt, sie kann sogar ohne Drehung der Räder seitwärts fahren. Kuka baut diese Plattformen in verschiedenen Größen: von einer kleinen Variante für Forschungsprojekte, die nicht viel größer als ein DIN-A3-Blatt ist, bis zu einer Version, auf der sich der massive »Titan«-Arm mit seinen über vier Tonnen Gewicht anbringen läßt. Konstruktion und Motoren der Plattform sind so ausgelegt, daß sie zusätzlich noch fast zehn Tonnen Gewicht tragen und bewegen können – ein furchteinflößendes Ungetüm, das im Forschungsbereich bereits mit zwei über sieben Tonnen schweren Betonklötzen getestet wird.

Das Ziel der Entwicklungen ist eindeutig: Die Roboter sollen flexibler einsetzbar werden und neue Möglichkeiten für den intelligenten Transport von schweren Gegenständen in den Produktionshallen bieten. In der Forschungsabteilung wird daher bei Kuka auch an Methoden zur autonomen Orientierung für solche Plattformen in Werkhallen geforscht. Laserscanner erfassen die Umgebung nicht nur, um Kollisionen mit Menschen oder Gegenständen zu vermeiden, sondern auch, um anhand eines vorher ebenfalls mit Laserscannern erfaßten Plans der Hallen präzise zu errechnen, wo sich die Roboterplattform gerade befindet.

Ein Prototyp bewegt sich bereits zielsicher und flüssig durch die Laborhalle, greift sich anhand von Kamerabildern mit einem aufmontierten Roboterarm eine Auswahl von Lagerkisten von einem Tisch, fährt sie zu einem anderen und stellt sie dort ab. Hier wird eines der zukünftigen Anwendungsgebiete deutlich: Produktions- und Montagearbeitsplätze mit Material versorgen, computergesteuerte Werkzeugmaschinen flexibel mit Teilen bestücken und Werkstücke zwischen Fertigungszellen transportieren, die nicht linear an einem Fließband angeordnet sind.

Viele Arbeitsplätze bei Kuka sind in der Forschung, Konstruktion und Softwareentwicklung zu finden. Die Teams hier wachsen stetig, auch deshalb, weil die Firma gerade eine neue Software-Infrastruktur für die Robotersteuerung auf den Markt bringt. Statt in relativ obskuren und hochspezialisierten Sprachen sollen die Roboter zukünftig in der Programmiersprache Java programmiert werden. Java ist weitverbreitet, entsprechend gibt es viele Programmierer, die sie beherrschen.

Die Programmierung zugänglicher zu machen und den Talentpool für die Integration von Robotern in immer mehr Produktionsprozessen zu vergrößern, ist strategisch von hoher Bedeutung für Kuka. Denn die Fertigungszellen zu bauen, die Roboter dafür zu programmieren und einzurichten wird meist nicht vom Betreiber der Anlage selbst erledigt, sondern von sogenannten Systempartnern, die Roboter, verschiedene Automatisierungstechniksysteme, Netzwerke und Software zu einem Gesamtsystem verheiraten. Je einfacher deren Geschäft durch bessere und simpler zu handhabende Software wird, desto lieber setzen sie Kuka-Produkte ein, so die Kalkulation.

Kuka selbst betreibt ebenfalls eine solche Integrationsfirma, genannt »Kuka Systems«, die auch als Testfeld für die hauseigenen Innovationen in diesem Gebiet dient. Fertigungszellen und -strecken für die Massenproduktion zu konzipieren, einzurichten und in Betrieb zu nehmen erfordert ein umfassendes Know-how der verschiedenen geeigneten Automatisierungsprodukte, der Robotersysteme, der Greifer und Werkzeuge – wie etwa der Schweißzangen – und natürlich der Bedürfnisse der Kunden. Meist sind die Systempartner daher auf bestimmte Branchen spezialisiert, in denen sie über das relevante Wissen und die Kundenkontakte verfügen. Kuka richtet sich bei der Konzeption der Roboter und der Steuerungstechnik weitgehend nach deren Anforderungen und Erfahrungen – auch deshalb ist die Modellpalette des Unternehmens so groß.

In der Robotermontage kann man schon anhand der Farblakkierungen sehen, in welchem Bereich die Arme später zum Einsatz kommen werden. Das Kuka-typische Orange kennzeichnet Anwendungen im Bereich Autoproduktion und allgemeiner Industrie, weiße Roboter gehen in Reinräume, Labors und die Medizintechnik. Der »weiße Bereich« gewinnt immer mehr an Bedeutung, im Showroom des Unternehmens in Augsburg kann man etwa ein Röntgengerät sehen, das mit Hilfe zweier Roboterarme den Patienten und die Bildaufnahmeeinheit präzise zueinander positioniert, so daß nicht mehr wie bisher bei der Computertomographie der Patient in eine Röhre geschoben werden muß. Mit diesem System lassen sich Röntgenschnitte erstellen, die mit dem bisher üblichen System, bei dem die Röntgeneinheit in einer Achse um den Patienten rotiert wird, nicht ohne weiteres möglich wären. Die Kernfähigkeiten der großen Roboterarme – enorme Kraft bei gleichzeitig hoher Präzision – kommen hier voll zum Tragen.

Am anderen Ende des Spektrums, bei Robotern, die nur ein paar Kilogramm Tragkraft haben, befindet sich ein weiteres Zukunftsfeld. Vergleichsweise preiswert, trotzdem solide, präzise und schnell sind die sogenannten »Light Robots« für den Einsatz an Arbeitsplätzen gedacht, die bisher nur für Menschen vorgesehen sind, etwa das Einpassen von Getriebeteilen in enge, komplexe Gehäuse. Die neuen Arme sind durch spezielle Gelenkkonstruktionen weitaus agiler und können durch Kraftsensoren erkennen, falls sie irgendwo auf Widerstand stoßen, etwa wenn eine Achse in eine Buchse gesteckt werden soll. Bei Montage und Test dieser Roboter, die erst vor kurzem in größeren Stückzahlen begann, setzt Kuka zum ersten Mal in größerem Umfang auf Automatisierung.

Es ist zwar nicht die Umsetzung des altes Traums von den sich selbst reproduzierenden Maschinen. Aber Roboter bauen doch Roboter, denn einige der Maschinen, die hier zusammengebaut werden, sind an dem Fließband zu sehen, auf dem ihre mechanischen Kollegen Gestalt annehmen. Sie werden die kräftigen Arme für die nächste Generation der Robotik: die freundlichen Maschinen.

13. Die freundlichen Maschinen am Horizont

Wie sieht die Zukunft der intelligenten Maschinen aus? Die Entwicklungen in den Labors und Forschungsinstituten zielen auf die Aufhebung der Schranken zwischen Menschen und Maschinen. Wie wir gesehen haben, sind die meisten Roboter derzeit in sprichwörtlichen Käfigen installiert, die eine Gefährdung des Menschen rein physisch ausschließen und der Maschine ein überschaubares, geordnetes Umfeld garantieren sollen. Öffnet man die Käfigtür, bleiben die Roboter stehen. Eine der Herausforderungen, an denen derzeit intensiv gearbeitet wird, ist es, die Maschinen zu direkten Assistenten des Menschen werden zu lassen und viel mehr tatsächliche Zusammenarbeit zu ermöglichen.

Die Vision der Robotiker für die nahe Zukunft ist es, Maschinen zu bauen, die in Werkstätten, Labors, Kleinbetrieben und Pflegeheimen zu Hause sein können. Statt sie umständlich zu programmieren, soll man sie anlernen können, wie man heute einen menschlichen Arbeiter anlernt. Statt auf komplizierte Programmierbefehle sollen sie auf Gesten und Sprache ansprechen. Statt hilflos zu piepen und stehenzubleiben, wenn etwas schiefgeht oder im Weg steht, sollen sie flexibel, selbständig und situationsangemessen reagieren. Menschen sollen sich in ihrer Gegenwart wohl fühlen und keine Angst haben.

Im Vergleich zu den bisherigen Industrie- oder Lagerrobotern, die darauf optimiert sind, eine kleine Anzahl Handgriffe und Abläufe schnell, präzise und kraftvoll Zehntausende Male auszuführen, klingt das wie eine ferne Utopie. Tatsächlich ist jedoch die Entwicklung in vielen, auf den ersten Blick unzusammenhängend erscheinenden Forschungsfeldern so immens, daß schon in den nächsten Jahren eine Vielzahl solcher Systeme auf den Markt gebracht wird, die dem Ideal vom »Kollegen Roboter« recht nahe kommen.

Die technologischen Innovationen dazu stammen zum Teil aus gänzlich unerwarteten Gebieten. Ein Sensor, der von Microsoft für seine Spielkonsolen entwickelt wurde – um zu erkennen, wie sich ein Spieler im Raum bewegt, und um damit die virtuelle Figur im Spiel zu steuern –, hat nebenbei das Feld der Robotikforschung geradezu revolutioniert. Waren vorher noch Dutzende spezialisierte Sensoren nötig, die pro Stück viele tausend Euro kosten, reichen nun eine Handvoll dieser Kinect-Module für ein paar hundert Euro mit der passenden ausgefeilten Software, um dem Computer ein präzises dreidimensionales Abbild des Raumes zu geben.

Dadurch läßt sich beispielsweise in Echtzeit erkennen, wo sich ein Mensch in diesem Raum befindet, so daß ein Roboterarm ihm ausweichen kann. Die nächste Generation der Kinect-Sensoren steigert die Geschwindigkeit der 3-D-Erfassung des Raumes noch, vor allem aber erhöht sich die Auflösung um ein Vielfaches. Vergleichbare Sensoren aus der Industrierobotik sind dagegen ungleich teurer und umständlicher zu benutzen. Während in der Industrie Stückzahlen von einigen tausend Geräten schon als großer Erfolg gelten, werden die Spielkonsolen millionenfach produziert. Dementsprechend können hier Preise erzielt werden, die bisher völlig undenkbar waren, und der Stand der Technik kann dadurch quasi über Nacht einen riesigen Sprung nach vorn machen.

Auch das Feld der sogenannten »Computer Vision«, das den Maschinen das Sehen mit Kameras ermöglicht, hat in den letzten Jahren dramatische Fortschritte gemacht. Wir lernen in den ersten Lebenswochen, aus den Bildern, die unsere Augen und das visuelle Zentrum unseres Gehirns aufnehmen, Konturen, Farben, Strukturen und Entfernungen zu erkennen. Für Computer ist das alles enorm kompliziert. Mit hoher Rechenleistung müssen die Bilder analysiert, Strukturen klassifiziert, Bewegungen nachvollzogen und daraus Objekte erkannt werden.

Viele der Techniken sind über Jahrzehnte immer weiter verfeinert worden, etwa die Mustererkennung, wie wir sie in der Getreidesortieranlage in der Mühle kennengelernt haben. Die Herausforderung für einen flexibel einsetzbaren Roboter ist jedoch, daß er nicht nur bestimmte vorhersehbare, sorgfältig antrainierte, konsistente und geordnete Objekte wie standardkonforme und davon abweichende Getreidekörner erkennen muß. Sich in einer Umgebung zu orientieren, die nicht im Detail programmiert ist, sich unaufhörlich verändert und in der zu allem Überfluß auch noch unvorhersagbar und willkürlich agierende, fehleranfällige Menschen unterwegs sind, ist eine ungleich größere Herausforderung.

Das Problem fängt damit an, Maschinen abstrakte Konzepte von Gegenständen und ihrer Form und Position beizubringen. »Reich mir doch mal einen kleinen Hammer aus dem Werkzeugkasten auf dem Tisch!« ist eine Bitte, die jedes Kind problemlos erfüllen kann. Dieser »Griff in die Kiste« ist eine Problemklasse, die Roboterforscher seit langem umtreibt. Da sich viele Jahre mangels vorhandener bezahlbarer Rechenleistung, ausreichender Sensorik und guter Bilderkennung keine zufriedenstellende Lösung finden ließ, ging man dazu über, die Werkzeugkisten exakt zu sortieren, so daß der Roboterarm die genaue Position eines Werkzeugs speichern konnte. Das führte jedoch nicht zu einer praktikablen Lösung, schließlich wäre es nötig, daß der mit dem Roboter Arbeitende stets diszipliniert die Ordnung im Werkzeugkasten aufrechterhielt – eine unrealistische Vorstellung.

Heute kann man von modernen Robotern mehr erwarten. Bricht man die für einen Menschen so einfache Aktivität, jemandem einen Hammer zu reichen, auf ihre Bestandteile herunter, wird allerdings deutlich, wie komplex die notwendigen Handlungen für einen Roboter sind. Sieht man einmal vom schon nichttrivialen Problem der zuverlässigen Spracherkennung bei der gestellten Frage ab, muß die Software ein Konzept von »Tisch«, »Werkzeugkasten« und »Hammer« haben. Beschreibungen für die einzelnen Objekte müssen so beschaffen sein, daß die Sensoren des Roboters genügend Daten liefern, um etwa einen Tisch von einem Rollwagen und einen Hammer von einem Schraubenschlüssel zu unterscheiden. Sind mehrere Tische im Raum, muß erkannt werden, daß nur der mit einem Werkzeugkasten darauf von Interesse ist.

Einen Werkzeugkasten erfolgreich von einem Schuhkarton oder einer Nähmaschine zu unterscheiden, die aus Sicht der Software beide ähnlich groß und ähnlich geformt sind, ist dann die nächste Herausforderung. Den hakeligen Verschluß der Klappe zu überwinden ist im Vergleich zur folgenden Hürde noch relativ einfach: den Hammer zu finden. Wir schauen hinein und kramen einfach ein wenig in der Kiste herum, bis wir etwas sehen, was wie ein typischer Hammerstiel oder -kopf aussieht, und ziehen ihn heraus. Bisherige Roboter wären damit schon überfordert. Die Erfahrung fehlt ihnen, die uns Menschen lehrt, wie die typischen Gegenstände in einer Werkzeugkiste aussehen, selbst wenn wir nur einen Ausschnitt des Arbeitsgeräts erkennen können.

Erst seit kurzem gelingt es, durch die Kombination von 3-D-Scannern und Stereokameras die Struktur auch von komplexen übereinanderliegenden Objekten abzuschätzen und zu erkennen. Die Fähigkeit herumzukramen, also Gegenstände beiseite zu schieben und umzuschichten, um an das begehrte Objekt zu kommen, erlangen Roboter in den Labors ebenfalls noch nicht lange.

Ein Weg, die vielen Hürden zur Orientierung in der Welt für Roboter zu überwinden, ist, sie zusammenarbeiten zu lassen. So, wie Menschen voneinander lernen, indem sie Landkarten erstellen, das Weltwissen sortieren und in der Wikipedia niederlegen und technische Standards in DIN-Normen vereinbaren, sollen auch Roboter ihr Wissen über die Welt miteinander teilen. Die Kernidee ist, von Sensoren erfaßte Daten, daraus erkannte Objekte, Ortsinformationen, aber auch Handlungsanweisungen in einer großen, standardisierten Datensammlung abzulegen, die über das Internet für alle Roboter greifbar ist. Die Implikationen eines solchen Projektes sind im Wortsinn weltverändernd.

Wenn beispielsweise ein Lieferroboter die Straße hinunterfährt, würden nicht nur die Daten seines Kamerabildes in die Datensammlung hochgeladen werden, sondern auch alle Informationen, die seine Software daraus extrahiert hat. Im Gegenzug bekommt der Roboter aus derselben Sammlung Ortsinformationen und 3-D-Modelldaten, die aus den Daten extrahiert wurden, die bei der letzten Durchfahrt eines an dem System teilnehmenden Roboters angefallen sind. Durch die weitaus größere verfügbare Rechenkapazität der Server in einem Data-Center und die Möglichkeit, die Informationen der Sensoren vieler verschiedener Roboter miteinander zu vergleichen, können die Erkennungsleistungen gegenüber den heutigen isolierten Systemen dramatisch steigen.

Ein einzelnes autonomes Fahrzeug wird etwa von einem plötzlichen Wintereinbruch überrascht und schnell überfordert sein. Mit Hilfe der Sensordaten aus der verteilten Datenbank kann die Software zum einen das Herannahen der Schneefront und die regionalen Auswirkungen davon genau erkennen. Zum anderen kann durch Rückgriff auf gespeicherte historische Daten über Hindernisse und bestmögliche Strategien zum Umgang mit der ungewöhnlichen Wettersituation die Arbeitsfähigkeit der Maschine erhalten werden.

Die Implikationen für unsere Privatsphäre können natürlich furchterregend sein; denn am besten funktioniert solch ein System, wenn wirklich jede Maschine alle ihre Kamera- und Sensordaten permanent hochlädt. Die technikverliebten Robotiker sind oft etwas unangenehm berührt, wenn man sie nach solchen Folgen ihrer Arbeit fragt. Aber sie werden sich – schon aus Akzeptanzgründen – mit diesen Überlegungen beschäftigen müssen. Denn es ist natürlich nicht zwingend technisch erforderlich, daß das Informationsnetz der Erfahrungen und Sensordaten der Maschinen in einer totalen Überwachungsdystopie endet.

Für die allermeisten Anwendungen ist es gar nicht notwendig, die Kamerabilder aufzuheben. Viele interessanter und wichtiger sind die daraus extrahierten Informationen, etwa über die Position von Gegenständen und gut erkennbaren Orientierungspunkten sowie die daraus abgeleiteten Handlungsrezepte. Für private Bereiche, für die eigene Wohnung oder Werkstatt, wird es mit hoher Wahrscheinlichkeit private Instanzen einer solchen geteilten Datenbank geben. Diese wird dann nur für die eigenen Maschinen zugänglich sein: Der häusliche Reinigungsroboter muß seine Kamera- und Sensordaten ganz sicher nicht mit Googles Weltdatenbank für autonome Fahrzeuge teilen. Es bleibt zu wünschen, daß in ferner Zukunft nicht jeder Besitzer von Robotern permanent Rundumbilder von sich und seinen Maschinenhelfern in die Datenbanken überträgt, auf die im Zweifel auch die Geheimdienste und Big-Data-Auswerter Zugriff haben.

Der Gedanke des Teilens, Kooperierens und der verteilten Lösung von Problemen stammt ursprünglich aus der Forschung selbst: Wissenschaftler sind es gewohnt, ihre Ergebnisse zu publizieren, damit andere Forschungsgruppen sie nachvollziehen, verifizieren und darauf aufbauen können. In der Robotik, die viele ingenieurswissenschaftliche und informationstechnische Disziplinen vereint, hat sich daher in den letzten Jahren nicht zufällig eine bemerkenswerte Dynamik des Teilens und Kooperierens entwickelt. Offengelegte Forschung und Open-Source-Software führt dazu, daß Entwicklungen nicht mehrfach stattfinden müssen, sondern eine Forschergruppe ohne viele Probleme die Ergebnisse und Erkenntnisse ihrer Kollegen verwenden kann.

Kern der Kooperation ist das kurz »ROS« genannte Roboter-Operating-System. Die Idee dabei ist, daß durch die Verwendung einer gemeinsamen Basisstruktur die Software für jeden Sensor, jede Kamera, jeden Motor und die dazugehörige Logik nur noch einmal geschrieben werden muß. Wenn ein Forscherteam einen neuen Roboter konzipiert, kann es sich so auf sein eigenes Forschungs- und Entwicklungsthema konzentrieren, etwa eine neue Methode der Interaktion mit dem Menschen, und muß nicht bei den primitivsten Grundlagen anfangen. Das Rad nicht jedesmal neu erfinden zu müssen spart schlicht Zeit.

Auf den Konferenzen der Robotiker, aber auch der Industrieforscher ist der Effekt dieses kooperativen Ansatzes gut sichtbar: Was noch im Jahr zuvor ein vielbeklatschtes und -bestauntes Forschungsergebnis war, ist beim übernächsten Meeting schon ganz selbstverständlich in den Forschungsrobotern vieler anderer Teams zu finden. Die Dynamik ist derartig ergiebig, daß auch die Industrie dazu übergeht, für ihre kleineren und preiswerteren Systeme eine ROS-Unterstützung anzubieten. Für die gesamte Branche betrachtet, hat sich dadurch der Technologiefortschritt merklich beschleunigt. Überall geht es neben der Fehlerfreiheit in erster Linie darum, die Maschinen besser, sicherer, angenehmer im Umgang mit dem Menschen zu machen.

Eine der Methoden, um Roboter menschenfreundlicher zu konzipieren, dreht sich um die Limitierung der Kraft, die im Falle einer Kollision wirken kann. Dazu wird die Motorleistung und Geschwindigkeit der Bewegung reduziert. Wenn der Kollege Roboter seinen menschlichen Mitarbeiter doch einmal anrempelt, holt der sich maximal einen blauen Fleck, nicht aber einen gebrochenen Arm oder Schlimmeres. Ist die Maschine darüber informiert, wo der nebenan arbeitende Mensch sich in welcher Haltung gerade befindet, kann sie schon prophylaktisch Bewegungen insgesamt verlangsamen oder zumindest in Höhe von empfindlichen Körperteilen vermeiden. Zusätzlich werden Sensoren, die mit der gleichen Technologie wie der Touchscreen auf einem Smartphone arbeiten, an den Roboterarmen verbaut. Dadurch wird die Annäherung an einen Menschen schon in einigen

Zentimetern Entfernung detektiert, und die Bewegung kann entsprechend abgebremst werden.

Andere Forschungsansätze beschäftigen sich damit, wie sich Menschen mit Werkzeugen in der Hand typischerweise bewegen, so daß ein funktional ähnlicher Arbeitsgang wie Bewegung nicht als bedrohlich empfunden wird, wenn ein Roboter ihn ausführt. Halten wir einen Schraubendreher, ein Messer oder einen Lötkolben in der Hand, so rennen wir damit normalerweise nicht mit ausgestrecktem Arm durch die Gegend, sondern halten das Werkzeug so, daß wir weder uns selbst noch einen anderen Menschen verletzen, auch wenn jemand unvorhergesehen in den Weg läuft oder wir stolpern. Einem Roboter muß man dieses Verhalten erst anprogrammieren – und zwar am besten so, daß er sich automatisch vorsichtig und defensiv bewegt, sobald ein potentiell bedrohliches Werkzeug oder Werkstück in seinem Greifer ist. Daß ein Roboterinstrukteur sich um solche Details nicht mehr kümmern muß, sondern sichere und als ungefährlich empfundene Verhaltensmuster von selbst in der jeweiligen Situation zur Anwendung kommen, ist eine wichtige Voraussetzung für direkte Interaktionen und Zusammenarbeit von Menschen und Robotern und erhöht gleichzeitig die Akzeptanz.

Ein großes Forschungsfeld beschäftigt sich außerdem mit der sogenannten Compliance. Gemeint ist damit, daß die Kraftentwicklung nicht direkt über Motoren geschieht, sondern über flexible Elemente und intelligente Steuersysteme, die wie menschliche Gliedmaßen nachgeben und federn. Stößt solch ein Roboter irgendwo an, gibt das Material seines Arms nach und gleicht so die Verzögerungen und Fehler aus, die trotz aller Fortschritte bei Sensoren und Steuertechnik immer noch zu den gefürchteten »Crashs« führen.

Der Begriff »Crash« ist in der Robotik durchaus wörtlich zu nehmen, denn wenn die Maschine etwa an eine Tischkante stößt oder andere Objekte rammt, bleibt es oft nicht nur bei lauten Geräuschen, sondern es kommt zu Demolierungen oder Schäden. Die Konstruktionen für die daher erstrebenswerte Nachgiebigkeit orientieren sich oft an biologischen Vorbildern. Funktionen ähnlich der menschlicher Muskeln werden durch druckluftgefüllte Schläuche nachgebildet, die sich je nach angelegtem Druck zusammenziehen oder ausdehnen. Auch beliebt sind Systeme, bei denen ein kompliziertes Zusammenspiel von Rollen und elastischen Sehnen die Bewegung ermöglicht. Motoren oder pneumatische Zylinder verlängern und verkürzen dabei die Sehnen. Die Arme werden dadurch wie bei einer Marionette bewegt, nur daß die Schnüre innen liegen und nicht sichtbar sind. Durch ihre Elastizität sind die Bewegungen fließend und wirken zudem elegant. Und wenn die Maschine irgend etwas anrempelt, federt die Konstruktion sanft zurück, statt zerstörerische Kräfte zu entwickeln.

Wenn man die einzelnen Demonstrationen in den Forschungslabors jeweils für sich betrachtet, ist der Fortschritt durchaus beeindruckend. Aber erst in der Gesamtschau, wenn man die verschiedenen Forschungsgebiete zusammennimmt, ergibt sich ein Bild der Zukunft. Roboter werden auf zwei Beinen auch über unebene Hindernisstrecken laufen können, Gegenstände sanft und mit genau der richtigen Kraft greifen, sich mit Hilfe anderer Roboter in unübersichtlichen, unstrukturierten Situationen zurechtfinden, und sie werden mit anderen Maschinen direkt kommunizieren.

Ein weiteres Ziel – manche behaupten gar, es sei der Heilige Gral der Robotik – ist es, die bisher nötige Programmierung der intelligenten Maschinen durch Experten abzulösen. Denn würden nicht die Experten, sondern die Nutzer selbst den Roboter programmieren, wäre es leichter, ihn zum echten Assistenten und Kollegen zu machen, der ohne lange Ausbildung und Spezialkenntnisse eingerichtet, programmiert und auch weiterentwikkelt werden kann.

Diese neue Art des Umgangs mit der Programmierung ist das

Ziel des amerikanischen Unternehmens Rethink Robotics. Der Gründer der Firma, Rodney Brooks, hat den Habitus und die Ausstrahlung eines energetischen Universitätsprofessors, und seine Biographie ist selbst für die an illustren Persönlichkeiten nicht arme Branche bemerkenswert. Sein letztes Unternehmen, die Firma iRobot, hat es geschafft, einfachste Reinigungsroboter in Millionen Haushalte zu bringen. Die Roomba-Roboter sind in der Lage, selbständig Fußböden zu saugen oder zu wischen. Andere Produkte der Firma reinigen Swimmingpools.

Die Algorithmen, um die kleinen Reinigungsroboter zu steuern, sind simpel, aber elegant designt: Die Roomba-Maschine fährt in spiralförmigen Mustern so lange saugend über den Teppich, bis sie irgendwo anstößt, und wechselt dann ihre Richtung. Sie erstellt dabei kein Computermodell des Raums, vielmehr stellen die Algorithmen sicher, daß durch statistische Verteilung jeder Zentimeter Teppich oder Swimmingpoolboden mindestens einmal abgesaugt wurde. Kein Mensch würde so umständlich und zeitraubend saugen, da ein gut Teil des Bodens vielfach abgesaugt wird, doch der Roomba-Roboter kriegt es auch nicht im Kreuz, wenn er eine Stunde länger braucht.

Durch diesen simplen, aber einem menschlichen Vorgehen fremden Ansatz – ähnlich den Methoden, nach denen sich Insekten orientieren – konnten die Reinigungsroboter konkurrenzlos günstig gebaut werden. Fragt man Brooks, wonach sich der anfängliche Preis für einen Roomba richtete, ist seine Antwort so einfach wie pragmatisch: nicht mehr, als ein typischer Mittelschicht-Amerikaner mit seiner Kreditkarte ausgeben kann, ohne seinen Partner zu konsultieren, also etwa dreihundert Dollar. Durch die Unterschreitung dieser psychologischen Hemmschwelle war es viel einfacher, eine größere Zahl Kunden »auf gut Glück« zum Kauf seines Produktes zu bewegen, dessen Versprechen auf den ersten Blick zu gut klingt, als daß es wirklich funktionieren könnte.

IN DIE ZUKUNFT DER ARBEIT

Der durchschlagende Erfolg des Roomba war nicht nur für die Firma iRobot von erheblicher Bedeutung. Er läutete auch eine neue Ära der Robotik ein, schließlich war nun bewiesen, daß man einfache Roboter mit simplem Nutzerinterface auch im normalen Konsumentenmarkt in großen Stückzahlen verkaufen kann. Dadurch öffneten sich quasi über Nacht die Geldschatullen der Wagniskapitalgeber, die das Feld zuvor weitgehend gemieden hatten, nachdem frühere Versuche an zu hohen und schließlich unerfüllten Ambitionen und Gerätekosten gescheitert waren.

Rodney Brooks ist unterdessen bestrebt, seinen Erfolg im Endverbrauchermarkt in einem gänzlich anderen Bereich zu wiederholen. Rethink Robotics, seine neue Firma, versucht sich an der Konstruktion und Vermarktung eines neuen Typs von Roboter, der die Arbeit in Kleinbetrieben und Werkstätten revolutionieren soll. Dabei setzt er an zwei Kernproblemen an, die dazu führten, daß Roboter bisher primär noch auf Fertigungsstätten beschränkt sind, die große Stückzahlen produzieren: die Flexibilität der Programmierung sowie der Preis.

Für einen Betrieb, der seine Marktnische in der Fertigung von Kleinserien von ein paar Dutzend bis einigen tausend Stück von häufig wechselnden Produkten hat, ist der Aufwand, jeweils zur Umstellung der Fertigung umständlich die Roboter zu reprogrammieren, viel zu groß und zeitaufwendig. Bis ein herkömmlicher Roboter darauf programmiert wurde, ein Werkstück aus der neuen Produktionsserie zu erkennen und korrekt in eine Bearbeitungsmaschine einzuspannen oder in eine Kiste zu verpakken, ist die Produktion im Zweifel längst gelaufen.

Der Baxter, das erste Produkt von Rethink Robotics, soll laut Brooks beides revolutionieren: Programmierfähigkeit und Anschaffungskosten. Es lohnt sich, die Konzepte von Rethink Robotics im Detail zu betrachten, weil sie prototypisch für die neue Generation Roboter sind, die gerade Einzug in die Werkstätten und Fabriken halten.

Im Gegensatz zu den streng funktionalen traditionellen Industrierobotern ist der Baxter menschenähnlich proportioniert. Er hat zwei Arme, deren Schultergelenke sich auf der gleichen Höhe wie bei einem ausgewachsenen Menschen befinden. Dort, wo beim Menschen der Kopf wäre, hat der Baxter einen Bildschirm, auf dem im Normalbetrieb zwei Augen zu sehen sind, die dorthin blicken, wo der Roboter als nächstes hingreifen wird. Geht etwas schief, wird das Gesicht auf dem Bildschirm traurig, oder es schaut verwirrt drein. Der Roboter wird nicht irgendwo fest installiert, sondern er steht auf einem Gestell mit Rollen, das einfach am jeweils vorgesehenen Arbeitsort arretiert wird. Über verschiedene Kameras, die am Rumpf und an den Armen integriert sind, orientiert sich Baxter in seiner Umgebung.

Es gibt drei verschiedene Methoden der Programmierung von Baxter, von denen die einfachste gleichzeitig die derzeit spektakulärste ist: Wenn man den Roboter etwa darauf programmieren will, Werkstücke vom Band in Kisten zu sortieren, ruft man die entsprechende Funktion auf dem Bildschirm auf, greift sich einen der Arme und zeigt der Maschine direkt, von welcher ungefähren Zone des Fließbandes sie Teile einsammeln soll. Die Assoziation zum Zeigen und Vorspielen bei Kindern ist naheliegend. Danach zeigt man dem Roboter noch, wie die einzusammelnden Teile aussehen und wo die Kiste steht, in der sie landen sollen.

Eine solche einfache Programmierung dauert keine halbe Stunde und kann – und das ist der entscheidende Punkt – von jedem durchschnittlich intelligenten Menschen in kürzester Zeit erlernt werden. Nicht mehr spezialisierte Ingenieure oder Experten, die viel Geld kosten und oftmals nicht in ausreichender Zahl verfügbar sind, sollen Roboter programmieren, sondern die Menschen, deren Arbeitsplatz sie ersetzen. Brooks verwendet dabei natürlich das Wort »ergänzen« statt »ersetzen«, denn Baxter soll ein neuer Kollege werden, kein Konkurrent. Und tatsächlich scheinen die ersten Erfahrungen mit den bereits ausgelieferten

Robotern darauf hinzuweisen, daß die freundlichen, von jedermann programmierbaren Maschinen einige unumkehrbar geglaubte Trends verändern. In der Folge wird sich die zukünftige Struktur der Arbeit grundlegend wandeln.

Wenn tatsächlich die Kontrolle über die Maschinen nicht mehr ausschließlich in den Händen einer hochspezialisierten Ingenieurskaste liegt, sondern wieder Aspekte der täglichen Arbeit, die mit Kreativität, Verantwortung und eigenständigem Denken zu tun haben, an die »normalen« Mitarbeiter delegiert werden, kann der von uns vielerorts beobachtete Trend zur Spaltung der Arbeitswelt abgeschwächt oder aufgehalten werden.

Eine häufige Folge von Automatisierung, die wir auf der Reise beobachtet haben, ist ja der Wegfall von Tätigkeiten mit mittlerer oder geringer Qualifizierung. Das kürzlich angekündigte erste Fast-food-Restaurant, dessen Burger von Robotern gebraten werden sollen, wäre dafür ein Beispiel. Neue Jobs hingegen entstehen bisher überwiegend im hochqualifizierten Bereich und bei den austauschbaren und durch Zeitarbeit erledigbaren Tätigkeiten, für die Roboter gerade noch so zu teuer sind. Laut Brooks finden sich aber in praktisch jedem Betrieb, an den seine Firma ihre neuartigen Roboter liefert, Mitarbeiter, die sich intensiv mit dem neuen digitalen Kollegen beschäftigen. Oft seien es Menschen, bei denen eigentlich niemand damit gerechnet hätte, weil sie für einfache, wenig anspruchsvolle Tätigkeiten eingestellt worden waren.

Ein weiterer gravierender Unterschied von Baxter und ähnlichen Robotertypen zur bisherigen Automatisierungstechnik ist schlicht der Preis. Während selbst relativ einfache Industrieroboter inklusive Programmierung praktisch nicht für Kosten unter hunderttausend Euro zu bekommen sind, geht Rethink Robotics mit einem Kampfpreis von zwanzigtausend Dollar in den Markt – und macht dabei sogar noch satte Gewinne.

Natürlich ist der Baxter längst nicht so stark, schnell, auch nicht so präzise wie ein fünfmal so teurer konventioneller Industrieroboter, denn zaubern kann Rodney Brooks nicht. Seine Strategie, billige und von jedermann programmierbare Roboter zu bauen, fußt zu einem Teil auf der Kunst der Beschränkung. Viele Tätigkeiten in den Firmen, auf die der Baxter zielt, benötigen die Eigenschaften der ingenieurtechnisch hochgezüchteten großen Systeme gar nicht.

Die Begrenzung von Tragegewicht und Bewegungsgeschwindigkeit macht die Verwendung leichter und billiger Komponenten möglich. Den Mangel an Präzision gleicht Baxter durch clevere Software aus, die zum Beispiel das Aufnehmen eines Werkstücks ähnlich erledigt wie ein Mensch, der, ohne hinzusehen, nach einem Gegenstand greift. Statt hochpräzise auf einen zehntel Millimeter genau zuzugreifen, bewegt Baxter seine Greifer so, daß sich das Zielobjekt sicher zwischen den Zangen befindet. Beim Schließen des Greifers registriert ein Kraftsensor, welche Seite den Gegenstand zuerst berührt, und korrigiert die Armposition entsprechend. Für den Betrachter sieht es so aus, als würde sich der Roboter nach dem Zugreifen den Gegenstand zurechtrütteln. Dem Verfahren fehlt die präzise, auch ein wenig furchteinflößende Eleganz und Kraft der großen Industrieroboter. Dafür ist es jedoch konkurrenzlos billig und funktioniert in vielen Anwendungsfällen ausreichend gut.

Die Folgen einer Automatisierungstechnik, die praktisch von jedermann programmiert und bedient werden kann, für die Arbeitswelt werden erheblich sein. Wenn flexible, einfach zu programmierende Roboter und eine neue Generation von computergesteuerten Fertigungsmaschinen miteinander kombiniert werden, öffnen sich völlig andere Perspektiven für die Produktion in ehemaligen Hochlohnländern.

So wirbt Rethink Robotics auch damit, Industrieproduktion, die einstmals nach China verlagert wurde, wieder zurück in die

USA zu holen. Die Vision von Rodney Brooks für die Zukunft der amerikanischen Fertigungsindustrie klingt verdächtig nach dem Vorbild der Arbeitsweise des deutschen Mittelstands. Netzwerke kleiner, digital vernetzter, flexibel automatisierter Betriebe stellen die vielen verschiedenen komplexen Teile her, die dann vom Hersteller, der sich vorrangig um Verkauf, Service und Aufrechterhaltung des Markennamens kümmert, zu einem Produkt zusammengebaut werden.

Sobald Roboter in der Lage sind, die Tätigkeiten, die heute beispielsweise von billigen chinesischen Fließbandarbeitern erledigt werden, mit der gleichen Flexibilität durchzuführen, ändert sich das Spiel der globalen Wirtschaft grundlegend. Schon heute ist der Trend zurück zur Produktion in der Nähe der Endabsatzmärkte in vielen Branchen klar zu sehen. Industrien mit sehr hohem Automatisierungsgrad, wie etwa die Fahrzeugbranche, bauen schon seit Jahren neue Fabriken direkt in ihren Hauptabsatzländern.

Je geringer der Anteil der Lohnkosten an einem Produkt ist, desto mehr treten andere Faktoren für die Standortwahl in den Vordergrund. Transportkosten, Infrastruktur, Stromnetze, Umweltfaktoren, Verfügbarkeit von hochqualifiziertem Personal, Steuerbelastung, politische Stabilität und sonstige regulatorische Faktoren bestimmen letztlich die Profitabilität langfristig weitaus stärker als die Kosten für das Personal. Das Kapital, das erforderlich ist, um die nötigen Investitionen zu tätigen, die eine menschenarme Fertigung ermöglichen, wird zum entscheidenden Produktionsmittel.

Das Bestreben, die für die Produktion notwendigen Menschen noch weiter zu reduzieren, ist beileibe keine typisch westliche Eigenschaft mehr. Auch Foxconn, einer der größten Elektronikproduzenten der Welt, bei dem unter anderem fast alle iPhones des amerikanischen Herstellers Apple und viele weitere Elektronik- und Computerprodukte von westlichen Marken hergestellt werden, hat angekündigt, aufgrund steigender Lohnkosten und lästiger Streiks in China eine Million Roboter installieren zu wollen. Bei Lichte betrachtet, ist die Ankündigung vielleicht noch etwas vollmundig, da Roboter, die menschliche Fingerfertigkeit vollständig ersetzen können, gerade erst in den Labors Gestalt annehmen. Die Intention ist jedoch klar: weiter konkurrenzfähig zu bleiben, auch wenn die eigenen Lohnkosten steigen, indem man die Anzahl der Menschen reduziert.

Die Folgen dieser neuen, flexiblen Automatisierung und Roboterisierung hängen natürlich sehr von den individuellen Gegebenheiten der Branche beziehungsweise des jeweiligen Betriebs ab. Im Pkw-Bau etwa zielen die Vorhaben zur direkten Integration von Assistenzrobotern in derzeit noch von Menschen dominierten Fertigungsbereichen darauf ab, Tätigkeiten zu erleichtern, die relativ anstrengend oder repetitiv sind, aber mit heutiger Industrierobotertechnik noch nicht ersetzt werden können.

Die Autohersteller geben sich bezüglich dieser Projekte noch etwas geheimniskrämerisch, jedoch läßt sich anhand einiger Beispiele bereits erahnen, wie die Zukunft aussehen wird. Die meisten Menschen sind dort derzeit noch in der sogenannten Montage tätig. Wie schon bei der Mähdrescherfertigung zu sehen war, sind die meisten Arbeiten im Karosseriebau, beim Schweißen und in der Blechbearbeitung bereits weitgehend roboterisiert. Der Einbau von Hunderten Klein- und Kleinstteilen, etwa bei Verkleidungen, Kabelbäumen, Sicherheitsgurten, Armaturenbrettern, Lenkrädern und der weiteren Bedienteile, erfolgt größtenteils noch manuell.

Hier sollen Roboter in Zukunft den Montagearbeitern zur Hand gehen, indem sie schwere oder sperrige Teile in das Auto bugsieren und an die richtige Stelle halten, Schrauben an die vorgesehene Stelle eindrehen oder Klebstoff in der richtigen Menge aufbringen, so daß der menschliche Monteur das Teil nur noch final einpassen und andrücken muß. Ob dabei Arbeitsplätze wegfallen, die Produktivität gesteigert oder die Arbeit nur leichter wird, wodurch sie länger auch von älteren Monteuren erledigt werden kann, hängt von der konkreten Situation, den Prioritäten der Firma und der Geschwindigkeit der Technologieentwicklung ab.

Der demographische Wandel spielt für die langfristig planenden Autokonzerne nicht nur auf der Kundenseite bei der Einführung von Fahrassistenzsystemen und dem teilautomatisierten Fahren – nicht zuletzt auf die ältere Kundschaft zielend – eine nicht unerhebliche Rolle, sondern auch in der Produktion. Kontinuierliche körperliche Produktionstätigkeit, oft verbunden mit ungesunden Körperhaltungen, repetitiven Gelenksbelastungen und anderen Anstrengungen, führt oft dazu, daß an den Montagebändern Menschen über fünfzig nur selten anzutreffen sind. Die Arbeitsplätze mit Hilfe von flexiblen, intelligenten Robotern so umzugestalten, daß sie zum einen weniger körperlich belastend sind und zum anderen durch stärkere Kontrolle und mehr Einfluß auf das Vorgehen bei der Automatisierung auch für die jüngere, digitalaffine Generation attraktiv werden, ist zumindest das postulierte Ziel bei den Autobauern, bei denen schon heute der größte Teil der konventionellen Industrieroboter steht.

Ein weiterer Antrieb zur Flexibilisierung der Automatisierung ist, daß Industrieprodukte heute in immer stärkerem Maße individualisiert werden. Wer sich einmal durch den Konfigurationskatalog für ein aktuelles Oberklassefahrzeug geklickt hat, fragt sich schnell, wie die Autohersteller Hunderte von möglichen Ausstattungsvarianten im Griff behalten. Dahinter stecken ausgeklügelte Computersysteme, die für jedes Fahrzeug Datensätze führen, die vermerken, welche Teile darin verbaut werden müssen, ob der Lagerbestand der Teile ausreicht, welche Abhängigkeiten verschiedene Kombinationen von Ausstattungsvarianten zueinander haben, und dafür sorgen, daß die Teile zur richtigen Zeit an der richtigen Stelle am Montageband sind und die Arbeiter die passende Montageanweisung haben.

Die Erweiterung dieses Prinzips wird derzeit gern unter dem Schlagwort »Industrie 4.0« gehypt. Die Idee dabei ist, daß jedes Werkstück oder Produkt in einer vernetzten, flexibel automatisierten Fabrik seine Arbeitsanweisungen für Maschinen und Menschen direkt als digitalen Datensatz mit sich führt. Anhand computerlesbarer Barcodes oder Funketiketten am Produkt selbst soll die Fabrik die entsprechenden Fertigungsanweisungen erhalten. Roboter sollen so wissen, welches Werkstück gerade vor ihnen liegt und wie es zu greifen ist, Bearbeitungsmaschinen erfahren, was zu fräsen, bohren oder stanzen ist, Lagerroboter kennen den richtigen Ablageort, und Wartungstechniker haben automatisch die korrekte Reparaturanleitung auf dem Bildschirm.

Damit diese Vision Realität werden kann, ist ein weiterer Sprung der Digitalisierung und Vernetzung aller Arbeitsschritte erforderlich. Schon in der Konstruktion der Teile, die bereits heute weitestgehend am Computer erfolgt, müssen weit stärker als bisher die späteren Verarbeitungsschritte zur Herstellung des Teils mit eingeplant werden. Das klingt einfacher, als es in der Praxis ist. Eine Fülle von verschiedenen Datenformaten und Softwaresystemen muß miteinander integriert werden. Alle Systeme von der Rohmaterialerzeugung über die Qualitätssicherung, die Teilebeschaffung, den Transport, die Lagerhaltung, die Produktions- und Personalplanung, die Verarbeitungsmaschinen und -roboter, die Auslieferungslogistik bis hin zum Verkauf müssen dann untereinander verbunden werden.

In seinen Dimensionen ähnelt das Konzept stark der Vision von der kybernetischen Wirtschaft aus den sechziger und siebziger Jahren. Der große Unterschied dabei ist jedoch, daß die Software nicht mehr zentralisiert und hierarchisch strukturiert ist. Jede Entität im »Industrie-4.0«-Konzept ist relativ autonom, sie folgt eigenen in Algorithmen gegossenen Optimierungszielen und Zielparametern – auf allen Ebenen.

Ein Verarbeitungsbetrieb etwa möchte seine computergesteuerten Fräsmaschinen bestmöglich, aber zu einem mindestens kostendeckenden Preis auslasten. Die Software der Fertigungszelle, bestehend zum Beispiel aus zwei Roboterarmen, einem Transportroboter und fünf Fräs- und Drehmaschinen, ist darauf optimiert, die Bearbeitungszeit für die einzelnen Aufträge und den Maschinen- und Werkzeugverschleiß so klein wie möglich zu halten, ohne daß die vorgegebene Qualität leidet.

Daraus leitet sich dann wieder die Parameterwahl für die Software ab, die steuert, wie der Fräskopf durch das Material des Werkstücks bewegt wird: Zu schnell, und der Werkzeugverschleiß steigt, während die Bearbeitungszeit und die Qualität sinken. Zu langsam, und der Arbeitsvorgang dauert zu lange und senkt den erzielbaren Gewinn. Die Steuerungssoftware jeder dieser Entitäten kommuniziert mit ihren Nachbarn und der sie koordinierenden nächsthöheren Ebene. So melden etwa alle Fräsmaschinen einer Fertigungszelle die errechnete Laufzeit ihres derzeitigen Auftrags und ihren Wartungszyklusstand an die Software, die Aufträge für die Zelle annimmt, so daß diese wiederum ihre freien Kapazitäten und Fähigkeiten an das Produktionsplanungssystem kommunizieren kann.

Menschen sind in derartigen Visionen in der Fabrikhalle nur noch für die Fehlerbehebung und solche Arbeiten selbst zuständig, die bisher nicht gut oder nicht zu sinnvollen Kosten automatisiert werden können. Ihre Arbeitsanweisungen und Aufträge bekommen sie von der Software – ein Zustand, der bereits heute in den Fabrikhallen eher die Regel als die Ausnahme ist.

Das Buzzword für solche aufeinander aufbauenden Strukturen relativ autonomer Softwarekomponenten lautet »Multilevel-Agentensysteme«, wird jedoch in der Industrie nicht so gern verwendet, da einige Informatiker vor ein paar Jahren schon ganz aufgeregt davon phantasiert haben, wie alles von Agentensystemen gesteuert werden wird, jedoch viel zu lange kaum Brauchbares liefern konnten. Wie so oft in der Softwarebranche dauert alles immer länger als angenommen, nicht selten so lange, bis niemand mehr die ursprünglichen Versprechungen ernst nimmt und dann doch viele überrascht sind, wenn zehn oder zwanzig Jahre später plötzlich die technischen Grundvoraussetzungen gegeben sind, um die einstmaligen Luftschloßkonzepte tatsächlich in der Praxis – oft mit einigen Modifizierungen – zum Fliegen zu bringen.

Ein Beispiel für diesen Mechanismus sind die Algorithmen für maschinelles Lernen, die jahrzehntelang ein Mauerblümchendasein in den Fluren der Universitäten gefristet haben. Sie rücken seit einigen Jahren aus ihrem Schattendasein ins Zentrum der digitalen Wirtschaft. Durch die riesigen Datenmengen, die Internet, Mobilfunk, Social Media und die Digitalisierung aller Lebens- und Arbeitsbereiche erzeugen, und die Rechenleistungen und Speicherkapazitäten der modernen massiv-parallelen Computer, die aus Millionen von Prozessoren zusammengebaut sind, werden einstmals für perspektivlose Spinnerei gehaltene Algorithmen und Konzepte nun praxisrelevant. Und obwohl wir eigentlich genug Zeit gehabt hätten, über die Folgen nachzudenken, hat es kaum jemand getan, weil sich die Aufmerksamkeit schnell abwendet, sobald eine Technologie ihren ersten Hypezyklus hinter sich hat, ohne die gegebenen Versprechungen einzuhalten.

Bis die Visionen der »Industrie 4.0« Realität sind, werden noch ein paar Jahre ins Land gehen. Es gibt jedoch keine prinzipiellen technischen Hürden, die der Realisierung entgegenstehen. Alle Komponenten und Technologien gibt es im wesentlichen bereits heute. Die Umstellung der Produktionsorganisation darauf, daß das Werkstück eine international eindeutige Identifikation enthält, die seinen Weg durch Fabriken und Logistik digital steuert, so daß sich zentralisierte Systeme nur noch um das große Gesamtbild kümmern müssen, beginnt in etlichen Bereichen schon.

Ein frühes Vorzeichen dafür ist, daß immer mehr Großkonzerne ihre im Sparrausch der letzten zwei Jahrzehnte outgesourcten IT-Abteilungen wieder ins Haus holen. Dabei geht es nicht nur um die Kosten und unangenehmen Überraschungen, die viele Outsourcingverträge erzeugt haben. Mit der Umstellung auf die totale und unwiderrufliche Abhängigkeit von der vernetzten, algorithmischen Steuerung aller Produktionsprozesse und den erheblichen Wettbewerbsvorsprüngen, die aus besseren Algorithmen der Agenten resultieren können, will man sich mancherorts nicht länger auf externe Dienstleister verlassen.

Das ist zum einen eine Frage der Zuverlässigkeit, zum anderen aber auch zunehmend ein direktes Wettbewerbsfeld. Wenn der Konkurrent mit den besseren Algorithmen gewinnt, warum sollte man sich dann auf die Standardangebote der Outsourcing-Dienstleister verlassen? Der reine Rechnerbetrieb, also die Verfügbarkeit von Computerleistung, Bandbreite und Speicherplatz, ist zu einer Dienstleistung geworden, die man völlig isoliert von den nun eigentlich wichtigen Aspekten mieten kann: Datenbanken, Sensornetzen, Agentenalgorithmen bis hin zu Datenformatkonvertierern, um die Kommunikation zwischen den verschiedenen Teilen des Systems möglich zu machen. Wie effizient, wie produktiv und wie flexibel einsetzbar ein Produktionsbetrieb ist, wird dann primär von seinen Softwarekomponenten bestimmt. Die Entwicklung oder zumindest die Netze und den Einsatz der Algorithmen selbst in der Hand zu halten wird so wieder eine Kernfunktion des Unternehmens.

Nicht nur in der industriellen Fertigung wird schon in naher Zukunft immer mehr von Datenströmen und Algorithmen dominiert, die sie verarbeiten. Unser Alltag, was wir als Bedürfnisse empfinden, wie wir kommunizieren und leben, aber auch viele soziale Interaktionen werden noch stärker als heute von Systemen bestimmt werden, die eine gewisse softwaregestützte Autonomie haben.

Selbst in Bereichen, die heute noch sakrosankt erscheinen mögen, wie bereits angedeutet etwa in der Kranken- und Altenpflege, ist der Marsch der Automaten und Roboter nicht mehr aufzuhalten. Es fängt an mit der digitalen Erfassung aller Patientendaten, die die Grundlage für die algorithmische Optimierung bilden. Derzeit verbringt das medizinische Personal einen nicht unerheblichen Teil seiner Arbeitszeit damit, die Computer mit Daten zu füttern, primär für Zwecke der Abrechnung und der Dokumentation, für den Fall, daß jemand später bei einem Kunstfehler die Behandlungsgeschichte nachvollziehen möchte.

Diese Arbeit, die eigentlich nichts mit der Heilung und Pflege von Menschen zu tun hat, zu automatisieren und quasi nebenbei und von selbst geschehen zu lassen ist selbstverständlich nicht trivial, jedoch sehr lohnend. Körpertemperatur und Laborwerte, Medikamentengaben und Behandlungen direkt zu erfassen, wenn die Daten anfallen, ist aber nur der erste Schritt. Mit diesen Daten lassen sich umfangreiche Analysen durchführen, aus denen sich erhebliches medizinisches Wissen und in der Folge medizinischer Fortschritt generieren ließe.

Antworten, die heute in der Regel durch medizinische Studien gefunden werden, gewinnt man dann aus nebenbei im Rahmen der Behandlung anfallenden und analysierten Daten: Welche Medikamente wirken bei welchen Patienten? Was sind die Zusammenhänge zwischen genetischer Ausstattung und Nebenwirkungshäufigkeit? Welche Behandlungskonzepte sind unter welchen Umständen anderen über- oder unterlegen?

Das Problem dabei – und hierin liegt eine der entscheidenden Fragestellungen der gesamten Automatisierungsthematik – ist, welchen Optimierungszielen die Algorithmen und Auswertungen folgen sollen. Geht es ausschließlich oder jedenfalls vorrangig um die Einsparung von Kosten und Personal, sollen nur Zahlen und Statistiken für Begründungen generiert werden, um weniger lukrativen Kassenpatienten bestimmte Behandlungen zu verweigern?

Die ethischen Fragen des digitalisierten Gesundheitssystems sind komplex und nicht einfach zu beantworten. Dementsprechend schwierig ist die Definition von Optimierungszielen, die am Ende nicht nur verkappte Methoden der Profitsteigerung für einige Teilnehmer des Spiels im großen Gesundheitskomplex sind.

Und es geht hier um Daten, welche zu den sensibelsten gehören, die man über Menschen ermitteln kann. Informationen über körperliche und seelische Leiden und Schwächen sind äußerst privater Natur. Wenn man sie teilt, zum Beispiel für Forschungszwecke, gelten strengste Datenschutzregeln und Anonymisierungsvorschriften.

Viele Experten aus der Medizinbranche vertreten die Ansicht, daß ohne eine flächendeckende Nutzung der Daten im Gesundheitswesen keine Chance besteht, die permanenten Kosten- und Beitragssteigerungen in den Griff zu bekommen. Sie können nur bisher weder darlegen, wie dies ohne das Risiko permanenter Datenlecks mit verheerenden Folgen für die Betroffenen geschehen kann, noch, wie der gesellschaftliche Mechanismus zur Definition der Optimierungsziele aussehen soll. Dadurch bildet sich in diesem Bereich eine Art »Automatisierungsstau« heraus, der verhindert, daß die volle Bandbreite der verfügbaren Technologien genutzt wird, bevor man nicht die Risiken und Unwägbarkeiten diskutiert und in den Griff bekommen hat und klar ist, wofür die Technik eingesetzt wird – für mehr Profite der verschiedenen Akteure oder zum Wohl der Patienten.

Diese Situation findet sich im Grunde überall da, wo es um große Mengen Daten von und über Menschen geht. Es gibt er-

hebliche Potentiale für Automatisierung und eine gesamtgesell-
schaftliche Effizienzsteigerung, die sich nicht nur auf den derzeit
im Vordergrund stehenden ewigen Drang beziehen, uns allen
mehr zu verkaufen. Die Frage, wie und zu wessen Nutzen die Daten, die wir überall und ständig produzieren und hinterlassen,
genutzt werden sollen, wird ganz entscheidend dafür sein, wie
die Zukunft unserer Arbeits- und Lebenswelt aussehen wird.

Derzeit wird das Öl des Informationszeitalters ohne Gewinn
für die Allgemeinheit privatisiert – außer vielleicht der vagen Ver-
sicherung, daß der Service dadurch besser würde. Mehr Daten
über Nutzer und Kunden zu besitzen ist weitgehend zu einem
Selbstzweck geworden – getrieben durch das Versprechen, daß
man aus diesen Daten erhebliche Rationalisierungs- und Effizi-
enzsteigerungspotentiale und damit höheren Profit realisieren
kann, wenn man sie denn nur mit entsprechend guten Algorithmen auswertet.

Doch die Automatisierung macht nicht halt in der physischen
Welt. Sie geht weiter in die nächste Domäne, die bisher als genu-
in menschlich betrachtet wurde: die Automatisierung des Denkens.

14. Die Automatisierung des Geistes

Schon von jeher brachte man Maschinen zum Markt, welche die Menschen außer Nahrung setzten, indem sie die Arbeiten derselben besser und schneller ausführten. Denn zum Unglück machten die Maschinen alle Zeit recht gute Arbeit und laufen den Menschen weit vor. Daher suchen Männer, die in der Verwaltung wichtiger Ämter es zu etwas mehr als träger Mittelmäßigkeit zu treiben wünschen, soviel sie können, ganz maschinenmäßig zu verfahren; um wenigstens künstliche Maschinen abzugeben, da sie unglücklicherweise keine natürlichen sein können.

Jean Paul (1763–1825)

Wer denkt, sein Arbeitsplatz sei zukunftssicher, weil er Denkleistungen erfordert, die nicht ohne weiteres von einem Computer übernommen werden können, befindet sich möglicherweise in einem großen Irrtum. Die Automatisierung des Geistes, die Ablösung menschlicher Hirntätigkeit durch Software und Algorithmen, hat das Potential, die Arbeits- und Lebenswelt noch stärker zu verändern, als es durch die Roboterisierung und Automatisierung der Produktion bereits eingeleitet worden ist.

Das Faszinierende dabei liegt darin, daß dieser Prozeß weitgehend unbeachtet von der Öffentlichkeit stattfindet. Dabei spielt sicher eine Rolle, daß vieles – anders als bei der Roboterisierung – nicht leicht zu verstehen und darzustellen ist und es keine augenfällige Bebilderung für die Medien gibt. Wer will schon andauernd die immer gleichen Archivbilder von dramatisch ausgeleuchteten Tastaturen und Monitoren mit bedrohlich kreisenden Nullen und Einsen sehen? Die Effekte der Computerisierung kognitiver Aspekte sind weitaus subtiler und verborgener, als wenn in der Fabrikhalle an der Stelle nun Roboter stehen, wo vor einem halben Jahr noch Menschen schafften.

Oft geht nicht nur die Automatisierung physischer Vorgehensweisen mit einer grundlegenden Änderung der Art und Weise einher, wie ein Geschäftsvorgang geschieht. Ein recht plastisches Beispiel, an dem sich das Prinzip erklären läßt, ist die Art, wie wir unsere Bankgeschäfte abwickeln. Früher gab es zahlreiche Filialen mit jeweils etlichen Mitarbeitern, die sich um Ein- und Auszahlungen kümmerten, an denen man seine papiernen Überweisungszettel abgab oder um einen Kredit nachsuchte. Heute gibt es zwar auch noch Filialen, aber weitaus weniger und mit viel weniger Personal.

Überweisungen erledigen wir heute oft online oder am bereitstehenden Automaten, genau wie Aus- und zunehmend auch Einzahlungen von Bargeld. Der Bargeldanteil insgesamt ist allerdings zugunsten von elektronischen Zahlungsmitteln zurückgegangen, seien es Überweisungen, Kreditkarten, PayPal oder EC-Karten. Nichtalltägliche Probleme mit dem lieben Geld klärt man mit der Bank-Hotline. In die Filiale läuft man nur noch, wenn man beispielsweise aus einem schon fast atavistischen Impuls doch einmal für einen Kreditwunsch mit einem Menschen reden will, statt seinen Antrag online in die Datenbanken des Instituts einzutippen.

Echte Entscheidungsgewalt hat aber der Bankmitarbeiter nur noch sehr begrenzt. Bei allem, was über eine kurzfristige Erhöhung des Dispolimits hinausgeht, folgt auch er nur noch den Anweisungen der Algorithmen in der Software, die er über den Computer auf seinem Tisch bedient. Gibt etwa die Bewertung der Kreditwürdigkeit eine schlechte Note, deren Zustandekommen der Mitarbeiter auch gar nicht nachvollziehen kann, und damit eine Empfehlung zum Ablehnen, besteht sein Handlungsspielraum oft nur noch in der Tätigkeit, dies dem Kunden schonend beizubringen. Der einzige echte Vorteil der direkten menschlichen Interaktion ist, daß der Bankmitarbeiter häufiger aus Erfahrung mit Dutzenden oder Hunderten Vorgängen und der Kenntnis der internen Richtlinien der Bank in der Lage sein kann, nicht offensichtliche Wege zu nehmen, um den Kundenwunsch doch zu erfüllen.

Seine eigentliche Hauptaufgabe ist jedoch eine andere: sogenannte »Beratungsprodukte« zu verkaufen, also Fonds, Anleihen, Wertpapiere und was die Bank gerade sonst noch so unters Volk bringen will. Sie dürften meist nicht einmal das beste Angebot sein – denn das würde der Kunde wahrscheinlich am besten online finden, wenn er danach sucht. Der Bankmitarbeiter sitzt dort im Grunde genommen nur noch, weil ein Teil der Kunden bei Geldgeschäften mangels ausreichender Kenntnis und Durchblicks bei den komplexen Angeboten immer noch irrigerweise auf ein menschliches Vertrauensverhältnis setzt.

Die implizite Annahme ist, daß dieser Banker auch noch in ein paar Jahren da sein und einem hoffentlich keine Schrottprodukte andrehen wird, weil er sich dafür dann ja ganz menschlich im Gespräch rechtfertigen müßte. Die Hypothekenkrise hat hoffentlich auch die letzten treuen Investmentkunden von diesem Irrtum geheilt – der Banker verkauft in der Regel schlicht, was die Software gerade vorschlägt und wofür er am meisten Provision bekommt. Er ist im Zweifel schon längst in einer anderen Filiale oder Abteilung, wenn die dubiosen Investmentprodukte sich als faule Eier herausstellen. Die kontinuierlich schlechten durchschnittlichen Ergebnisse bei der Beratungsqualität in unabhängigen Tests sprechen hier eine beredte Sprache.

Die Wegautomatisierung seiner ehemaligen Kollegen geschah in der Bank zum einen dadurch, daß Roboter – nichts anderes ist ein Geldautomat – ihre Aufgabe übernahmen. Entscheidungen über Kredite und ähnliches werden auch nicht mehr von Menschen direkt gefällt, sie folgen in der Regel dem Vorschlag aus einem Algorithmus, der Hunderte Faktoren und Datenpunkte über den Kunden und seine Finanzhistorie heranzieht. Das Bauchgefühl und die Erfahrung des Bankers wurden weitgehend durch

Software ersetzt. Zum anderen haben wir uns daran gewöhnt, Bankgeschäfte online abzuwickeln – das ganze Geschäftsprinzip hat sich somit grundlegend gewandelt.

Genauso funktioniert die Automatisierung des Geistes an vielen Stellen. Erfahrung, Wissen und Intuition werden durch Software nachgebildet, Statistiken, Optimierungs- und Wahrscheinlichkeitsrechnungen ersetzen die oft eher unscharf begründeten, einfach zu beeinflussenden Entscheidungen des Menschen. Begründet wird die Einführung softwaregestützter Entscheidungen vor allem mit Effizienzgewinnen, Optimierungspotentialen, Fehlerreduktion und einer höheren Konsistenz und Nachvollziehbarkeit der Entscheidungen. Der zuweilen irrationale und unzuverlässige Mensch soll durch die vermeintlich perfekte Maschine ersetzt werden.

Nicht nur Kredit- und Investitionsentscheidungen werden von immer ausgefeilteren Algorithmen vorbereitet – oder in den automatischen Handelssystemen der Börsenzocker ganz direkt getroffen. An vielen Stellen ist die Software bereits ganz direkt der Entscheidungsträger, etwa in Handel und Logistik, wo Transportrouten, Lagerbestandsmanagement und günstige Zeitpunkte für den Ankauf von Waren, die Preisbildung und Sonderangebote auf der Basis von Datenmengen errechnet werden, die das Fassungsvermögen eines menschlichen Gehirns bei weitem übersteigen. Meist schaut noch mal ein Mensch über die Zahlen, bevor er den Vorschlag des Computers bestätigt, um immer wieder mal auftauchende Anomalien und offensichtliche Vorhersagefehler der Algorithmen zu erkennen und auszubügeln. Das nimmt jedoch nur einen eher kleinen Teil der Zeit in Anspruch.

In Großkonzernen, die typischerweise Beschaffung und Einkauf, Inventarisierung, Budgetplanung, Personalverwaltung, Produktionsplanung, Kundenbeziehungsmanagement und Orderverwaltung in riesige Softwarepakete ausgelagert haben, wie sie der Waldorfer Konzern SAP herstellt, geht ohne die Datenbanken und Softwaresysteme gar nichts mehr. Abteilungen, die früher Tausende Menschen beschäftigten, wurden zum Teil halbiert oder noch weiter reduziert.

Dabei wird nicht einfach eine Software installiert. Damit die Optimierungspotentiale möglichst weit ausgeschöpft werden können, ist man dazu übergegangen, bei dieser Gelegenheit auch die vollständigen Geschäftsprozesse umzubauen, die künftig von Software gesteuert und betrieben werden. Diese Prozesse in Unternehmen müssen schließlich nicht mehr primär an den Bedürfnissen und Fähigkeiten der Menschen orientiert sein, sondern an den Notwendigkeiten einer möglichst weitgehenden Digitalisierung und algorithmischen Verarbeitbarkeit sowie an den Restriktionen der dominierenden Software.

Normalerweise nutzen die Konzerne die Gelegenheit der Inbetriebnahme neuer Software für die Geschäftsprozesse gleich für umfangreiche Reorganisationen und Umstrukturierungen. Ein wenig beachteter Nebeneffekt dieses Trends ist, daß sich die großen Unternehmen in ihren inneren Strukturen mehr und mehr ähneln. Sie verwenden die gleiche Software – auch wenn sie ihnen als durchweg individualisiert verkauft wird – oder zumindest solche, die nach sehr ähnlichen Regeln und Paradigmen funktioniert. Den Markt teilen sich einige wenige Konkurrenten wie SAP und Oracle untereinander auf.

Die Strukturen der Abteilungen, Verantwortlichkeiten, Rollen und Zuständigkeiten, die Modellierung von betriebswirtschaftlichen Steuerparametern und die Art der Personalentscheidungen gleichen sich so weit an, daß die Verwendung der ähnlichen Softwarebasis als großer Pluspunkt bei Unternehmensaufkäufen und Fusionen angesehen wird, da die Kosten für eine Zusammenführung der Datenstrukturen typischerweise neben denen für Entlassungen die höchsten sind.

Die Logik der Software bestimmt mehr und mehr die Prinzipien, nach denen ein Unternehmen strukturiert und aufgebaut ist und damit auch geführt werden kann. Es ist zudem oft einfacher, nur kleinere Anpassungen an der Standardsoftware vorzunehmen und statt dessen das Unternehmen an die Software anzupassen, als umgekehrt. Dementsprechend setzen sich die Teams, die beispielsweise SAP in einem Unternehmen einführen, typischerweise nicht nur aus in der Anpassung der Software geschulten Beratern, sondern auch aus Management-Consultants zusammen, um die Geschäftsprozesse parallel an die Erfordernisse der Softwarestruktur anpassen.

Mit dem Übergang zur voll vernetzten Wirtschaft, in der mehr und mehr Geschäftsvorgänge durch Austausch durchgängig standardisierter Daten abgewickelt werden, wird sich dieser Prozeß noch beschleunigen – wie etwa die unter dem Stichwort »Industrie 4.0« geplanten Systeme zur vollständig vernetzten automatischen Produktionsabwicklung. Bereits heute werden die Geschäfte beispielsweise zwischen großen Autofirmen und ihren Zulieferern weitgehend automatisch über die direkte Vernetzung der Softwaresysteme der Unternehmen koordiniert.

Dafür existieren genormte digitale Schnittstellen, die bekannteste trägt den sperrigen Namen »Electronic Data Interchange for Administration, Commerce and Transport«, kurz EDIFACT. Sie wurde international von einer UNO-Unterorganisation standardisiert und ermöglicht einen relativ reibungslosen Austausch von Daten, zum Beispiel um Teile nachzubestellen, Transportaufträge zu vergeben oder Angebotsanfragen zu stellen. Meist werden die Rahmenverträge, unter denen die Aufträge dann abgearbeitet werden, noch von den Menschen in den Ein- und Verkaufsabteilungen ausgehandelt, da hier noch schwer objektivierbare Kriterien wie gegenseitiges Vertrauen, langjährige Lieferbeziehungen und strategische Technologiepartnerschaften eine Rolle spielen. Sobald der Rahmen aber steht, werden die einzelnen Vorgänge, soweit es geht, innerhalb der Software abgewickelt.

Je mehr die Unternehmen durchdigitalisiert werden, je mehr

Details aus allen Bereichen der Geschäfte sowie internen und externen Prozessen in standardisierten Datensätzen vorliegen und so analysierbar werden, desto weiter kann die Automatisierung dieser Vorgänge reichen. Die Marktzyklen für Getreide oder Vieh etwa werden im Detail von Algorithmen der Spekulanten analysiert, die Hunderte Faktoren in Betracht ziehen: historische Marktdaten, die Wetterentwicklung und -vorhersage, den Preis von Vorprodukten wie Dünger, dessen Preis wiederum von dem des Erdgases abhängt, die Verfügbarkeit und die Preise für Futter oder aktuelle und historische Marktzahlen der Supermarktketten über Verkäufe.

Das Interessante an dieser Art der Optimierung der Abläufe und Entscheidungen ist, daß jene Algorithmen, die verschiedenen Subspezies der sogenannten künstlichen Intelligenz wie Machine Learning und Support Vector Machines entstammen, nicht versuchen, eine perfekte Vorhersage auf der Basis einzelner kausaler Zusammenhänge zu treffen. Sie suchen vielmehr nach Korrelationen zwischen den verschiedenen Trends und Datenbasen, die sie auf die derzeitige Lage anwenden, um daraus verschieden wahrscheinliche Zukunftsszenarien abzuleiten. Es geht dabei nicht mehr um präzises Wissen, um exakte Wissenschaft, sondern darum, häufig genug richtigzuliegen.

Die Komplexität der Handelsalgorithmen wird auf der anderen Seite, etwa bei den Getreideverkäufern und den Schlachthöfen, zunehmend gespiegelt – wenn auch in weniger komplexer Weise. Eigene Algorithmen und Softwaresysteme bei Agrarfabriken oder Mühlen versuchen den richtigen Zeitpunkt für Verkauf, Schlachtung und natürlich die Preise und Zeitpunkte für die Optionsscheine zu kalkulieren, mit denen die Naturprodukte noch vor der Ernte gehandelt werden. Ein nicht gänzlich offensichtlicher Nebeneffekt davon ist, daß die Erfahrung der Menschen, die bisher diese Entscheidungen trafen, nach und nach weniger wert wird, weil sich die Mechanismen, auf die sich ihr Gespür, ihre Erinnerungen, ihr systemisches Wissen und ihre Intuition beziehen, verändern oder gänzlich anders werden als früher. Wenn Software mit Software handelt und Verträge anbahnt, ist der Mensch, der vielleicht auf der anderen Seite noch einen Menschen erwartet, irgendwann kein adäquater Mitspieler mehr.

Wie stark die Technologieentwicklung schon in den Berufsalltag eingedrungen ist, zeigt sich auch im Kleinen, etwa in Anwaltskanzleien, wo der Bedarf an Rechtsanwaltsgehilfen und Sekretären in den letzten Jahren pro Anwalt immer weiter gesunken ist. Diktiersoftware – wie sie auch beim Schreiben dieses Buches umfangreich zum Einsatz kam –, die Gesprochenes in Geschriebenes verwandelt, hat die klassische Sekretariatsaufgabe der Diktataufnahme in vielen Kanzleien und anderen Büros verdrängt. Digitale Akten, bald gefolgt von elektronischer Übermittlung von Schriftsätzen, die oft genug großenteils aus immer wieder kopierten Textblöcken bestehen, haben den nötigen Arbeitsaufwand reduziert.

Standardisierte Rechtsvorgänge – die Abmahnkanzleien der Musik- und Filmindustrie sind hier ein unrühmlicher Vorreiter – minimieren die nötigen Arbeitsschritte weiter. Auch die Anwälte selbst, die insbesondere in den USA in großen Prozessen zwischen Firmen dafür bezahlt wurden, im Rahmen der Beweiserhebung in gigantischen Akten- und Datenbeständen nach Informationen zu suchen, die sich als Argument für ihre Prozeßpartei verwenden lassen, werden zunehmend durch Software ersetzt, die in der Lage ist, in riesigen Datenbeständen nicht nur nach Schlüsselbegriffen, sondern auch nach Anomalien, Unregelmäßigkeiten und Verdachtsmomenten zu fahnden.

Dabei machen sich die Entwickler der Algorithmen die Tatsache zunutze, daß illegale oder ungewöhnliche Aktivitäten oft zu Kommunikationsmustern führen, die von den normalen Vorgängen abweichen. Im Umfeld solcher Anomalien in den Daten finden sich dann oft die gesuchten Details oder Anhaltspunkte für Korruption, regelwidrige Absprachen oder anderes illegales Verhalten, auf das die Suche zielt. Bisher saßen bei langwierigen Großprozessen oft Dutzende Anwälte wochenlang über den Akten und Dateien, um solche Beweise zu finden.

Auch menschliche Kreativität, die bisher als nicht oder nur begrenzt durch Algorithmen ersetzbar galt, ist in einigen Bereichen weitaus weniger unersetzbar als angenommen. Ein drastisches Beispiel hierfür liefert die Firma Narrative Sciences, die es sich zum Ziel gesetzt hat, ihre Software Geschichten erzählen zu lassen. Wie es sich für ein gewinnorientiertes Start-up gehört, geht es dabei nicht um Märchen oder Sagen, sondern um Quartalsberichte von Unternehmen und – durchaus beeindruckend – um Sportberichterstattung.

Durch Analyse von Millionen von Zeitungsartikeln über in den USA beliebte Sportarten wie Baseball oder Basketball, die mit den über jedes Spiel erfaßten Daten über Spielaktionen, Ballbesitz, Tore, statistische Auffälligkeiten und Rekorde und so weiter verglichen wurden, lernten die Systeme von Narrative Science, wie Menschen über ein Spiel schreiben. Typische Phrasen und Wortverbindungen der Sportberichterstattung für die jeweiligen Situationen wurden extrahiert und in einer Datenbank gespeichert. Ergibt sich aus den Daten des Spiels, über das die Software gerade einen Bericht schreibt, eine ähnliche Situation, werden die dazugehörigen Satzbestandteile zur Beschreibung herausgesucht.

Aus dem Kontext der Daten und daraus, wann in der von der Software belieferten Zeitung diese Satzbausteine zuletzt verwendet wurden – man will schließlich keine zu auffälligen Wiederholungen von Formulierungen –, und weiteren Modulen, die unter anderem auf korrekten Satzbau und Grammatik achten, ergeben sich letztendlich die fertigen Sätze und Absätze eines Artikels. Die nackten, formalisierten Daten werden zu einer Geschichte, wie sie ein Mensch erzählen würde.

Extensive Tests der Ergebnisse der algorithmisch generierten Sportberichte an Zeitungslesern führten zu einer immer weitergehenden Verfeinerung, bis die Leser nicht mehr in der Lage waren zu unterscheiden, welcher Text von einem Menschen und welcher von der Software stammt. Verschiedene Zeitungen in den USA begannen daraufhin, das System tatsächlich einzusetzen – teils offen, aber meist heimlich, um die Berichte von Zweit- und Drittliga-Sportereignissen zu generieren. Die auf diese Sportarten spezialisierten Redakteure wurden von heute auf morgen obsolet.

Eine andere Ausprägung des Narrative-Science-Systems, bei dem die Firma auch schon Konkurrenten hat, ist die Generierung der verpflichtenden Quartalsberichte für börsennotierte Unternehmen. Diese Berichte werden meist ohnehin nur von ein paar Dutzend Investmentanalysten gelesen und ausgewertet – und von Börsen-Handelsalgorithmen. Das Prinzip der Berichtgenerierung bleibt gleich: Aktuelle Geschäftszahlen, die aus der Unternehmenssoftware extrahiert worden sind, werden mit denen aus den vergangenen Quartalen, Zahlenwerken über die Situation in den verschiedenen Absatzmärkten und weiteren relevanten Daten zum Faktengrundgerüst für den Bericht zusammengestellt.

Die Berichtgenerierungssoftware erzeugt dann daraus nach den gleichen Methoden wie bei der automatischen Sportberichterstattung einen Fließtext, wenn gewünscht mit Tabellen, der sich nicht ohne weiteres von solchen unterscheiden läßt, die von Menschen geschrieben wurden. Bei Quartalsberichten sind die teilweise gesetzlich vorgeschriebenen Inhalte und die daraus abgeleitete Struktur ohnehin noch mal ähnlicher und wiederkehrender als bei Sportberichten. Niemand erwartet hier literarische Höchstleistungen. Im Gegenteil: Die Algorithmen auf der anderen Seite, die zur Auswertung solcher Quartalsberichte geschrieben wurden, funktionieren besser, wenn weitgehend auf sprachliche Dekorationen verzichtet wird.

Die Arbeitsweise der Algorithmen, ihre Heranziehung von

großen Mengen archivierter Artikel, um damit das Skelett der Daten mit Formulierungen zu umkleiden, die sie für den Menschen besser les- und verstehbar machen, eignet sich jedoch bei weitem nicht für alle Arten von Text. Sie wird gut funktionieren, wenn die zu beschreibenden Sachverhalte anhand von strukturierten Daten vorliegen, die »nur noch« in Prosa umgesetzt werden müssen. Andere Algorithmen sind jedoch zumindest in begrenztem Maße in der Lage, auch aus sogenanntem unstrukturiertem Text, also Nachrichtentickermeldungen oder Dokumenten, wohlfeile strukturierte Informationen zu extrahieren, die dann wiederum von anderen Algorithmen weitergenutzt werden können.

Ein sehr alltagsrelevantes Beispiel dafür ist bereits auf modernen Smartphones zu finden: die sprachgesteuerte Suche in der Software Siri in den Produkten der Firma Apple. Siri und ähnliche Dienste kann man in natürlicher Sprache befragen, um Informationen zu finden, etwa wo die nächste geöffnete Apotheke ist, wie das Wetter morgen wird oder wie lange es noch dauert bis zum nächsten Vollmond.

Ein Großteil dieser Fragen wird von einer Software namens Wolfram Alpha beantwortet, einer sogenannten »computational knowledge engine«. Entwickelt wurde sie von Wolfram Research, einer Firma, gegründet von den Brüdern Stephen und Conrad Wolfram. Stephen Wolfram wurde durch die Entwicklung der Software Mathematica bekannt, die es ermöglicht, selbst komplexeste mathematische und logische Probleme mit Computerhilfe zu lösen. Mathematica ist im besten Wortsinn ein »Denkzeug«, also ein Werkzeug, das dem Menschen beim Denken hilft, indem es schwierige und umfangreiche Berechnungen und Kalkulationen auch bei großen Datenmengen einfach und schnell durchführbar macht.

Was dem Schüler früher sein Taschenrechner war, ist für Wissenschaftler, Börsenalgorithmenentwickler und Ingenieure Mathematica. Conrad Wolfram ist ein freundlicher, zurückhaltender Mann, der mit großer Passion und Energie über die Notwendigkeit spricht, die naturwissenschaftliche Ausbildung stärker darauf auszurichten, daß Computer und Software den Menschen langweilige und eintönige geistige Arbeit abnehmen können, um so eine Fokussierung auf die interessanten, tatsächlich herausfordernden Aspekte von Forschung und Verstehen zu ermöglichen. Er hat längst verstanden, daß der Maschinisierung von Kopfarbeit die Zukunft gehört.

Die Funktionsweise von Wolfram Alpha, der »künstlichen Intelligenz« hinter Siri & Co., erklärt er so: Menschen stellen ziemlich oft die gleichen Fragen, und sie tun es auf eine relativ vorhersehbare Art und Weise. Fragt man etwa: »Wie lange dauert es noch bis zum nächsten Vollmond?«, extrahiert die erste Ebene der Software die relevanten Wörter aus der Frage, die nötig sind, um eine Antwort zu berechnen. In diesem Falle »wie lange noch bis« und »Vollmond«. Übersetzt in die Struktur der Algorithmen, wird daraus die Kalkulation »Zeitpunkt des nächsten Vollmonds minus aktuelle Zeit«.

Wann der nächste Vollmond ist, weiß Alpha aus seiner sogenannten Wissensbasis, welche aus Hunderten von Datenbanken extrahiert wurde, die von Experten des jeweiligen Fachgebiets aufbereitet und für die Algorithmen zugänglich gemacht werden. Fragt man etwa: »Was ist das Bruttosozialprodukt von Deutschland im Vergleich zu dem von Japan?«, extrahiert die Software aus ihrer Datenbasis die jeweiligen Zahlen für die beiden Länder, setzt sie ins Verhältnis und malt auch gleich anschauliche Kurven über die historische Entwicklung.

Das Geheimnis der algorithmischen Magie von Wolfram Alpha ist also die von Menschen für die Algorithmen aufbereitete Datenbasis. Denn die Software kann – noch – nicht einfach in der Wikipedia lesen, um sich Fakten und Zusammenhänge anzueignen. Doch einmal erschlossen und in eine Struktur gebracht, die

Berechnungen ermöglicht, lassen sich mit jeder neuen Datenbank, jedem neu hinzugefügten physikalischen oder mathematischen Sachverhalt neue Zusammenhänge durch Softwareberechnungen erschließen.

Das Ergebnis ist ein oft verblüffender Eindruck von maschineller Intelligenz, die in Sekundenschnelle Fragen aller Art beantworten kann. Die Formeln, die zu einem Ergebnis führen, werden jeweils ad hoc aus der vom Menschen gestellten Frage abgeleitet und dann auf die Datenbasis angewendet. Im Prinzip sind der dadurch möglichen Komplexität kaum Grenzen gesetzt. In der kostenpflichtigen Profiversion von Alpha können Wissenschaftler auch eigene Datenbasen als Grundlage der Berechnungen hinzufügen, sie können dann Zusammenhänge und Korrelationen in ihren Daten entdecken, ohne sich um die Details kümmern zu müssen. Statt nur anhand von Stichworten wie normale Suchmaschinen die Webseiten zu durchsuchen, die die Antwort auf die Fragen enthalten könnten, beantwortet Alpha die Frage mit Hilfe der Datenbasis direkt und ohne Umwege.

Bereits heute werden ähnliche Systeme verwendet, um Callcenter zu automatisieren. Auf Wissensbasen fußende Algorithmen steuern den Gesprächsverlauf, nach denen sich die Telefonisten bei den Hotlines für Kundensupport und -akquise richten. Der Mensch ist hier nur noch das Interface für die Software, mit der diese mit dem Menschen auf der anderen Seite der Telefonleitung kommuniziert. Im einfachsten Fall folgt der Callcenteragent einem interaktiven digitalen Drehbuch, in dem ihm die jeweils möglichen Optionen für die jeweilige Problemstellung auf seinem Bildschirm aufgeführt werden. Je nach Antwort basierend auf dem, was der Kunde sagt, wird er jeweils auf weitere Optionen verwiesen und im besten Falle zu einer Lösung geführt.

Sein Arbeitsplatz hängt eigentlich nur noch vom bis dato relativ unzureichenden Stand der sprecherunabhängigen algorithmischen Spracherkennung ab, der sich jedoch immer weiter verbessert. Wenn die Software hinreichend zuverlässig erkennen kann, was gesagt wird, spricht technologisch nichts mehr dagegen, die gleichen Prinzipien, wie sie Wolfram Alpha verwendet, für sogenannte Sprachdialogsysteme anzuwenden, bei denen sich der Kunde direkt mit dem Computer unterhält.

Ansätze dieses Prinzips kann man schon auf den Webseiten vieler größerer Unternehmen beobachten, die Hilfe in Form von Chatsystemen anbieten, mit denen der Kunde über seinen Webbrowser kommuniziert. Routineanfragen werden von der Software abgearbeitet, erst bei komplexeren Problemen wird ein Mensch auf der anderen Seite herangezogen. Die Spracherkennung wird auch deshalb immer leistungsfähiger, weil sie von so vielen Menschen – etwa bei Siri – genutzt wird. Die Systeme lernen von uns: Ob etwas korrekt oder falsch erkannt wurde, fließt als Lernanreiz zurück in die Software.

Den Kunden anhand seiner spezifischen biometrischen Stimm- und Sprachmerkmale zu identifizieren, leistet Software schon heute mit erstaunlich hoher Zuverlässigkeit. Die Systeme unterscheiden sich von der Software, die den Inhalt eines Gesprächs und die Semantik der gesprochenen Wörter erfassen soll. Denn sie zielen darauf ab, eine Person anhand ihrer Stimme und ihrer Art zu sprechen wiederzuerkennen. Meist kommen dabei Systeme zum Einsatz, die auch von Geheimdiensten zur Überwachung der Telefonnetze ganzer Länder eingesetzt werden.

Für jeden Verdächtigen – oder im kommerziellen Einsatz Kunden – wird dabei ein Sprachprofil hinterlegt. Die besten der heute verfügbaren Systeme benötigen dann nur noch fünf Sekunden Sprache, um zu erkennen, ob die spezifischen Resonanz- und Schallcharakteristiken des Sprechers mit einem der gespeicherten Profile übereinstimmen. Die Computer sind leistungsfähig genug, um dies auf Hunderttausenden Telefonleitungen parallel tun zu können, und natürlich wird dies im Namen der Sicherheit und Terrorabwehr auch genutzt.

Zu erkennen, was gesagt wird, gelingt bereits mit über fünf-undneunzigprozentiger Wahrscheinlichkeit. Das reicht aus, um nach Stichworten in Telefonaten zu fahnden, ist aber immer noch nicht gut genug, um einen Computer tatsächlich mit einem Menschen kommunizieren zu lassen, ohne daß dieser entnervt aufgibt und doch wieder mit einem Menschen sprechen will. Es steht jedoch zu erwarten, daß das Problem in naher Zukunft gelöst wird, insbesondere wenn die Menge der Fragen und Antworten begrenzt ist, weil klar ist, in welchem inhaltlichen Kontext das Gespräch stattfindet.

In einem typischen Kundendialog läßt sich der Anrufer meist durch Fragen dahin dirigieren, nur eine überschaubare Menge von Alternativen zu haben. Sprachsysteme, die etwa Auskunft zu Zugverbindungen geben oder technische Probleme eines Anrufers vorab diagnostizieren, damit er beim richtigen menschlichen Ansprechpartner im Callcenter landet oder vielleicht sogar schon die richtige Antwort automatisch erhält, sind bereits seit etlichen Jahren im Einsatz. Die Anzahl notwendiger Callcentermitarbeiter, um ein bestimmtes Anrufaufkommen abzuwickeln, läßt sich so deutlich reduzieren.

Auf den Telefonen selbst, die mehr und mehr zu smarten Lebensassistenten werden, wird die scheinbar intelligente Software dahin gehend weiterentwickelt, daß potentielle typische Fragen, basierend auf dem Kontext einer Alltagshandlung, schon vorab gestellt und beantwortet werden. Wenn der Kalender etwa einen Eintrag für eine Reise enthält, antizipiert beispielsweise »Google Now« die Fragen, die typischerweise nützlich für diese Situation wären: Wie ist das Wetter am Zielort? Hat der Flug Verspätung? Gibt es Stau auf der Straße zum Flughafen? Wie ist der Wechselkurs? Gibt es in den Nachrichten Meldungen, etwa über große Streiks, die für das Reiseziel relevant sein könnten? ... Und einiges mehr, angepaßt an das Profil des Telefonbenutzers.

Daraus berechnet die Software dann den optimalen und häufig

auch den spätesten Zeitpunkt für die Abreise, gibt Warnhinweise und verweist auf empfehlenswerte Restaurants, wenn der Kalender etwa einen Termin für ein Arbeitsessen am Zielort enthält – ganz so, wie es ein guter persönlicher Assistent auch tun würde. Google arbeitet dafür daran, möglichst viele strukturierte Datenquellen wie etwa Wetterberichte, Stauinformationen, Nahverkehrspläne und Restaurantdatenbanken zu erschließen und zusätzlich auf Basis von Stichwörtern und typischen Satzstrukturen auch unstrukturierte Daten wie Nachrichtenmeldungen so zu erfassen, daß Berechnungen möglich werden.

Der Ansatz ist sehr ähnlich dem von Wolfram Alpha, menschliche Arbeit wird einmalig aufgewendet, um den Algorithmen die Welt zu erschließen. Einmal so aufbereitet, steht das Wissen zukünftig der Software und mithin den Menschen zur Verfügung. Dabei wissen die Algorithmen nichts im menschlichen Sinne, die Semantik einer Frage interessiert nur so weit, wie sie für die Beantwortung absolut notwendig ist. Die Algorithmen verfügen nur über Strukturen, in denen Regeln und Zusammenhänge zwischen Daten abgebildet sind, so daß sich Schlußfolgerungen berechnen lassen.

Der nächste Schritt auf dem Weg zur Automatisierung von kognitiven Fähigkeiten geschieht gerade in den Labors. Während bisher Menschen ihre Ideen über mögliche Zusammenhänge und Korrelationen zwischen Daten in Software gießen und durch umfangreiche Berechnungen ausprobieren, ob sie richtiglagen, soll dies zukünftig zumindest zum Teil automatisch geschehen. Dazu wird die Erkenntnis angewandt, daß die Formeln, mit denen sich zum Beispiel entdecken läßt, wie der Zusammenhang zwischen dem Preis von Getreide und der Wetterentwicklung in den Haupterntegebieten ist oder wie das Verkehrsaufkommen am Morgen mit Staus am Abend zusammenhängt, einander oft ähneln.

Die Idee ist nun, daß Meta-Algorithmen systematisch ausprobieren, welche der einigen hundert bekannten derartigen Formeln auf der jeweils betrachteten Datenbasis zu interessanten Ergebnissen führen. Die dazu notwendige Rechenleistung gibt es erst seit kurzem in bezahlbaren Dimensionen, sie ist entsprechend Hunderte Male größer als für den bisherigen Ansatz. Die Ergebnisse scheinen aber den Aufwand zu rechtfertigen.

Die hier aus dem Boden sprießenden Start-ups versuchen sich zum Beispiel an einem bisher äußert kniffligen Problem der Pharmabranche: Viele an sich vielversprechende Medikamente erreichen nie den Markt, weil sich in den Medikamentenversuchen herausstellt, daß sie bei einem Teil der Probanden schwerste Nebenwirkungen verursachen. Wenn man nun herausfinden könnte, welche genetischen oder biologischen Faktoren die von den Nebenwirkungen Betroffenen gemeinsam haben, könnte man die Medikamente mit einem Testkit ausliefern, das vor der Anwendung erkennt, ob der Patient das Medikament gefahrlos einnehmen kann oder ob er zu der Risikogruppe mit den Nebenwirkungen gehört und eine andere Behandlung braucht.

Da entgegen der landläufigen Ansicht die Gene eines Menschen nicht nur einfache Schalter sind, sondern in komplexen Netzwerken zusammenwirken und obendrein viel davon abhängt, ob und wie die jeweiligen Gene überhaupt beim fraglichen Patienten aktiv sind, müssen dazu Daten von ausgesprochen hoher Komplexität miteinander in Zusammenhang gesetzt werden – und diese Zusammenhänge sind typischerweise nicht trivial. Die entsprechenden Algorithmen automatisch zu testen, zu modifizieren und erfolgreiche Ansätze zu entdecken ist das Ziel dieser Korrelationsmaschinen. Wenn man so möchte, betreiben die Computer hier eine Form von Wissenschaft, Tätigkeiten, die bisher dem menschlichen Gehirn vorbehalten waren.

Um zu verstehen, welche Auswirkungen diese Entwicklungen in Zukunft haben werden, auch auf die Art, wie wir denken und arbeiten, muß man vor allem zwei Faktoren zusammenbringen. Zum einen nimmt die Menge an Daten, die in von Algorithmen verarbeitbarer, sozusagen in reiner Form verfügbar sind, exponentiell zu – getrieben durch die Vernetzung und Digitalisierung aller Lebensbereiche. Zum anderen wird Rechen- und Speicherleistung immer noch erstaunlich schnell billiger und verfügbarer.

Das Paradigma, nach dem Google, Facebook, Amazon & Co. arbeiten, nämlich Millionen billiger PC-Prozessoren parallel zu betreiben und die Software so zu gestalten, daß sie automatisch über all diese Computer verteilt funktioniert, führt dazu, daß de facto nur noch die zum Betrieb notwendige Energie der begrenzende Faktor für die Menge an verfügbarer Rechenkapazität ist. Nimmt man beides zusammen, wird schnell klar, daß die zumindest halbautomatische Generierung von neuen Einsichten in Zusammenhänge aller Art bald zu einem Standardvorgehen werden wird.

Dabei werden Wissenschaftler, Mathematiker und Software-Ingenieure nicht unbedingt arbeitslos, ihre Produktivität steigt nur dramatisch, was als Effekt zu einer weiteren Beschleunigung der Entwicklung führen wird. Die Auswirkungen auf den Arbeitsplatz werden jedoch ganz sicher sekundär auftreten, sobald solche Ansätze auf Unternehmensdaten angewendet werden. Je besser eine Firma versteht, wie ihre internen Prozesse funktionieren, von welchen Faktoren Erfolg oder Mißerfolg eines Produkts abhängig sind, und die Optimierungspotentiale aus den immer weiter anwachsenden riesigen Datenhalden realisiert werden, dürften viele Arbeitsplätze in Verwaltung und Management nicht länger sicher sein.

Die Kombination von algorithmengerechter Umstellung von Geschäftsprozessen, vollständiger Digitalisierung aller Vorgänge, plus Software und Rechenleistung, um daraus Einsichten zu generieren, könnte langfristig sogar dazu führen, daß die bisherigen Surfer auf der Welle des Optimierungs- und Effizienzwahns

– die Unternehmensberater – um ihre Jobs fürchten müssen. Wenn ein Unternehmen die bisher teuer extern eingekauften Analysen ihres eigenen Geschäfts einfach selbst intern vornehmen können, reduziert sich das Berufsbild auf die Rolle, die heute schon oft genug der Grund für die Anheuerung von Beratern ist, nämlich als externer Grund und Sündenbock für Entlassungen zu dienen. Da die Consultants aber in nichts so erfinderisch sind, wie ihre eigene Existenz und Notwendigkeit zu rechtfertigen, und die Auftragsvergabe oft ohnehin nicht nach objektiven Kriterien, sondern über persönliche Netzwerke erfolgt, ist dieser Effekt wohl nicht in unmittelbarer Zukunft zu erwarten.

Welche Arbeitsplätze im Bereich geistiger Tätigkeiten mittel- und langfristig noch sicher sind, ist nicht leicht vorherzusagen. Klar ist aber, daß Softwareentwicklung, Design, Konstruktion sowie Koordination und Management solcher Arbeiten zwar immer stärker von Softwarewerkzeugen mit eingebauter »künstlicher Intelligenz« profitieren, aber noch sehr lange nicht vollständig durch Algorithmen ersetzbar sein werden.

Verwaltung, Logistik und Planung sind hingegen mittelfristig Bereiche, in denen immer weniger Menschen nötig sind. Echte kreative Berufe, bei denen die Konsumenten der Ergebnisse Menschen und nicht Maschinen sind, werden ebenfalls von immer besseren »Denkzeugen« profitieren, aber mit Sicherheit noch lange in der Hand des Menschen bleiben.

Ein wesentliches Merkmal der Ersetzung von Menschen durch Maschinen im Bereich nichtkörperlicher Arbeit, das gern übersehen wird, ist aber, daß sich diese Substitution enorm schnell vollziehen kann. Einen Menschen vor dem Computer durch ein Programm im Computer zu ersetzen erfordert keine so teuren Investitionen wie in kostenträchtige Roboter und Automatisierungstechnik. Der Sportredakteur, der heute noch Drittligaspielberichte tippt, kann so schnell, wie es seine Kündigungsfrist erlaubt, durch Software ersetzt werden. Gleiches gilt für viele andere Berufe, deren Arbeit primär darin besteht, ein menschenkompatibles Interface zur im Hintergrund steuernden Software zu sein – wie etwa im Callcenter.

Neue Arbeit im Zuge der Automatisierungswellen entsteht zuerst im nichtkörperlichen Bereich. Das geschieht oft in Branchen, in denen niemand wirklich damit gerechnet hat – etwa bei Computerspielen. Das Problem ist jedoch, daß die Arbeitsplätze, beispielsweise als Gamemaster oder Supportkraft in Online-Rollenspielen, meist eher gering entlohnt werden und zumindest bisher nur für eine jüngere Schicht interessant waren. Zukünftig könnte sich das natürlich ändern, in zwanzig Jahren sind die älteren Arbeitnehmer schließlich die vielzitierten »Digital Natives« von heute.

Viele andere neue Jobs in der so gern umjubelten »digitalen Wirtschaft«, die Social-Media-Berater, Internetagenturen und Webdesigner, sind bisher mehr Schein als Sein. Prekäre Arbeitsverhältnisse, umfangreiche Selbstausbeutung und ein finanziell genügsames Hangeln von Projekt zu Projekt, unterbrochen von Phasen der Abhängigkeit von Sozialleistungen, kennzeichnen die Branche. Wie immer, wenn sich neue Selbstverständlichkeiten herausbilden, die bald zum digitalen Alltag gehören, gibt es ein Überangebot an Beratern und Dienstleistern, die vom kurzfristigen Unwissen und Nichtverstehen der Unternehmen, Parteien und Medien profitieren wollen.

Für einen kurzen Moment sehen diese Arbeitsplätze aus wie das Paradies: allein durch seinen Wissensvorsprung, Selbstmarketing und ein wenig Cleverneß genug Geld zu verdienen, um die Zeit zu haben, den Vorsprung vor dem Mainstream zu halten oder gar auszubauen. Leider funktioniert das immer nur für eine vergleichsweise kurze Zeit, dann kommen zu viele andere auf die gleiche Idee. Obendrein führt die nächste technologische Innovation zur Banalisierung des einstmals tollen Wissens und Kennens.

Während in den ersten Jahren des Internets das Aufsetzen eines Webservers und die Gestaltung der Webseite eine Aufgabe für Experten war, die sogar durchaus viel Geld dafür nehmen konnten, sind die meisten Ansprüche heute mit Standard-Baukastensystemen oder gar nur einer Facebook-Seite zu befriedigen, die der Praktikant zusammengeklickt hat. Mit den darin enthaltenen Gestaltungsvorlagen, die einen halbwegs professionellen Eindruck machen, auch wenn sie so kreativ und abwechslungsreich sind wie ein Reihenhaus aus dem Baumarktkatalog, geben sich viele ehemalige Auftraggeber der Webagenturen gern zufrieden, weil sie einen Batzen Geld sparen können. Auch hier ist es nicht nur die Technologie, die Designer und Gestalter um ihre Auftragslage bangen läßt, sondern die Änderung des Üblichen, des als adäquat Angesehenen. Wenn alle mit den kostenfreien Reihenhaus-Standarddesigns auskommen, wird es wohl auch für die eigene Webseite gut genug sein.

Echte Gewinner auch in diesem Spiel sind wieder einmal die Softwareentwickler, ohne deren Fähigkeiten noch immer wenig geht. Sie müssen sich zwar alle paar Jahre den aktuellen Trends bei Programmiersprachen, technischen Entwicklungsumgebungen, Softwarebibliotheken und -werkzeugen sowie neuen Projektmanagementmoden anpassen, deren Einführung wieder für eine Weile Berater in Lohn und Brot bringt, aber im Kern bleibt ihre Aufgabe und in weiten Teilen auch ihre Arbeitsweise gleich.

Mit zunehmender Erfahrung steigt die Reputation eines Entwicklers und damit auch sein erzielbares Einkommen. Verschiedene neue Ansätze wie die Übertragung von einstigen Aufgaben der Softwareentwickler auf die Produktionsarbeiter, wie sie Rodney Brooks' Rethink Robotics mit dem Baxter einführen, machen Programmierer nicht überflüssig, sie erweitern nur den Kreis der dazu Fähigen und erleichtern ihnen durch wiederverwendbare Bibliotheken und Apps die Arbeit. Da gleichzeitig die Zahl der programmierbedürftigen Systeme immer weiter steigt, ist dies eher eine zwangsläufige Notwendigkeit statt eine Gefahr für den Beruf des Programmierers an sich. Das Beherrschen, Kontrollieren, Programmieren, Überwachen und Warten der Maschinen wird zu einem immer wichtigeren Teil der menschlichen Arbeit, es ist daher unumgänglich, daß mehr Menschen die dazu notwendigen Fähigkeiten erwerben und andererseits die Softwareoberflächen einfacher werden, um es ihnen zu erleichtern.

An etlichen Stellen wird die Rolle des Menschen als Kontrolleur der Maschinen nach und nach eher symbolisch werden. So wie bei den immer autonomer agierenden Drohnen, bei denen die »Kill Decision« am Ende nur noch ein zeremonielles Bestätigen der softwareerzeugten Entscheidungsvorlage sein kann, wird in vielen Mensch-Maschine-Symbiosen die Aufgabe darin bestehen, die nominelle Verantwortung zu haben. Die Illusion von Kontrolle durch einen Menschen soll aufrechterhalten werden, und sei es als Träger der Versicherungspflicht, wie etwa beim autonom fahrenden Auto. Wie gut solche Jobs bezahlt werden und ob die Menge an Verantwortung auch mit der Bezahlung korrespondiert, ist bei weitem nicht ausgemacht. Ein Anlagenfahrer, der in der Steuerzentrale eines eine halbe Milliarde Euro teuren Chemiereaktors sitzt, bekommt auch nur ein ordentliches Gehalt. Die eigentlichen Risiken werden von seiner Firma getragen, die sie, soweit möglich, versichert – oder sie im Schadensfall auf die Allgemeinheit abwälzt wie bei Atomkraftwerken.

Natürlich ist es so, daß »die Algorithmen« (noch) keinen eigenen Willen haben, daß wir in unserem Drang, die Maschinen zu anthropomorphisieren, ihnen Persönlichkeit, Ziele und Pläne zuschreiben, die eigentlich diejenigen von anderen Menschen sind, welche die Software geschrieben oder die Algorithmen konzeptioniert haben. Keine Technologie ist ein neutrales Werkzeug, sie hat ihre spezifischen Eigenschaften und Auswirkungen, die sie mehr oder weniger problematisch machen. Es sind aber auch immer die Menschen und ihre Zwecke, Ziele und Ideale, die die

Gestaltung und Anwendung und damit auch die Auswirkungen bestimmen.

Die Technologie ist herausfordernd komplex geworden, ihre Gesichter sind vielseitig. Ihre Effekte, besonders im Bereich von schon vollständig autonom handelnder Software, etwa im Hochfrequenzhandel an den Börsen, lassen sich von außen wenig vom Handeln eines bewußten Wesens unterscheiden. Gerade bei ausgefeilten Agentensystemen, über deren innere Funktionsweise ihre Anwender weitaus weniger wissen als ein Kutscher über sein Pferd, wird es immer schwerer, im Auge zu behalten, daß Menschen sie programmiert haben und auch Menschen ihnen die Ziele, Aufgaben und Rahmenparameter setzen.

So wie der Kutscher für sein Pferd ist jedoch auch der Banker für das Handeln seiner Tradingsysteme verantwortlich, selbst wenn er sie nicht mehr versteht und nur noch dann und wann an den digitalen Zügeln zieht, um die Richtung zu ändern. Wenn die Algorithmen durchgehen, sei es nun im Handelssystem oder im Auto, ist immer noch der Besitzer schuld. Die Frage, ob das gerecht und richtig ist, ob man nicht ab einer gewissen hohen Komplexitätsstufe eines technischen Systems die Verantwortung des Menschen reduzieren oder gar ganz abschaffen und statt dessen eine »elektronische Persönlichkeit« als Träger der Verantwortung definieren sollte, ist höchst umstritten und hat neben ethischen Fragen viele Aus- und Nebenwirkungen, man denke nur an die Börsenzocker.

Automatisierung des Geistes, die Maschinisierung von Kopfarbeit, ist auch immer die Frage nach dem Wesen des Menschen und was uns letzten Endes von den von uns geschaffenen Maschinen unterscheidet. Bisher haben wir noch keine echte künstliche Intelligenz nach dem Muster unserer selbst geschaffen. Wir sind aber sehr gut darin geworden, winzige Teilbereiche unseres Denkens, Erinnerns und Einschätzens in Software und Algorithmen zu gießen.

Die Maschinen sind uns in diesen schmalen Feldern schnell überlegen, weil sie auf ungleich größeren Datenmengen operieren können, weitaus schneller rechnen und auch nicht müde oder hungrig werden. Im Gegenzug sind sie aber auch störanfällig, durch elektronische Attacken angreifbar und lahmlegbar. Und sie sind und werden in Zukunft noch deutlicher enorme Machtverstärker, die gesellschaftliche und ökonomische Verhältnisse zementieren und verschärfen können.

und noch mehr Tiere betreuen, aber an der grundlegenden Struktur ihrer Arbeit und an den dazu notwendigen Menschen wird sich nur noch wenig ändern.

Schon in der Mühle jedoch können die Veränderungen gravierend sein, obgleich auch hier nur noch eine im Vergleich mit früheren Zeiten geringe Anzahl Menschen das Mehl und andere Waren produziert. Die kaufmännischen Prozesse aber, der Ankauf des Getreides und der Verkauf der Mühlenprodukte bieten sich in einer weiter vernetzten und digitalisierten Wirtschaft geradezu für algorithmische Optimierung an. Systeme mit begrenzter künstlicher Intelligenz wären, wenn sie über eine hinreichende Datenbasis verfügen, gut in der Lage, einen Großteil der Routineaufgaben zu übernehmen. Hart treffen dürfte es die vielen Laboranten, deren Aufgaben zu einem großen Teil von automatisierten Labor- und Analysesystemen übernommen werden. Solche Systeme beginnen heute schon Einzug in die Mühlen zu halten.

Die Montagearbeiter, die Mähdrescher, Landmaschinen, Mühlen und auch Roboter zusammenbauen, werden robotische Mitarbeiter bekommen, die ihnen zur Hand gehen und Teile ihrer Aufgaben und damit ihrer Arbeitsplätze übernehmen. Inwieweit sich für ihre Kollegen in den Bereichen Wartung und Reparatur viel ändert, ist deutlich schwerer einzuschätzen, im Prinzip wird jedoch ihre Zahl durch die insgesamt größere Anzahl pflegebedürftiger, immer komplexerer Maschinen steigen.

Sollte es jedoch die von einigen Forschern anvisierten und vorhergesagten Technologiesprünge und Durchbrüche bei beschränkter künstlicher Intelligenz geben, die es menschenähnlichen Robotern erlauben würden, sich auch in komplexen, unübersichtlichen Umgebungen zu orientieren, könnte sich das Spiel grundlegend ändern. Dann würden in den Industrieanlagen und Werkstätten mobile Roboter stationiert, die Routinewartungsaufgaben selbständig erledigen. Bei größeren Problemen würde sich ein Mensch aus der Ferne auf den Roboter aufschalten und ihn per Telepräsenz direkt fernsteuern. Nur bei wirklich großen Problemen, Katastrophen und für den Einbau neuer Anlagen wären noch Menschen vor Ort.

In den Lagern und Logistikzentren scheint die nahe Zukunft bereits gut sichtbar: Immer weniger Arbeiter werden dort zu finden sein. Sie kümmern sich nur noch um Unvorhergesehenes, um Ausnahmen und das Anlernen neuer Prozesse und Materialflüsse. Ob in zwanzig Jahren noch Menschen hinter dem Lenkrad der Lastkraftwagen sitzen oder diese weitgehend autonom über die Autobahnen rollen, hängt allerdings weniger von der technologischen Entwicklung als von der gesellschaftlichen Akzeptanz und der Versicherbarkeit autonomer Fahrzeuge ab. Angesichts der großen Zahl von Fern- und Kurierfahrern dürften diese Debatten wohl schwerlich rein rational ablaufen.

Wie viele Menschen in einigen Jahren noch in der Erdölverarbeitung tätig sind, hängt nicht nur vom Technologiefortschritt der Anlagen- und Steuerungstechnik ab, sondern auch davon, wie stark wir alle dann noch vom Öl abhängig sind. Der Druck, weniger klima- und umweltschädliche Energieformen zu finden und massenhaft einzusetzen, nimmt zu, denn trotz Fracking und immer neuer fortgeschrittener, bisweilen abenteuerlicher Fördermethoden werden die Ölvorkommen deutlich verringert, die Preise jedoch erheblich gestiegen sein – insbesondere wenn man die Folgekosten des Klimawandels durch die fossilen Brennstoffe mit einbezieht.

Auf der anderen Seite würde die Entwicklung und Einführung neuer Energie-, Transport- und Speichermethoden zumindest kurzfristig einen erheblichen Bedarf an Arbeitskräften für den Umbau der gesamten Energiewirtschaft erzeugen. Dieser Faktor ist eine der großen Unbekannten beim Versuch, die Zukunft der Arbeit zu prognostizieren. In der Geschichte der Technologieentwicklung gab es immer wieder solche gravierenden Umbrüche, timativen Machtinstrument. Wenn die Struktur der Wirtschaft es nicht länger erlaubt, allein mit der Kraft seines Geistes und seiner Hände zu Wohlstand und finanzieller Sicherheit zu gelangen, weil einem der Zugang zu den nötigen Maschinen, Daten und Verarbeitungskapazitäten nur offensteht, wenn man sich bei jemándem verdingt, der schon genügend Kapital akkumuliert hat, ist das Grundversprechen der kapitalistischen Leistungsgesellschaft gebrochen. Die bloße Legende vom cleveren Programmierer, der mit einer in seiner Freizeit geschaffenen Smartphone-App zu Reichtum gelangt, ist zur modernen Variante der uramerikanischen Verheißung »vom Tellerwäscher zum Millionär« geworden. Die kleine Handvoll Glücklicher, denen dies tatsächlich gelang, dienen als vorgebliche Hoffnungsträger, mit denen Millionen Menschen jeden Morgen aufs neue motiviert werden, wieder brav in ihr Hamsterrad zu steigen.

Doch je geringer der Anteil menschlicher Arbeitskraft – sei es nun geistig oder körperlich – an Produktion und Wertschöpfung wird, desto stärker verschiebt sich das Machtgefüge in der Wirtschaft zu den Besitzern von Kapital, dem ultimativen Produktionsmittel. Ändert sich gleichzeitig nichts an den Grundlagen der Finanzierung von Staat und sozialen Sicherungsnetzen, wird die derzeitig sich immer weiter öffnende Schere zwischen Löhnen und Kapitaleinkommen noch weiter geöffnet.

Die aktuelle Struktur der Steuereinnahmen liefert ein deutliches Bild: Unser Gemeinwesen ist momentan ganz überwiegend aus Löhnen und Gehältern, der Mehrwertsteuer und anderen Konsumsteuern finanziert. Das ist ein Modell, das sich an einer Logik und Wirtschaftsweise orientiert, die die menschliche Arbeitskraft als Kern aller Wertschöpfung ansieht. Eine Umstellung auf ein anderes System, das – ohne weiter dem Fetisch Markt bedingungslos zu huldigen – differenziert betrachtet, ob Menschen oder Maschinen der wesentliche Treiber der Produktion sind, ist unausweichlich, wenn wir nicht eine brutale Spaltung der Gesellschaft riskieren wollen, die die heute schon legitim als ungerecht empfundenen Zustände bei weitem übertrifft.

Es ergibt keinen Sinn, dabei über Konzepte wie eine »Robotersteuer« nachzudenken, dazu sind die Technologien, die die Umwälzungen treiben werden, viel zu komplex, verschiedenartig und diffus. Der Ansatz sollte vielmehr so gestaltet sein, daß die Mehrheit, nicht die Minderheit davon profitiert, egal, wie die kommenden Entwicklungen technologisch aussehen werden. Dazu gehört auch, daß neue Ansätze für die Verteilungsgerechtigkeit gefunden werden, die dazu führen, daß Menschen, deren Arbeitsplatz wegrationalisiert wurde, darunter nicht wirtschaftlich zu leiden haben. Die derzeitige Leistungsideologie, die impliziert, daß jemand, dessen Job wegfällt, selbst schuld daran ist, weil er sich nicht rechtzeitig an die technologiebedingt geänderten Arbeitsmarktumstände angepaßt hat, sollte daher grundlegend revidiert werden.

Nicht jeder Mensch ist in der Lage, dem im Kern inhumanen Ideal vom voll flexiblen, hochmobilen und anpassungsfähigen Arbeitnehmer jederzeit zu entsprechen. Selbst wenn das Bildungs- und Weiterbildungssystem perfekt und nicht wie heute die Umschulungsmaßnahmen zielsicher für ein Technologieniveau ausgelegt wären, das jetzt schon oder ganz sicher demnächst obsolet ist, dürfte es vollkommen unrealistisch sein, die Heere von innerhalb weniger Jahre überflüssig werdender Fernfahrer oder Lagerarbeiter zu Roboterdompteuren oder Energieanlagen-Wartungstechnikern umzuschulen.

Welche konkrete Form eine solche Umverteilung der Automatisierungsdividende haben wird, ob nun das vieldiskutierte bedingungslose Grundeinkommen, eine Förderung von Teilzeitarbeit oder eine zeitliche und finanzielle Ausweitung der Zahlungen bei Arbeitslosigkeit, ist selbstverständlich eine politische Entscheidung. Jedes der vorgeschlagenen Konzepte hat seine

Vor- und Nachteile, die sich höchstwahrscheinlich erst durch Ausprobieren und kluges Nachsteuern der Bedingungen und Parameter herausfinden lassen. Das derzeitige Modell, das zu einem finanziellen Wegbrechen der Mittelschicht, großflächiger Verarmung ehemaliger und kommender Niedriglohnempfänger und einer De-facto-Subventionierung von Löhnen führt, die trotz Arbeit nicht mehr zum Leben reichen, ist jedenfalls angesichts der kommenden Technologiewellen nicht viel weiter verlängerbar und zum Scheitern verurteilt.

Schon die anstehenden Veränderungen des demographischen Wandels, die Alterung der Gesellschaft, und die daraus resultierenden Herausforderungen lassen sich mit dem jetzigen System nicht mehr bewältigen. Automatisierung und Roboterisierung bieten auf der technologischen Seite jedoch vielfältige Optionen, um auch älteren Menschen sinnerfüllte und produktive Tätigkeiten zu ermöglichen. Würde man allerdings allein ihre körperliche oder geistige Leistungsfähigkeit im Vergleich zu jüngeren Menschen als Grundlage ihrer Entlohnung heranziehen, würde die bereits beginnende umfangreiche Verarmung der älteren Generationen unausweichlich. Denn trotz aller Börsenhoffnungen des Riesterrentensystems wird es bei einer weiteren Verweigerung umfangreicherer Einwanderung von jungen Arbeitskräften ohne eine Heranziehung der Automatisierungsdividende nicht mehr möglich sein, den Senioren einen schönen und menschenwürdigen Lebensabend allein durch die Rentenbeiträge aus menschlicher Arbeit zu finanzieren.

Daß Gewerkschaften und Sozialdemokratie im Grunde ihres Herzens hoffen, die im Rückblick verklärten »paradiesischen« Zustände des rheinischen Kapitalismus könnten irgendwie zu einer Wiederauferstehung gelangen, erschwert die Diskussion erheblich. Es kann aber vermutlich nur mit ihrer Hilfe gelingen, gesellschaftliche und soziale Strukturen zu schaffen, die es erlauben, Automatisierung und algorithmische Optimierung nicht nur einseitig unter dem Gesichtspunkt der Effizienzsteigerung und Profitmaximierung zu sehen, sondern als fortlaufenden Prozeß, der das Leben aller besser, schöner und reicher machen kann.

Es darf nicht länger ein persönliches Drama sein, wenn ein im Grunde langweiliger, anstrengender, gesundheitsverschleißender oder gefährlicher Job von Maschinen erledigt wird. Die ökonomischen und sozialen Rahmenbedingungen dafür zu schaffen, daß wir unsere neue Symbiose mit den Maschinen als etwas Positives, Befreiendes und Sinnvolles sehen können, erfordert eine umfangreiche Diskussion über unsere gesellschaftlichen Ziele und Ideale. Die wirklich harte Nuß wird sein: ideologische Ansichten und Indoktrinationsmuster zu überwinden, die auf sozialdarwinistische Grundgedanken à la »Nur wer arbeitet, soll auch essen« zurückgehen und die Grundfesten des europäischen Humanismus negieren. Nicht nur deshalb, weil aus der Perspektive zukünftiger Technologieentwicklungen nicht mehr alle Menschen arbeiten müssen, sondern auch, da bereits jetzt nicht mehr genügend Verwendungsmöglichkeiten für alle Bereiche von individuellen Talenten und Fähigkeiten unter der Prämisse einer rein marktwirtschaftlichen Betrachtung vorhanden sind.

Die rein kapitalistisch-egoistische Betrachtungsweise greift ohnehin viel zu kurz. In vielen Industrien werden heute ganz selbstverständlich erhebliche Teile der Kosten auf die Gesellschaft abgeschoben. Das fängt bei der Infrastruktur an, den Straßen, Eisenbahnen, Nahverkehrsmitteln, Telekommunikationsnetzen, Bildungs- und Sozialeinrichtungen, staatlichen Verwaltungen und vielen Wohnungen. Sie werden von der Gemeinschaft finanziert – zum großen Teil aus Steuern auf Löhne und Konsum. Auch die impliziten Kosten von Umweltschäden, Klimawandel, Ressourcenverbrauch werden ebenfalls ganz wesentlich von uns allen getragen. Etliche Branchen sind sogar vollständig abhängig von der direkten Subventionierung durch die Allgemeinheit. Die zunehmende Fragilität der miteinander vernetzten Systeme, deren Komplexität und Abhängigkeitsverhältnisse kaum noch zu überblicken ist, wird mit Sicherheit zu Katastrophen und Ausfällen führen. Auch deren Kosten werden von der Allgemeinheit zum großen Teil getragen werden müssen.

Und schließlich ist auch der soziale Frieden, ein stabiles, verläßliches und lebenswertes Umfeld ein ganz erheblicher Standortfaktor. Eine alleinige Orientierung auf kurzfristige, private Gewinne, deren einzige Rechtfertigung die Eigentümerschaft des Produktionsmittels Kapital ist, wird eher früher als später dazu führen, daß eine ökonomisch stark gespaltene Gesellschaft nicht länger friedlich und sicher ist. Effizienzsteigerung einzig als Weg zu einer intensiveren Ausschöpfung menschlicher Arbeitskraft zu sehen ist nicht nur inhuman, sondern auch kurzsichtig.

Die Vision einer Gesellschaft, in der Arbeitsplätze, die uns nicht mehr menschenwürdig erscheinen, die besser und schneller von Maschinen erledigt werden können, nicht länger durch immer weiteres Lohndrücken erhalten werden, in der jeder nach seinen Talenten und Fähigkeiten arbeitet und nur so viel, wie es seine Lebensumstände und -phasen erlauben, ist keine hoffnungslose Utopie mehr. Menschlicher Erfindungsgeist und Tatkraft haben uns so weit gebracht, daß Maschinen große Teile der Arbeit erledigen können, die wir nicht erledigen können oder nicht mehr erledigen wollen.

Die Frage, wie die Früchte dieser Entwicklung verteilt werden, ob wir es schaffen, sie für eine bessere, gerechtere und lebenswerte Gesellschaft einzusetzen, oder zulassen, daß Macht und Geld weiter in den Händen weniger konzentriert werden, ist eine der Kernfragen unserer Zeit. Die Dinge einfach laufen zu lassen, darauf zu hoffen, daß der Markt das Problem schon irgendwie regeln wird, ist sträflicher Leichtsinn, der zu irreversiblem Abgleiten in eine häßliche Dystopie führen kann.

Wir sollten die Chance nutzen, jetzt die richtigen Entscheidungen zu fällen, um den Weg in eine positive, zukunftszugewandte und technologiebejahende Zukunft zu nehmen. Das ist es gerade, was uns von den autonomen Maschinen unterscheidet, die letztlich doch nur Regeln folgen, Instruktionen abarbeiten, Parameter berechnen: Wir sollten den Verstand haben, unsere Zusammenarbeit mit ihnen in die richtigen Bahnen zu lenken.

> *Today the robot is an accepted fact, but the principle has not been pushed far enough. In the twenty-first century the robot will take the place which slave labor occupied in ancient civilization. There is no reason at all why most of this should not come to pass in less than a century, freeing mankind to pursue its higher aspirations.*
>
> Nikola Tesla (1856–1943)

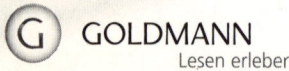